A Arrasadora Trajetória do Furacão

THE NEW YORK DOLLS

Do Glitter ao Caos

Nina Antonia

A Arrasadora Trajetória do Furacão

THE NEW YORK DOLLS

Do Glitter ao Caos

Tradução:
Soraya Borges de Freitas

Publicado originalmente em inglês sob o título *The New York Dolls – Too Much Too Soon*, por Omnibus Press.
© 2005, Omnibus Press
Direitos de edição e tradução para todos os países de língua portuguesa.
Tradução autorizada do inglês.
© 2012, Madras Editora Ltda.

Editor:
Wagner Veneziani Costa

Produção e Capa:
Equipe Técnica Madras

Tradução:
Soraya Borges de Freitas

Revisão da tradução:
Bianca Rocha

Revisão:
Maria Cristina Somparini
Silvia Massimini Felix
Sônia Batista

Dados Internacionais de Catalogação na Publicação (CIP)
(Câmara Brasileira do Livro, SP, Brasil)

Antonia, Nina
A arrasadora trajetória do furacão the New York Dolls : do glitter ao caos / Nina Antonia ;
tradução Soraya Borges de Freitas. -- São Paulo : Madras, 2012.
Título original: Too much too soon :
the New York Dolls.

ISBN 978-85-370-0766-2

1. Músicos de rock - Nova York (Estado) - Nova York - Biografia 2. New York Dolls (Grupo musical) I. Título.
12-05499 CDD-782.421660922

Índices para catálogo sistemático:
1. New York Dolls : Músicos de rock : Biografia
782.421660922

É proibida a reprodução total ou parcial desta obra, de qualquer forma ou por qualquer meio eletrônico, mecânico, inclusive por meio de processos xerográficos, incluindo ainda o uso da internet, sem a permissão expressa da Madras Editora, na pessoa de seu editor (Lei nº 9.610, de 19.2.98).

Todos os direitos desta edição, em língua portuguesa, reservados pela

MADRAS EDITORA LTDA.
Rua Paulo Gonçalves, 88 – Santana
CEP: 02403-020 – São Paulo/SP
Caixa Postal: 12183 – CEP: 02013-970
Tel.: (11) 2281-5555 – Fax: (11) 2959-3090
www.madras.com.br

Agradecimentos e Dedicatória

Meu obrigado a todos que concordaram com as entrevistas. Gostaria de agradecer especialmente a Peter Jordan e Sylvain Sylvain.

Gostaria de agradecer também as contribuições das seguintes pessoas: Mariann Bracken e família, Chris Charlesworth, Randy Chase da Fishhead Records, Tom Crossley, Rob Dimery, Eve e Neil, George Gimarc, Clinton Heylin, Olga Larrett, Freddie Lynxx (por sua discografia), Pedro Mercedes, John Perry, Phyllis Stein. E, claro, à minha querida Severina.

Dedico este livro às memórias de Billy Murcia, Johnny Thunders e Jerry Nolan, para quem é um pouco tarde demais.

Nota do Editor Internacional:

Todos os esforços foram feitos para identificar os detentores dos direitos autorais das imagens neste livro, mas alguns não foram localizados. Agradeceríamos se os fotógrafos em questão entrassem em contato conosco.

Índice

Introdução 9
  1. Baby Dolls 11
  2. O Ritmo da Babilônia Continua a Todo Vapor 27
  3. Quente Demais para Suportar 41
  4. Viagem Mortal 51
  5. Notórios 63
  6. Mulherzinhas de LA 77
  7. A Hard Night's Day 107
  8. Lipstick Killers & as Companheiras dos Dolls 121
  9. Lady Chatterbox's Lover 135
  10. Trailer Trash 149
Consequências – Dolls Dilacerados 165
Vida Após a Separação – O Elo Mítico 175
Mais Tarde – Está Tudo Acabado Agora, Bonequinha 185
Elenco 193
Discografia do The New York Dolls 201

Introdução

"Se este filme for um aviso de saída, então minha divindade é uma miragem, como deve ser a imagem do paraíso aos homens ajoelhados no altar. É apenas uma ideia no escuro de algum artista ou artistas perdidos sobre como o céu pareceria. É tosco, algo por alto. Mas é a única ideia neste teatro que ainda não se esgotou..."

(De *Wrong*, de Dennis Cooper)

O The New York Dolls aplicou a Teoria do Caos ao rock'n'roll. Como as vibrações das asas da borboleta que provocaram uma tempestade, causando uma fratura momentânea no fluxo do Universo, que depois se transformou em um tenebroso furacão, poucos recordam ou atribuem isso à criatura original do caos, apenas se lembram das consequências.

Os Dolls foram as borboletas do Bowery que alteraram dramaticamente o curso do rock. Seu momento, 1971-1975, na verdade foi breve, mas sua influência, reconhecida ou não, abrange duas décadas. Em várias ocasiões durante seu fabuloso reinado, um grupo conservador do mercado musical fez tentativas abomináveis de ocultar sua carreira. Os Dolls pareciam levar a melhor, mas não estavam dançando, estavam caindo.

A "diversão" de um garoto é a festa sem fim regada a drogas e álcool de outro. O The New York Dolls voou alto e vivia na corda bamba sem rede de proteção. Sua música refletia perfeitamente a Nova York do início da década de 1970 e seus dramas de grande intensidade: batidas de bateria sobre Manhattan, sons de guitarras como sirenes das viaturas policiais, vocais guturais como sinais na esquina, enfatizados por beijos molhados e ganidos de lobos, silenciados por um tiro. Anjos caídos de rostos pintados, os Dolls abriram a caixa reservada a Pandora e libertaram as fúrias não desenvolvidas que se tornariam o movimento punk. Como se seu legado não fosse suficiente para uma banda, eles também arrebentaram com as fronteiras sexuais, atracaram-se com o *glitter* e estabeleceram novos padrões para os excessos roqueiros.

Os atos desinteressados de vandalismo artístico e liberação dos Dolls chegaram aos dias de hoje, mas seu monumento, se houve um, foi erigido sobre solo profano, pois eles acabaram representando tudo que é considerado devasso na cultura roqueira. Nos 20 anos ou mais depois de seu fim, os Dolls se tornaram uma referência perpétua como *a* arquetípica banda de rock hedonista. Por seus pecados, o The New York Dolls foi sempre condenado ao ostracismo pelos guardiões da música mais comercial, mas, mesmo assim, são reverenciados por uma legião de fãs e reconhecidos pelos experts da mídia. Ao longo dos anos uma série de bandas cobriu as pegadas dos Dolls. Fragmentos de detalhes vêm à tona em documentários ocasionais. Um carro vira uma esquina cantando os pneus ao som de uma música dos Dolls em um recente comercial de TV, mas a banda ainda não recebeu o crédito por isso. O The New York Dolls permeia a cultura contemporânea, mas o faz de uma semiobscuridade como aquela de quando eles ainda estavam juntos.

1

Baby Dolls

O The New York Dolls poderia parecer como algo recém-saído de Manhattan Babylon, como travestis adolescentes bem produzidos com modos da rua, mas eles não eram filhos do centro decadente. Vinham de famílias de refugiados, migrantes e exilados e atingiram a maioridade na periferia de Nova York, onde suas famílias moravam nos anos de 1950.

Dos cinco garotos principais, Sylvain Sylvain, nascido sob o nome de Sylvain Mizrahi, veio de mais longe, do Cairo para Nova York via Paris. Após a crise no Canal de Suez, em 1956, seu pai perdeu o emprego de banqueiro no Cairo e, por serem judeus egípcios, a família foi forçada ao exílio e obrigada a abandonar sua casa e a maior parte de seus bens. Apesar dos traumas políticos, o pequeno Sylvain foi agraciado com uma infância passada no Cairo. Ele diz: "Há um instrumento árabe chamado *oud*, que parece uma guitarra, mas tem uma traseira redonda. Os árabes o faziam artesanalmente e meu pai comprou um pequeno para mim. Nunca vou esquecer a batida da música árabe, ela tem um ritmo incrível".

Sylvain, seu irmão mais velho e seus pais embarcaram em um navio mercante grego para a França e depois viajaram para Paris, onde viveram em um quarto de hotel no quarteirão dos artistas de Montmartre. Com a ajuda de um plano de restabelecimento judeu, a família Mizrahi se inscreveu para ir aos Estados Unidos, cruzando o Atlântico em 1961. Sylvain: "Lembro de quando chegamos ao porto, chovia e tinha neblina. Meu irmão e eu estávamos no deque e vimos a Estátua da Liberdade. Para mim a imagem dos Estados Unidos era dos grandes edifícios, como Nova York. Fiquei realmente encantado pelos comerciais da época. Eu achava que toda garota pareceria Marilyn Monroe e eu mascaria chiclete Bazooka no café da manhã e tomaria Coca-Cola no jantar!".

Sylvain e sua família se abrigaram em Buffalo, que para seu choque descobriram ficar mais perto das Cataratas do Niágara do que da cidade de Nova York. Eles logo se mudaram para o Brooklyn antes de se instalar na região do Queens, um distrito familiar que se gaba de ter o Shea Stadium como um de seus pontos turísticos mais famosos. Os gramados do Queens são aparados com uma regularidade eficiente e os carros nas ruas brilham de tão polidos. É o suficiente para colocar qualquer garoto com um traço rebelde no caminho do rock.

Sylvain foi enviado ao Van Wyck Junior High em Jamaica, um bairro do Queens, onde sua falta de compreensão do inglês o tornou um alvo fácil. Sylvain: "As primeiras palavras que aprendi em inglês foram 'Vai se foder'. Os outros meninos chegavam em mim e perguntavam: 'Você fala inglês?', e eu dizia: 'Não'. Eles gritavam então: 'Vai se foder'". Ele logo aprendeu a adotar uma atitude esperta de autoproteção que foi testada quando um menino mais velho, Alphonso Murcia, desafiou Syl a brigar com seu irmão mais novo, Billy. Quando lançou o desafio, Alphonso não percebeu que Billy e Syl já se conheciam, e a briga não foi para valer. Sylvain: "Não éramos amigos, mas também não éramos inimigos. Billy dizia: 'Vamos, vamos lá'. Ele fez um monte de movimentos grosseiros. Nós nos atracamos um pouco, chutamos um pouco de terra. Foi mais uma cena de desenho animado do que uma briga. Então nos perguntamos: 'Por que estamos brigando, caralho?'. Viramos melhores amigos".

Suas duas metades de inglês fraco se uniram e eles logo eram inseparáveis. De longe os dois meninos pareciam uma noção romântica de gêmeos ciganos com sua tez morena e o cabelo cacheado. Olhando mais de perto, porém, Syl parecia um parente exótico de Marc Bolan, enquanto Billy era um pouco mais musculoso, com um rosto quadrado com traços definidos e grandes olhos tristes que muitas vezes ficavam escondidos por uma cortina de madeixas.

A fuga de Billy e sua família de seu lar em Bogotá, a capital da Colômbia tomada pelo crime, não foi menos dramática que a de Sylvain do Cairo. O sr. Murcia era um empresário engenhoso com uma predileção por carros e barcos de corrida. Infelizmente, ele entrou em encrenca com bandidos hostis depois de abrir um rinque de patinação no gelo com o sócio errado. Colocando a segurança de sua família acima de tudo, o sr. Murcia reuniu seus três filhos, Alphonso, Billy e Heidi, e a mãe deles, Mercedes, empacotou o máximo que podiam carregar e eles fugiram para a América. Foram morar em uma grande casa antiga em Jamaica, não muito longe de onde a família de Sylvain residia, e equilibravam o orçamento alugando os quartos vazios para outros imigrantes. Sylvain foi praticamente adotado pelo clã dos Murcia e até tinha sua cama no espaçoso porão de paredes de madeira onde ele e Billy fizeram seu cantinho.

Os dois meninos mudaram do colégio Van Wyck para o New Town High, também no Queens. Nos corredores ou no playground, eles viam de longe um garoto ítalo-americano com um visual impressionante e um ousado cabelo preto comprido. Mesmo que não andassem com Johnny Genzale, eles ouviram falar que ele era um grande jogador de baseball e imaginaram que ele deveria ser muito legal. Johnny era um garoto tímido e quieto com um temperamento que quase mascarava sua instabilidade emocional. Era como se ele tivesse um pavio muito longo que queimava devagar e que acenderia apenas quando algo o aborrecesse, e quase sempre isso eram as regras e regulamentos escolares. Johnny: "Eu odiava a escola. Sempre fui muito mal, a custo podia esperar para sair". Embora tenha sido poupado do trauma do deslocamento geográfico que seus avós sofreram quando deixaram suas nativas Nápoles e Sicília por uma vida nova na América, ele ainda era inseguro. Seu pai, Emil, um atraente conquistador que preferia dançar de rosto colado em bailes a levar uma criança para passear no parque, abandonou a mãe de Johnny quando este ainda era um bebê. Sem ajuda financeira, Josephine Genzale precisou ter dois empregos para criar Johnny, deixado aos cuidados da irmã mais velha, Mariann.

Quando Johnny chegou à adolescência, o passado era apenas uma dor tênue, isso até ele se tornar uma figura importante no time de baseball do bairro na Pequena Liga. Johnny: "Eu jogava baseball das oito da manhã às oito da noite e adorava". Sua paixão quase deu certo quando ele foi abordado por um olheiro do Philadelphia Phillies. Porém, naquela época a Pequena Liga exigia que todos os pais, sem exceção, também se envolvessem nas atividades do time e Johnny perdeu seu lugar. Depois ele encobriria a verdade contando aos jornalistas que largou o baseball quando o técnico exigiu que ele cortasse o cabelo.

O que foi uma perda para o baseball se tornou um ganho para o rock. Johnny pendurou o bastão, pegou o baixo e recrutou alguns colegas da escola para uma banda. Quando Mariann conseguiu um emprego em um pequeno bufê, ela trazia para seu irmãozinho convites para tocar em celebrações de bar mitzvah, aniversários e casamentos. Em meio a confete e serpentina, Johnny and The Jaywalkers estrearam usando ternos de nylon sem pregas, cantando alto clássicos nos fundos do salão da igreja. Depois eles mudaram seu nome para The Reign.

No núcleo original que virou o The New York Dolls, havia mais outro membro fundador, Arthur Harold Kane. Loiro alto de ascendência irlandesa que veio do Bronx, Kane era uma contradição física completa ao contingente de morenos baixinhos do Queens. Há algo diferente em Arthur. Ele tem o aspecto de um fantasma com a voz mais fina que você já ouviu, como um brinquedo ambulante com as pilhas fracas. Arthur Kane era solitário e um aluno aplicado até as circunstâncias mudarem seus caminhos. Ele ainda não tinha se tornado melhor amigo de George Fedorcik, mas eles estavam na mesma turma de inglês. George: "Não gostei dele logo de cara; ele era muito quieto e um aluno muito inteligente, levou a escola muito a sério até sua mãe falecer, depois disso parece que ele pirou e se envolveu com drogas e bebida".

Após a morte de sua mãe, Arthur mergulhou de cabeça no rock e depois começou a tocar guitarra base em uma banda com George. Ele também destruiu todas as pontes que poderiam levá-lo a uma vida mais certinha e saudável. George: "Arthur era como um irmão para mim. Ele era o cara mais legal que eu conhecia, estava à frente de seu tempo em relação à moda. Ele foi o primeiro que eu conheci a usar calça boca de sino. Os outros garotos do colégio enchiam o saco dele por causa de seu visual".

Para quase todos os meninos, a adolescência é um ponto crítico crucial quando o mundo se expande de repente para além da vizinhança imediata. Isso não foi exceção para os meninos dos Dolls, mas o fato de todos eles considerarem a cidade de Nova York como o centro de aventuras significava que eles tiveram uma sofisticação urbana mais rápido do que a maioria.

Arthur entrou para a escola de belas-artes Pratt College para estudar hotelaria, talvez com o Motel Bates na cabeça quando se matriculou no curso. Ele o largou no início de 1970 e embarcou em uma farra alucinante com George, regada a cola, ácido e álcool. George: "Nós dois pegamos pesado no ácido, mas não acredito que aos 18 ainda cheirávamos cola. Pegávamos grandes galões de cola cimento para borracha e cheirávamos. Ela realmente estraga você. Arthur sempre foi muito quieto, ele nunca tinha muito a dizer sobre nada. Ele apenas ia junto nas coisas ou fazia algo estúpido".

Suas maiores diversões eram quase provocar acidentes de carro e o surfe psicodélico. George: "Uma vez, no meio do inverno, dirigimos até a Times Square com a capota abaixada e batemos em um táxi. O motorista do táxi queria me esmurrar. Enquanto ele tentava me tirar à força do carro, Arthur apenas ficou sentado lá dizendo: 'Tá tudo bem, tá tudo bem'. Arthur era um péssimo motorista... quando ele tirou sua carteira, sofreu cinco acidentes em uma semana e acabou com o Tempest de seu pai. Nós surfávamos o tempo todo... nunca fomos muito bons, mas era legal fazer isso tomando ácido e fumando maconha. Lembro que uma vez estávamos na estrada e a prancha voou de cima do carro, provocou uma grande batida e todos os carros tentavam desviar. Eu não conseguia sair do carro e disse: 'Arthur, sai do carro e pega a prancha'. Então compramos uma van da Volkswagen juntos".

A melhor parte de ser um garoto descolado na cidade eram os encontros nas tardes de domingo que aconteciam ao redor da fonte no Central Park. Aparentemente uma reunião casual, era uma oportunidade para os adolescentes se exibirem. Embora ele não falasse muito, escondido por trás de seu cabelo comprido repicado que lembrava as asas de um corvo em uma tempestade, Johnny Genzale e sua namorada Janis Cafasso diziam muito no estilo. Arthur: "Nós nos produzíamos todos e íamos ao Central Park no domingo. Não tinha mais nada para fazer. Era depois dos anos 1960, quando houve *love-ins e be-ins* e todos tomavam LSD, tiravam suas roupas e piravam no mesmo lugar no Central Park, mas ficou um pouco mais tranquilo. As pessoas ficavam lá para se observar e eu via Johnny naquela época com sua namorada, Janis, que se vestia como uma bonequinha Raggedy Ann com seu cabelo ruivo cacheado e comprido e o blush vermelho nas bochechas. Johnny tinha todo aquele cabelo e na primeira vez que o vi ele usava um terno de veludo verde. Então eu o vi mais algumas vezes com esses outros visuais que você simplesmente não consegue achar, porque eu tentei, fui em brechós e vasculhei tudo. Então eu descobri que Johnny comprava suas roupas em lojas femininas na Orchard Street no centro e sua mãe ou sua irmã mandavam reformar para ele, por isso ele usava esses ternos customizados o tempo todo. Era muito impressionante".

Depois de largar a escola em meio a uma avalanche de relatos de mau comportamento, Johnny implorou para sua mãe mandá-lo a uma instituição liberal e privada chamada Quintanos. Localizada atrás do Carnegie Hall e apenas a dois quarteirões do Central Park, o objetivo de Quintanos era preparar os alunos para carreiras nas artes. Porém, até as aulas no parque com um suprimento constante de baseados não eram o bastante para manter Johnny G. interessado. Ele saiu de casa e de Quintanos aos 16 anos e começou as rondas no circuito roqueiro. Havia a Action House, um clube de rock em Long Island; o bar Nobody's na Bleecker Street, um lugar favorito frequentado pelas groupies e popularizado pelas bandas britânicas de passagem pela cidade; e o Fillmore East para shows de rock. Arthur e seu melhor amigo George tinham acabado de conhecer Johnny. George: "Nós víamos Johnny no Fillmore sempre que tinha uma banda britânica tocando. Gostávamos muito da cena inglesa: Stones, Yardbirds. Nunca realmente falamos com Johnny, mas sempre dizíamos 'Oi' por causa de seu visual. Nós o achávamos a coisa mais legal do mundo".

Outra pessoa que achava o visual de Johnny bem legal era Janis Cafasso. Junto com sua prima, Gail Higgins Smith, Janis dirigia de Long Island até a cidade todo fim de semana para ver as bandas no Fillmore. Johnny e Janis embarcaram em um grande romance. Depois de procurar juntos por São Francisco, os três encontraram um apartamento entre as ruas 9 e 10 no East Village. Janis, que gostava muito de moda e encontraria um futuro no design, exagerou ainda mais a aparência de Johnny, introduzindo um elemento feminino a seu visual. Entre todas as sessões de trocas de roupas, eles iam a shows. Gail Higgins Smith: "Johnny, Janis e eu éramos grandes fãs do rock. Nós íamos a todos os lugares para ver uma banda de rock e encontrar os roqueiros. De alguma forma, como éramos atrevidos, sempre os encontrávamos. Quando fomos ao festival Newport Jazz, acabamos sentados e bebendo cerveja em um quarto de hotel com Rod Stewart. Encontramos Janis Joplin e o MC5, que eram os heróis do Johnny. Ele ficou tão animado quando conheceu Keith Richards. Ele falava sobre ele o tempo todo. Nós o encontramos em um bar na Quinta Avenida e na Rua 13. Pessoas como Jagger, Richards e Lennon costumavam ir a esse bar, e uma noite Keith Richards estava lá. Nós nos sentamos nessa mesa, bebemos e conhecemos Keith. Johnny dizia: 'Quero ser um astro pop, quero ser como Keith Richards'. Ele até guardou a caixa de cigarros do Keith".

Apesar da crença comum de que os Dolls eram todos moleques urbanos com pouca ou nenhuma noção do que havia além de Manhattan – "Qué que cê quer dizer? Na Inglaterra num tem só os Stones" –, todos os fundadores dos Dolls visitaram a Europa em uma época de dólar forte. Johnny: "Um amigo meu trabalhava para uma revista em Nova York e eu peguei sua credencial de imprensa emprestada e, quando eu e uma namorada chegamos à Inglaterra, fomos ver todas essas bandas de graça. Eu devo ter visto umas 50 ou 60 bandas. Vi Tyrannosaurus Rex, coisas assim. Pouco tempo depois de voltar para casa, eu mesmo entrei para a música".

Arthur e George partiram para Amsterdã, onde tentaram criar uma banda, mas não conseguiram encontrar um vocalista que cantasse em inglês. Apesar de seus cabelos compridos e desgrenhados, Arthur e George não se classificariam de jeito nenhum como hippies. Eles se moldaram no visual de astro do rock inglês e compravam suas roupas na Jumping Jack Flash e na Granny Takes a Trip em Nova York. Eles sobreviveram na Holanda vendendo *keef*, uma cepa particularmente potente de haxixe. Na autobiografia de Pamela Des Barres, *I'm With The Band*, a famosa groupie e antiga participante da GTO de Frank Zappa relata seu breve período de trabalho em Amsterdã, onde juntou dinheiro para ir para a Inglaterra vendendo *keef* para alguns hippies. Arthur e George ficaram felizes em ajudar a srta. Pamela e sua amiga Renee, mas ficariam fulos se soubessem que um dia ela os chamaria de "hippies" em suas memórias. Pamela Des Barres: "Os hippies vendiam *keef*, uma substância de cor ocre potente que esfarela fácil, mais forte do que o haxixe. Eu estava sem grana, então Renee e eu fomos a um inferninho chamado Milweg (Milkyway) [Via Láctea] e vendemos um monte para os locais. Por alguns dias fizemos as rondas nos albergues, vendendo para os estudantes de intercâmbio, e uma tarde eu decidi experimentar um pouquinho da mercadoria. Eu caí de cara em outro planeta".

George voltou para casa depois que o dinheiro e o suprimento de *keef* acabaram. Não muito depois de sua partida, Arthur foi preso e deportado. Kane perambulava por um mercado de rua quando viu uma moto de segunda mão à venda. Enquanto saía do mercado, ele foi parado pela polícia depois de descobrirem que a moto que o americano acabara de comprar era propriedade roubada. Após investigação, eles descobriram que o visto de Arthur tinha expirado e ele estava de posse de uma pequena quantidade de haxixe. Arthur Kane foi escoltado na hora até o aeroporto.

De volta a Nova York, Arthur e George alugaram um apartamento entre a Rua 10 e a Primeira Avenida. Arthur começou a trabalhar para a companhia telefônica, enquanto George arrumou um emprego nos correios. Não contentes com os salários normais convenientes para caras comuns, eles passaram a levar a sério a coisa da banda de que sempre falavam. Como uma marca de suas pretensões de ser um astro do rock, George Fedorcik passou a se chamar Rick Rivets.

Os únicos que chegaram a alguma quilometragem real em seus sonhos roqueiros foram Billy e Syl, e eles não passaram de um quarteirão ou dois com seu primeiro grupo, o The Pox. Depois de sair da escola, Billy começou a tocar bateria tendo como professor Sylvain, que o ensinou a sacudir as baquetas junto com a música instrumental agitada "Wipeout", do The Surfari. Para Murcia, descrito uma vez como "um copo fresco de água com uma cabeça quente", tocar bateria era como ter um acesso de raiva, uma resposta natural. O The Pox estourou quando Syl e Billy se juntaram a Mike Turby, um herói local que ganhou notoriedade na vizinhança com o The Orphans, a resposta do Queens aos Rolling Stones. Turby, um guitarrista completo, colocou Billy e Syl em um caminho musical, dando instrução onde antes havia apenas entusiasmo.

Em 1968, o The Pox assinou um contrato e gravou uma demo para o futuro magnata da música Harry Lookofsky, pai do tecladista Mike Brown do The Left Banke. Lookofsky foi responsável pela produção barroca de "Walk Away Renee", que deu ao Left Banke uma colocação entre os dez melhores da parada nos Estados Unidos em 1966. Sylvain: "O Pox era um trio, éramos um pouco como o Who do início com influência da música que vinha de Detroit na época, como Iggy e The Stooges. Nós tocávamos 'No Fun'. Fizemos uma apresentação no Hotel Diplomat na Rua 43. Tinha um grande salão de festas que eles alugavam para os hippies uma vez por semana e tocamos com essa banda chamada The Group Image. Eles tinham uma vocalista chamada Barbara, que acabou se casando com Arthur Kane. Nós abrimos para eles, Michael Turby tocava baixo, Billy estava na bateria e eu liguei meu amplificador na hora e comecei os riffs. O público pirou e então começamos nosso repertório com essa música 'Epitaph', e o Group Image puxou nosso plugue. Billy continuou a tocar e os garotos continuaram a vibrar. Essa foi nossa introdução ao negócio cruel do rock 'n'roll!".

Quando o The Pox não conseguiu atingir proporções epidêmicas, Mike Turby partiu para São Francisco, enquanto Syl e Billy passaram um tempo na escola Quintanos. Pegando carona nas duas coisas que eles mais amavam, rock e roupas legais, o dueto dândi se ocupou de sua própria grife, Truth & Soul. Sylvain ganhou experiência no varejo trabalhando na butique de roupas de festas para homens The Different Drummer, entre a Avenida Lexington e a Rua 63. Do outro lado da rua da loja ficava uma placa presa na frente de um edifício antigo de arenito vermelho onde se lia The New York Doll's Hospital. Um milhão de crianças de coração partido da cidade subia as escadas desgastadas carregando suas bonecas quebradas para esse pronto-socorro de brinquedos, e, enquanto Sylvain olhava a placa, perguntava-se Billy, como ele, acharia esse um ótimo nome para uma banda.

Certa tarde Syl viu seu futuro passar bem na frente do Doll's Hospital como um trailer de um filme a ser lançado. Sylvain: "Eu vi Janis e Johnny passarem de mãos dadas. Ora, essa era a época em que *Gimme Shelter* estava passando. Billy e eu éramos apaixonados por esse filme e Johnny estava nele. Ele está de bobeira com seu cabelo, sentado nos ombros de seu amigo. É na sequência em que as luzes da plateia são acesas e Mick Jagger diz algo como: 'Nova York, vamos olhar para vocês, agora'. Nós o víamos quase todos os dias e dizíamos: 'Meu, lá está aquele cara que ia para a escola com a gente!'".

Sylvain saiu da Different Drummer para se concentrar totalmente na Truth & Soul. Inspirados pelas blusas de lã coloridas e estampadas tradicionais na Colômbia, Billy e Sylvain começaram a fazer suéteres psicodélicos em um tear manual. Os pedidos começaram a vir da ultradescolada Betsey Johnson e a dupla também fez tops de biquíni psicodélicos para a Paraphernalia. Como os pedidos se amontoavam, Mercedes Murcia mandou trazer um tear mestre da Colômbia para aumentar a operação. Depois de uma crítica lisonjeira na prestigiosa *Women's Wear Daily*, a Truth & Soul vendeu seus projetos para produção em massa para as indústrias de tricô Nausbaum do Brooklyn. Dividindo os grandes lucros entre eles, Billy foi para Amsterdã e Syl, para a Inglaterra.

Por quase um ano, Billy e Alphonso Murcia ficaram à toa na Holanda. Quando todo o seu dinheiro virou fumaça nos cafés de haxixe de Amsterdã, Billy passou a tocar seus bongôs na rua por dinheiro. Sylvain conseguiu rastrear seu amigo e o encontrou agachado de pernas cruzadas na rua, brigando com seu irmão mais velho. Syl o levou na hora para a Inglaterra. Ele se divertiu em Londres e sua única compra mais séria foi a de três amplificadores Marshall, que eles enviaram para o porão de Murcia. Sylvain comprou até cair e passeou pela King's Road até ter absorvido todas as soluções do varejo dos desfiles de costura pop. Ele conheceu Trevor Miles, que se especializou nas lãs vintage mais transadas e tinha uma loja no número 430 da King's Road chamada Paradise Garage. No ano seguinte, Miles transferiria a propriedade para Malcolm McLaren e Vivienne Westwood.

No fim de 1970, Syl e Billy estavam prontos para voltar para casa, abastecidos de roupas novas e de um carro classudo. Sylvain: "Voltamos com um Jaguar cinza que compramos por 300 libras. Nós o compramos só para ir ao Kensington Market, onde tomamos chá, fumamos haxixe e compramos botas a porra do dia todo. Lembra das camisetas do Mickey Mouse, que eram tão populares? Nós trouxemos um milhão delas". Roupas e haxixe não eram seu único motivo para visitar a Europa: eles precisavam de umas férias das coisas que não poderiam mudar. Enquanto os hippies ingleses mais radicais estavam inflamados pelas tentativas do sistema de acabar com a contracultura usando de alvo os editores do influente jornal alternativo *OZ* e levando-os à corte para responder por acusações de atos obscenos, uma obscenidade mais real era perpetrada pelo sistema contra os jovens nos Estados Unidos.

A guerra assolava o Vietnã e, enquanto os velhos generais discutiam estratégias ao redor da mesa de jantar, o povo vietnamita era massacrado e milhares de filhos americanos voltavam para casa em sacos pretos. Os meninos que se tornariam os Dolls eram da geração atômica que sofreu com as simulações de ataques nucleares na escola, mas eram jovens demais para não se influenciar. Sylvain: "O Vietnã era algo horrível acontecendo ao nosso redor. Essa guerra era fodida, era na verdade o velho contra o novo. Billy e eu, nós éramos tão contra o sistema. Nem eu nem ele éramos cidadãos americanos ainda".

Um dos primeiros receptores de uma camiseta do Mickey Mouse do Kensington Market foi Johnny Genzale, com quem Sylvain e Billy finalmente começaram a conversar quando voltaram para os Estados Unidos. Quando levou seu baixo pela primeira vez para tocar com Syl e Billy, Johnny ficou bem impressionado com o monte de amplificadores Marshall no porão. Johnny Genzale nunca pretendeu ser um baixista, ele se assustava mais do que um gatinho e era errático demais para seguir o ritmo de qualquer coisa com precisão, mas Syl e Billy precisavam de um baixista e queriam Johnny em sua banda. Apesar disso, Sylvain ficou feliz em transmitir alguns dos métodos musicais de Mike Turby. Sylvain: "Quando as coisas realmente começaram entre nós três, viramos uma família. Johnny começou a aparecer no porão e eu o ensinei todos os riffs que aprendi com Mike e as coisas que descobri sozinho. Eu disse basicamente: 'Olha, se você conhecer essas escalas e fizer assim em vez de fazer toda a pestana, segura só com dois dedos e você consegue fazer um pequeno acorde de potência'. Johnny se deu bem com isso, cara! Nós todos sentávamos na cama com essas guitarras baratas tocando músicas do Marc Bolan, alguns blues e instrumentais".

Sylvain, Billy e Johnny se tornaram os Dolls, mas eles não foram muito mais longe do que os ensaios na cama antes de Syl viajar de novo para Londres para se juntar a Mercedes e Heidi Murcia, que faziam suéteres e os vendiam no Kensington Market. Johnny já tinha começado sua rotina de perder apartamentos com regularidade e estava no Chelsea Hotel depois de mais uma das brigas dramáticas com Janis, enquanto o pouco caso com uma coisa chata como contribuir com o aluguel obrigou Gail Higgins Smith a pedir para ele se mudar de sua residência no East Village. Certa noite, quando Johnny andava pela Bleecker Street, viu dois caras muito bêbados e suspeitos enquanto tentavam roubar uma moto, meio pendurada na traseira de sua velha van da Volkswagen. Quando eles largaram a moto de repente e começaram a se aproximar dele, Johnny realmente se perguntou se deveria correr, mas suas botas de salto plataforma não eram feitas para voar. Quando chegaram mais perto, ele percebeu que os tinha visto no Fillmore e no Nobody's. Arthur: "Eu estava com Rick Rivets quando o vi fora de uma pizzaria. Nós estávamos do outro lado da rua e eu disse: 'Tá, olha aquele cara, por que não vamos lá e vemos o que tá acontecendo com ele?'. Eu fui e disse: 'Soube que você toca guitarra, baixo, ou algo assim, você quer tocar junto com a gente?'".

Rivets e Kane tocavam guitarra solo e base. Quando Johnny apareceu na tarde seguinte, com o baixo na mão, eles improvisaram, checando sua compatibilidade musical. Depois de algumas semanas de ensaios agitados, Arthur deu a Johnny a autorização final para assumir a guitarra solo. Arthur: "Fui eu quem o promoveu de baixista para guitarrista e me coloquei no baixo porque sabia que, se eu tocasse baixo com o que ele tocava na guitarra, teríamos algo".

Foi durante esse período de transformação que Johnny Genzale mudou seu sobrenome, primeiro para Volume, depois ficando em Thunders, por causa do herói de gibi da DC Comics, o caubói Johnny Thunder [Johnny Trovoada], Cavaleiro Misterioso do Oeste Selvagem. Quando um baterista chamado Ossie entrou, eles alugaram um estúdio e tocaram uma seleção de *covers* do Chuck Berry, dos Rolling Stones e dos Yardbirds. Ossie foi logo substituído pela escolha de baterista de Thunders, Billy Murcia. Rick Rivets: "Billy era muito louco, muito agitado o tempo todo. Ele tinha muita energia, ficava sempre correndo pra lá e pra cá. Ele estava sempre todo arrumado, você nunca o via horrível. Tinha sempre o cabelo feito e usava todas as roupas certas".

Depois que Billy entrou para a banda, a ação voltou para o Queens. Arthur pegou um quarto na casa dos Murcia e a banda começou a ensaiar no porão. Essa etapa do desenvolvimento da banda costuma ser chamada de fase "Actress" [Atriz]. Arthur: "Nós não usamos realmente o nome Actress, foi só uma sugestão da namorada do Johnny, Janis. Tudo fazia parte da coisa do glitter; tínhamos os primeiros sapatos e botas plataforma de Nova York porque a irmã do Billy estava em Londres e sabia onde comprar. Também vi o grupo do Alice Cooper, quando todos eles usavam macacões prateados, e eu sabia que precisávamos de um visual mais louco do que isso. Éramos as pessoas com os visuais mais loucos em Nova York, só precisávamos comprar mais algumas roupas e estávamos prontos".

Ficou um saco para Thunders se arrastar da cidade ao Queens sempre que a banda se reunia, então eles começaram a procurar um lugar para ensaiar em Manhattan. Na altura da Avenida Columbos com a Rua 82, eles encontraram uma loja de bicicletas com alguns amplificadores na parte de trás cujo dono, Rusty, foi apelidado de "Beanie" pela banda por causa dos engraçados gorrinhos de tricô que usava. Para seus ensaios noturnos, Beanie os trancava dentro da loja, e, para manter a coisa rolando, Kane e Rivets sempre levavam um litro de vodca que dividiam com Billy. Thunders, que evitava bebida, fornecia maconha e entorpecentes para todos. Ele também levava algum de seu material e começou a se estabelecer como o vocalista da banda.

Em outubro de 1971, Rick Rivets levou um gravador e gravou uma sessão típica da Actress, o que agora consistia quase totalmente nos números de Thunders. "That's Poison" é um esboço rudimentar de "Subway Train" com uma tentativa de ornamento com seus dedos deslizando e escorregando pelas casas da guitarra. Todos os entorpecentes e a vodca fizeram efeito na depressiva "I Am Confronted", uma jam de blues com alguma estrutura tão necessária da bateria insistente de Murcia. Muitos anos depois, Thunders transformaria "Confronted" na épica "So Alone". O alicerce de "It's Too Late" também foi assentado com um estilo meio Stones que se apropriou do lançamento de *Exile On Main Street*. "Oh Dot", composição de Kane/Rivets, abre com um potencial atrativo antes de cair por falta de suporte, enquanto "I'm A Boy, I'm A Girl" lembra Iggy Pop e James Willamson durante seu período "Kill City", sem o veneno. "Coconut Grove", outra proeza da dupla Kane/Rivets, e "Take Me To The Party" são dois rocks como os dos velhos tempos graças a Chuck Berry, mas "Why Am I Alone" volta às tendências melancólicas de Johnny com seus solos de guitarra longos e arrebatadores.

Embora a voz aguda e melancólica de Thunders fosse suficiente, ele estava mais interessado em ser guitarrista solo do que vocalista. Rick Rivets: "Johnny queria um cantor. Não sei se ele se sentia confortável fazendo os vocais e tocando. Lembro que tentamos um que usava botas de caubói prateadas e uma jaqueta de couro. Ele era terrível. Depois apareceu o David Johansen".

O vínculo com David Johansen foi estabelecido por intermédio de Rodrigo Soloman, ex-inquilino da família Murcia, que se mudou para a cidade e pegou um apartamento no mesmo prédio de David e sua namorada Diane Poluski na Rua 6 Leste. David Johansen: "Tinha um cara colombiano que vivia no meu prédio e ele era amigo meu e do Billy. Ele me disse que conhecia esses caras que procuravam um cantor para sua banda. Um dia, Billy e Arthur apareceram na minha porta. Eu estou exagerando um pouco aqui, mas Billy parecia ter 1,20 metro e Arthur uns dois metros, e eles usavam essas botas bem altas e se vestiam como Marc Bolan. Assim que os vi lá, gostei deles logo de cara. Pensei: 'Deus do céu, que dupla incrível de lunáticos!'".

O que Billy e Arthur viram foi um menino mirrado parecendo o filho improvável de Mick Jagger e da atriz francesa Simone Signoret. Na verdade, David Roger Johansen era fruto de uma grande família proletária católica de Staten Island, composta de um vendedor de seguros norueguês e sua esposa irlandesa. David cresceu com uma visão tentadora do horizonte da cidade de Nova York, que lhe parecia como um cenário de milagres onde um dia ele faria uma estreia fabulosa. Enquanto isso, ele despejava sua frustração em um caderno, enchendo-o de poemas e letras de música. Ele começou a cantar com uma banda local chamada The Vagabond Missionaries antes de passar para o Fast Eddie and The Electric Japs, uma banda de art rock que conseguiu chegar à cidade grande, abrindo para outras bandas e tocando em pequenas apresentações no The Cafe Wha e Cafe au Go Go no Greenwich Village.

Depois David incrementou seu passado contando aos jornalistas que apareceu em alguns filmes pornôs antes de se juntar aos Dolls, mais especificamente *Bike Boys Go Ape* e *Studs On Main Street*, mas isso era apenas uma amostra do senso de humor irreverente de Johansen que foi levado muito a sério. David Johansen frequentava o mesmo circuito que o restante dos garotos que se tornaram os Dolls, com a única diferença de que seu gosto musical tinha um toque mais soul. David: "Sempre gostei de vários tipos de música diferentes, R&B, música cubana e porto-riquenha. Gostava bastante de Howard Tate, um cantor de soul com uma carreira curta que morreu por overdose em heroína. Gostava de Otis Redding e Archie Bell and The Drells, porque eles tinham um ótimo senso de humor. Quando era criança, seguia Janis Joplin, fui um grande fã dela desde os 16 até ela morrer. Eu ia longe para vê-la cantar. Em 1969, fui para São Francisco e fiquei em Berkeley. Eu frequentava o Fillmore West e via todas as bandas que estavam na cidade. Em Nova York eu frequentava o Fillmore East praticamente toda noite no fim dos anos 1960 e início dos 1970".

Acalentando seu interesse no drama, Johansen voou para o underground artístico e caiu de paraquedas como um figurante em uma das produções de vanguarda do Ridiculous Theatre de Charles Ludlum. Ele então conheceu uma ex-modelo, Diane Poluski, vários anos mais velha, e foi morar com ela. Parte da trupe de Andy Warhol, Diane Poluski interpretou a irmã grávida de Holly Woodlawn em *Trash* e apresentou

David a alguns dos principais membros do mundo de Warhol. Enquanto Johnny, Billy, Arthur e Rick gostavam de sorver a atmosfera roqueira do bar Nobody's, Johansen preferia a companhia da turma da arte e das drag queens do Max's Kansas City. Gostos sociais de lado, quando Johansen caminhou até o Rusty Beanie's, onde berrou alguns covers e cobriu com seus lábios lascivos uma gaita, a banda sabia que tinha encontrado seu vocalista. O apelido dos Dolls foi reativado e Arthur acrescentou o prefixo New York. Arthur: "Eu quis acrescentar o 'New York' porque em Nova York você sempre ouvia no rádio e na televisão coisas como: New York Jets, New York Yankees, New York Vets, New York isso e aquilo... e eu achava que teríamos seguidores logo de cara se nos chamássemos The New York Dolls, e isso também soava como algo de um show da Broadway de 1930".

O elo final da corrente apareceu quando Sylvain voltou da Europa no fim de 1971. Ele encontrou uma banda bem diferente daquela que deixara para trás e ficou fulo por eles estarem se chamando The New York Dolls, o nome que ele viu primeiro na placa do hospital de brinquedos. Sylvain: "Fiquei chateado com isso e mostrei pra eles um pouco do meu francês, porque tava puto. Era um nome maravilhoso e eu queria ele pra mim".

Quando esfriou a cabeça e voltou a falar inglês, Sylvain começou a tocar com a banda com certa regularidade, embora tenha perdido a estreia turbulenta do The New York Dolls como uma banda de música em uma festa de caridade patrocinada pela prefeitura. Os assistentes sociais responsáveis pelo The Endicott Hotel, um abrigo para sem-teto caindo aos pedaços no outro lado da rua do Rusty Beanie's, organizaram uma festa de Natal para os moradores pobres de Endicott. O grupo agendado para tocar a princípio cancelou no último minuto, mas um membro ativo da secretaria de bem-estar social parou na rua para ouvir o barulho vindo às altas horas da loja de bicicleta e abordou a banda. Na véspera de Natal, Johnny, David, Billy, Arthur e Rick arrastaram seus equipamentos pela rua congelada e os arrumaram no salão decadente do Endicott. A secretaria de bem-estar social municipal bancou o aumento repentino da eletricidade quando o The New York Dolls ligou os equipamentos e fez o público dançar com covers de R&B dignos de uma antiga jukebox.

Rick Rivets sempre considerou estar na banda como uma diversão casual, uma desculpa legal para ficar bêbado e fazer barulho com os caras. Ele não tinha expectativas para a banda além do Rusty's e mais algumas apresentações no mesmo baixo nível de sua estreia no

Endicott. Rivets: "Achava que era apenas farra, porque nenhuma banda de Nova York era contratada. Achava que você tinha de ser um grande guitarrista, um profissional de verdade. Arthur e eu não tínhamos ideia do que era estar numa banda".

Embora Arthur fosse quase certamente uma figura desligada com pouco conhecimento real do mercado musical, assim como o restante dos Dolls, ele tinha certeza de que queria ficar na banda. Kane teve um papo particular com Thunders. Rick começou a faltar a ensaios e rolava um boato de que já tocava com outra banda. Johnny: "Rick Rivets começou a dar mancada, chegava tarde para ensaiar e coisas assim, então nós o demitimos e chamamos Sylvain".

A partida de Rivets possibilitou a volta à formação de Sylvain, que tomou seu lugar de direito como um New York Doll.

2

O Ritmo da Babilônia Continua a Todo Vapor

O parque de diversões noturno de Manhattan, onde o The New York Dolls chegou à maturidade, era bem mais decadente nos anos 1970 do que é hoje. O escuro era iluminado por neon e um elenco de apoio de milhares que evitavam a luz do dia, os cafetões e suas prostitutas hostis, crianças do gueto, piranhas, viciados, tarados, fugitivos, bêbados, jovens rebeldes e criminosos esvoaçavam como mariposas ao redor das delicadas luzes obscenas. A comunidade artística da Big Apple verificava o pulso de uma cidade limitada pela ruína moral e financeira e agia de acordo, criando um ambiente comparável a Berlim antes de a Segunda Guerra Mundial estragar a festa.

Nova York sempre apreciou uma subcultura forte, das deslumbrantes festas das drag queens dos anos 1930, exaltadas no livro *The Young And Evil* (Charles Henri Ford & Parker Tyler), até artistas e escritores que fizeram do Greenwich Village seu lar. O artista contemporâneo mais relevante a ter um papel na história do The New York Dolls foi Andy Warhol, tanto ele como a cena que criou. Enquanto os Dolls faziam sucesso na cidade, porém, Warhol se distanciava do grupo original da Factory que cultivou nos anos 1960 e se mudava para o caro Upper East Side. Isso foi mais por causa da tentativa de assassinato de Valerie Solanis; porém, embora Warhol agora tenha se mudado para o cenário da região rica e conservadora da cidade, sua influência permaneceu onipresente em sua antiga área. As escandalosas drag queens Holly Woodlawn, Candy Darling e a *trash-glam* Jackie Curtis, que apareceram nos filmes de Warhol, permaneceram figurinhas carimbadas da famosa sala dos fundos de paredes vermelhas do Max's Kansas City. Localizado na Union Square no fim da Avenida Park Sul, o Max's ficava perto da Factory e ainda era o centro social do grupo de Warhol, e, portanto, por associação, era o centro do universo alternativo de Nova York.

No verão de 1970, o The Velvet Underground fez seus últimos shows no Max's. Quando o Velvet se separou, os habitués insatisfeitos do centro de Nova York perderam sua voz, pois nenhum outro grupo narrou com tanta frieza suas vidas e vícios. Lou Reed cantava sobre heroína e S&M. Nico, a lúgubre cantora que Warhol apresentou a seu grupo, pranteava por todo assunto sobre o qual cantava.

Antes do domínio subterrâneo do The Velvet Underground, a história musical de Nova York baseava-se no grande boom do rock'n'roll dos anos 1950. Aqueles grupos de Nova York que poderiam ser considerados contemporâneos dos Velvets não representavam a cidade. As bandas The Young Rascals, The Lovin' Spoonful e Vanilla Fudge conseguiram algum nível de sucesso internacional, mas eles falavam mais da época em que surgiram do que do lugar. Nova York nunca teve uma cena localizada ou alguém para narrar a agitação musical da cidade até Andy Warhol e The Velvet Underground, mas em 1971 eles renunciaram. Em 1972, todos os olhos se voltaram para os The New York Dolls tomarem a coroa. Logo eles ultrapassariam as predileções obscuras e introvertidas do The Velvet Underground para se tornar os oráculos extrovertidos de Manhattan.

Primeiro foram Johnny e Janis que se mudaram para o loft no número 119 da Chrystie Street, em cima de uma fábrica de macarrão chinesa. Eles logo foram seguidos por Billy e Sylvain. Como havia apenas espaço no chão e nenhum cômodo além de algumas paredes e um banheiro separado, Johnny, Billy e Syl, como um surreal grupo de escoteiros, armaram barracas que foram do exército no loft para ter alguma forma de privacidade individual. Felizmente, eles não precisavam cozinhar em um fogareiro para camping, pois conseguiram adaptar uma cozinha do nada com objetos tirados do depósito de lixo municipal. Eles costumavam jantar os produtos de furtos em lojas, com a ajuda e a cumplicidade de Heidi Murcia, que tinha um talento especial para furtar frango e batatas. Uma vez por mês, antes de o proprietário bater à porta, os meninos faziam uma festa com a contribuição dos convidados. Com os ensaios no Rusty's, eles se acostumaram a tocar em um espaço pequeno. Sylvain: "Um dos amigos do Johnny ficava na porta recebendo dois dólares de cada um que chegava. Janis ficou encarregada da iluminação. Nós tocávamos na área da cozinha porque ficava um degrau ou dois para cima, com a geladeira e a pia atrás de nós. Tinha caras vendendo drogas e garotas vendendo sexo e nós tocando rock'n'roll. 'Human Being' e 'Frankenstein' vieram dessas longas festas noturnas".

Em vez dos petiscos tradicionais das festas, a banda consumia uma forma barata de ácido em pó conhecida como beladona, que era enrolada em um papel de cigarro e engolida. Não é de se admirar que o pesadelo desajeitado de "Frankenstein", criado por Sylvain e David, tenha nascido sob essas circunstâncias misturadas à química. Sylvain: "A música é sobre nosso amor ser um monstro. Ele pode ser qualquer coisa que seja tabu ou experimental". A pegada lírica de Johansen – "Well I'm asking you as a person/Is it a crime/Is it a crime/For you to fall in love with a Frankenstein/Is it wrong/Could it be wrong, wrong/Baby don't you want a friend?" ["Bem, eu te pergunto como uma pessoa/É um crime/É um crime/Se apaixonar por um Frankenstein?/É errado/Pode ser errado, errado/Gata, você não quer um amigo?"] – é de um defensor fervoroso do grotesco. Em meio a uma passagem de baixo sinistra e uma bateria apavorada, as guitarras são cortantes como foices. Embora conseguisse manter o riff de "Frankenstein" em uma festa regada a narcóticos, Thunders vacilava quando trabalhava a música no ensaio. Sylvain: "Johnny dizia que tinha acordes demais. Se apresentasse uma música com mais do que A, E e G, você tinha problemas, porque ele não queria ultrapassar essa linha. Ele sempre dizia: 'Sylvain, dá pra gente conversar sobre isso? Tem seis acordes nessa música'. Eu dizia: 'Sim, mas eles se repetem o tempo todo. Só segura as notas, tá?'. Nós voltávamos e ele fazia coisas rápidas repetitivas ou aparecia com vários riffizinhos".

"Human Being" resultou em uma avaliação incrivelmente honesta dos defeitos e das fraquezas que existem em todos e os desculpa. "If I'm acting like a king/Well that's'cos I'm a human being/And if I want too many things/Don't you know well/I'm a human being/And if I've got to dream/Baby, baby, I'm a human being/And when it get's a bit obscene/Whoaa I'm a human being…" ["Se eu estiver agindo como um rei/Bem, isso é porque sou um ser humano/E se eu quero muitas coisas/Você sabe bem/Sou um ser humano/E se tenho de sonhar/Gata, gata, sou um ser humano/E quando isso fica um pouco obsceno/Whoaa, sou um ser humano..."]. Ancorado por uma cozinha vigorosa, o ataque de Thunders é mais cortante do que a agulha de um tatuador deixando sua marca, mas o contorno é colorido por Sylvain.

Outra música que deu seus primeiros passos no loft foi "Jet Boy". Sylvain: "Johnny tocava o riff de abertura e eu disse: 'Peraí', e fiz meus acordinhos de bebê que eram D e G. Nós tocamos isso no ensaio e

David disse que tinha uma letra incrível para ela. Depois acrescentamos os oohs e ahhs de fundo". Os Dolls eram todos Jet Boys, garotos de desenho animado da era dos jatos, voando por Nova York. Embora tivesse acabado de completar 19 anos, Johansen absorveu a literatura da geração beat de Allen Ginsberg e Jack Kerouac e se desenvolvia como um compositor astuto com um dom para a observação social irônica.

Como em toda banda, uma hierarquia começou a se estabelecer nos Dolls. A personalidade dominante de Johansen e o ego carente de Thunders os impulsionaram. Sylvain ficava frustrado com a ideia de sempre ser o guitarrista base e disputava para dividir os solos com Johnny, enquanto Johansen muitas vezes se nomeava porta-voz do grupo (embora ele *fosse* mesmo o membro mais articulado do grupo). Até agora as divisões eram tão minúsculas que mal apareciam na imagem geral do bando mais incrível e fofo da cidade. Sua combinação era sublime: desde o eloquente e teatral vocalista ladeado por um lindo guitarrista solo *bad boy* até o demônio sexy na guitarra base, um estranho robô no baixo e a coisa selvagem por trás da bateria. David: "Tem apenas uns sete ou oito tipos de pessoas no mundo, então, quando você pega cinco deles e são todos indivíduos em um grupo, é bom. Todos tinham um caráter completamente formado, todos amavam rock'n'roll. O rock teve uma influência profunda em nossa alienação. Para certos garotos, quando você tem 15 anos, a vida é uma merda, então de repente você conhece o rock e percebe que a vida pode ser boa. Todos nos sentimos assim sobre o rock. Quando nos reunimos, esse era nosso elo, sobre isso que nós falávamos. Tínhamos influências diferentes, mas juntamos todas".

Em 29 de maio de 1972, o The New York Dolls tocou em sua segunda data no salão Palm Room do Diplomat Hotel, onde o The Pox estreou. Junto dos palácios pornôs e dos *peep shows* da Times Square, a apresentação no Diplomat foi organizada em conjunto com a equipe de Warhol com a participação de Jackie Curtis na abertura. No fim da noite, havia uma banda chamada Shaker, cujo baterista, Jerry Nolan, impressionou muito Billy. O evento, anunciado como "Invitation Beyond The Valley" [Convite Além do Vale], recebeu algumas críticas ruins nos cadernos sobre teatro dos jornais locais. Algumas das primeiras aparições dos Dolls confundiam os críticos, que não sabiam se eles eram uma trupe teatral, uma banda de rock ou as duas coisas.

Os Dolls conheceram Jackie Curtis, imortalizada na música por Lou Reed quando ele escreveu "Walk On The Wild Side". Curtis, que apareceu no filme *Flesh* de Andy Warhol além de várias peças de sua própria autoria, era uma figura alternativa perfeita, mas, como muitos dessa cena, passou a usar drogas pesadas. Durante um sarau à tarde com Jackie, iniciado por David, Sylvain teve a compreensão exata da coisa. Sylvain: "Jackie disse: 'Ei, não consigo enfiar essa agulha entre meus dedos, você me ajuda?'. Eu fui um babaca ingênuo, é uma coisa tão sexual ajudar alguém a se picar, é penetrante, e por isso ela queria que eu ajudasse".

Os dois shows seguintes dos Dolls, mais uma vez com a participação de Jackie Curtis, aconteceram no cenário excitante de uma sauna gay no Brooklyn. Arthur: "Nós fizemos esses shows bem estranhos com Jackie nessas saunas. Era como se não houvesse público, porque todos os caras ficavam em seus cubículos fazendo sexo com alguém, então nós não sabíamos o que fazer. Todo o grupo tinha tomado MDA, acho que eu vendia isso na época. Era como um LSD sem o pensamento profundo, mas que te faz cambalear, alucinando. Não sabíamos bem como nos vestir para a sauna, então na primeira noite fomos femininos e eu usei shortinho cavado. Eles não pareceram gostar do look feminino, mas nos divertimos muito com o MDA. Na noite seguinte, voltamos de couro e correntes e recebemos mais interesse. Todos saíram de seus pequenos cubículos para nos assistir".

Como Arthur, Johnny Thunders também ganhou uns trocados a mais vendendo maconha e ácido, mas foram Syl e Billy que criaram um esquema que deu à banda mais equipamentos, tão necessários. A maioria de suas guitarras foi comprada de um jornal local chamado *Buy-Line*, especializado em mercadorias de segunda mão, anunciadas pelos proprietários. Billy e Sylvain costumavam olhar e cobiçar todos os instrumentos que não conseguiam pagar nas lojas de música no Greenwich Village, até o dia em que eles entraram em uma loja que se gabava de ter as guitarras mais baratas da cidade. Pendurado na parede, bem na frente deles, estava um velho baixo de Johnny que tinha sido roubado. O duo dândi descobriu que o dono adquiria mercadoria roubada e após alguma coerção, Billy conseguiu o baixo de volta. Então Sylvain bateu os olhos em uma tentadora Les Paul *cutaway* em liquidação e decorou o número de série. Sylvain: "Eu e Billy falsificamos um recibo com o número de série da guitarra que queríamos e o envelhecemos um pouco. Nós tínhamos uma filosofia hippie: se você vai roubar, roube dos trapaceiros. Horas depois voltamos e eu dei o recibo falso para o dono da loja. De má vontade ele entregou a guitarra. Eu perguntei: 'E o estojo?'. Ele respondeu: 'Eles não me deram nenhuma porra de estojo. Fora daqui!'".

Com o acúmulo de equipamento, os Dolls começaram a procurar locais menos obscuros do que aqueles em que tocavam antes. Em um lugar como Nova York, deveria ser algo fácil. David: "Quando eu era adolescente, tinha um monte de clubes em Nova York nas ruas MacDougal e Bleecker e milhões de bandas tocando no Village. Era mesmo uma cena roqueira, mas então, por algum motivo, na época em que começamos, o lugar todo foi fechado, era tipo uma área de um desastre. Não sei o que aconteceu, apenas sumiu e não tinha mais lugar para tocar rock".

Janis Cafasso tomou a iniciativa de ir atrás de um local apropriado para a banda se estabelecer. Ela encontrou um complexo teatral, um quarteirão a oeste da Broadway, chamado Mercer Arts Center. Ao lado do Broadway Central Hotel, um edifício que teve seus dias gloriosos bem lá atrás na década de 1890, o Mercer Arts Center foi criação de Art Kaback, um magnata do ar-condicionado com amor pelo teatro. O centro abrigava teatros de diversos tamanhos com nomes de vários autores e dramaturgos, incluindo Oscar Wilde e George Bernard Shaw, enquanto a decoração geral tinha um quê de *Laranja Mecânica*. Milhões foram aplicados no empreendimento, mas, além de um curso de vídeo experimental e uma temporada razoavelmente bem-sucedida de *Um Estranho no Ninho*, o Mercer perdia dinheiro. O The New York Dolls não era o que o diretor de programação do centro, Mark Lewis, consideraria "cultura", mas eles precisavam que as pessoas passassem pela porta. Lewis escolheu o Mirror Room [Salão Espelhado], um pequeno espaço na parte de trás do centro de artes, para uma próxima temporada de apresentações anunciada como "the Dolls of N.Y." [as Bonecas de NY].

Enquanto Janis estava ocupada telefonando para todo mundo, desde amigos íntimos a conhecidos interessados e jornalistas acessíveis, a banda praticou um pouco de seu show em desenvolvimento. Cansados de ficar presos à noite no Rusty Beanie's, eles se mudaram para o Talent-Recon, um lugar para ensaios mais conveniente, administrado por um engolidor de fogo chamado Satan, que se vestia de acordo, exceto pelo rabo bifurcado. Os Dolls não eram tão hábeis em sua arte, mas conseguiam tirar vantagem de suas deficiências tocando uma aproximação criativa de rock que dava à sua música uma assinatura nitidamente disléxica. A guitarra de Thunders parecia pular e relinchar como um pônei selvagem e Kane tinha uma técnica única no baixo. David: "Atribuo vários dos sons dos Dolls ao modo como Arthur tocava o baixo e nos fazia soar bem estranhos e diferentes de outras bandas de rock. Como ele não conseguia respirar e tocar ao mesmo tempo, tomava bastante fôlego, tocava várias notas, tomava mais fôlego e começava a tocar de novo".

No Talent-Recon, eles trabalhavam em "Black Girl", uma música sobre desejo, composta, como sempre, por Johansen: "A new black girl/ Moved in on my block/I gave her my key/Said you don't have to knock/I said c'mon you got what I need/Why don't you c'mon and don't you make my heart bleed..." ["Uma garota negra nova/Se mudou para meu quarteirão/Eu dei minha chave para ela/Disse que ela não precisava bater/Disse: 'vamos, você tem o que eu preciso/Por que não vem e não faz meu coração sangrar...'"]. O vocal alto e gutural de Johansen poderia ser ouvido em alto e bom som de outra cidade, que dirá do quarteirão para onde a nova garota se mudou. Ele a seduz, implora, até lhe oferece dinheiro: "20 dollar bill says you can keep the change/All you gotta do is step back in on my range..." ["A nota de 20 dólares quer dizer que você pode ficar com o troco/Você só precisa voltar para meu alcance..."]. Tudo em vão. As batidas do baixo e uma carga de guitarra bem excitante apressam um número que logo seria renomeado "Bad Girl".

Desde o início, os Dolls juntaram às suas músicas *covers* que refletiam sua afinidade com o R&B. Porém, eles não escolheram qualquer melodia antiga para bater os pés, em vez disso preferiam números com um enredo dramático e um senso de humor que poderiam ser interpretados. "Showdown", de Gamble e Huff, gravada por Archie Bell and The Drells, trata de um desafio em um concurso de dança de rua entre gangues. "Don't Start Me Talking", de Sonny Boy Williamson, também recebeu o tratamento do The New York Dolls. Ao escolher Johansen como a madame maliciosa que não para de fofocar, a banda transformou a música em uma briga de gatos desafinada, amarrada pela gaita nervosa do vocalista.

Passando o tempo no Talent-Recon, os Dolls entraram em contato com os membros do Shaker, que também ensaiavam lá, bem como uma banda caubói com jeans azuis, que tentava tocar noite após noite, sem resultados. Depois de ver a carreira dos Dolls começar a decolar, a banda caubói começou a se maquiar como animais e a tocar sob o nome Kiss.

Outra banda alojada no Talent-Recon com um perfil de público um pouco mais elevado era Eric Emerson and The Magic Tramps. Emerson, que lembrava um anjo de um livro de criança, foi dançarino no evento multimídia ao vivo de Andy Warhol, The Exploding Plastic Inevitable. Ele também namorou garotas da Factory e acabara de se separar de Elda Gentile, com quem tinha um filhinho, Branch. Elda cuidava do bebê quando uma amiga lhe contou que uma banda nova fabulosa tocava no local de ensaio de seu ex-namorado, então ela foi ver. Elda: "Eram os Dolls. Eu fiquei completamente impressionada com sua música, era um rock direto, que não dá a mínima. Na época, tudo o que se ouvia no rádio era Jimi Hendrix, Janis Joplin e The Doors. A indústria musical faturava em cima de todas as lendas dos anos 1960. Não acontecia mais nada. Então, de repente, surge essa banda que se divertia muito. E eles eram maravilhosos. Eu simplesmente amei a banda e percebi que várias outras garotas ao redor deles também". Elda convidou Sylvain para experimentar sua culinária italiana autêntica e logo depois ele desistiu de sua tenda e se mudou para a cobertura dela na Primeira Avenida.

No início de junho, o The New York Dolls fez sua primeira apresentação no Mercer Arts Center, abrindo para o engolidor de fogo Satan e o The Magic Tramps. David Johansen contou depois à revista *Circus* que: "Tudo se juntou no Mercer Arts Center. Nós abríamos para o The Magic Tramps, mas éramos tão bons que eles expulsaram o The Tramps do palco com vaias, então nós abrimos e fechamos a apresentação". O show não poderia ser melhor para os Dolls nem se fosse uma cena em um antigo musical de Hollywood onde as atrizes novatas se esforçam para cativar a Broadway. O público ficou encantado e mal podia esperar para contar para seus amigos, enquanto o centro de artes agendava com a banda um segundo show, dessa vez em um salão maior, o Oscar Wilde. O pequeno burburinho de interesse em volta dos Dolls se transformou aos poucos em uma tempestade de empolgação. Embora a equipe do Mercer Arts Center não gostasse muito do visual dos Dolls ou da multidão esquisita que eles atraíam, valia a pena pelo lucro conseguido no bar do salão sempre que a banda tocava.

Em 13 de junho, os Dolls começou uma residência de 17 semanas em todas as noites de terça no Oscar Wilde Room. Com vários espelhos do chão ao teto que refletiam a banda de todos os ângulos e uma capacidade para 200 pessoas, era um cenário perfeito, que seria invejado por Dorian Gray. O fato de estar em um local tão agradável como um centro de artes o fez ainda mais atraente à multidão do Max's Kansas City, que com seu capricho social não teria tanta vontade de aparecer se os Dolls tocassem em um pequeno e acabado antro do rock. Gail Higgins Smith: "O Mercer Arts Center tinha bastante prestígio, com assentos e iluminação de teatro. Quando os Dolls começaram a tocar lá, reuniram as cenas da música e das artes plásticas. De repente os excessos do mundo da arte, que era basicamente a cena de Andy Warhol, e a música começaram a se encostar. Na época eu trabalhava em uma loja de departamentos certinha com esses dois caras que se chamavam de irmãs Tois, sendo um deles o herdeiro da fortuna Heinz. Na apresentação seguinte dos Dolls que eu fui, Heinz Tois apareceu de vestido. Ora, eu nem tinha mencionado a banda ou o show para ele e lá estava ele de vestido. Isso mostra como começou a influência dos Dolls".

O público do The New York Dolls era uma atração quase tanto quanto as performances no palco da banda. O grupo dava liberdade para todos serem eles mesmos, seja qual for seu gênero. Sylvain: "As terças eram nossa noite e, cara, todo mundo vinha nos ver. Era uma farra. No início tinha uma mistura de pessoas que conhecíamos do Nobody's e as drag queens. Não era como um circo, mas com certeza era bizarro. Havia um cara que o Johnny e eu apelidamos de 'Tetas de Roupas', porque ele sempre usava um colete preto brilhante aberto e tinha alfinetes de roupas em seus mamilos. Havia duas garotas tibetanas cobertas com todos os tipos de tatuagens tribais e uma delas virou namorada do Billy. Todas as drags tinham *glitter* na barba e usavam batom. O homem guarda-chuva vestido de mais nada além de guarda-chuvas jogados fora que ele encontrou na rua, e tinha o 'Flop Top', que se cobria de anéis de latas de refrigerante e cerveja". O The New York Dolls e seus fãs viviam os eventos selvagens que o cineasta John Waters, de Baltimore, criava em seus filmes sobre o mundo bizarro na época, como *Multiple Maniacs* e *Pink Flamingos*.

Toda essa androginia que rolava ao redor dos Dolls pareceu afetar David Johansen mais do que todos. Poderia não ser totalmente de brincadeira que ele contou à banda que queria ser o primeiro astro do rock a ter implantes de seios, afinal os seios de Candy Darling pareciam fabulosos. A declaração de Johansen foi recebida com gargalhadas pelo resto dos meninos. Quando encostado contra a parede sobre sua sexualidade, David se declarava "trissexual", significando que ele experimentava tudo. Os Dolls eram em sua maioria heterossexuais, embora a atmosfera da sauna na qual eles floresceram encorajou um ou outro a pequeno flerte com o mesmo sexo. Nunca foi intenção deles, não no início de qualquer maneira, serem vistos como uma banda de rock gay. Eles eram belos pavões, não moças com pênis, que queriam se vestir no limite. Foi seu vocalista, que passou a se chamar David Jo, que levou isso além, até a postura efeminada com as mãos no quadril.

Sylvain: "Foi só quando David apareceu que nos tornamos realmente extravagantes, mas ele levou isso a um nível que nunca me deixou feliz. Eu usava maquiagem antes de sua chegada e Johnny costumava usar sapatos de mulher o tempo todo, mas nunca pensamos nisso como: 'Ei, vamos nos vestir de mulher'. Não estávamos tentando excitar os homens parecendo mulheres, exceto talvez David, porque era assim que ele tocava. Eu dizia pro David: 'Você é gay? Quer ser um travesti?', mas ele nunca me dava uma resposta exata, e eu me lembro de dizer a ele: 'Se for, tudo bem, mas não deveria brincar com algo se isso não for verdadeiro'". Um dos primeiros e menos obscenos rumores que circularam sobre a banda dizia respeito a uma tentativa deles de entrar no The Barbizon, um hotel só para mulheres no Midtown, e o engraçado é que Thunders foi o único Doll a ser proibido de entrar.

A especulação sobre o The New York Dolls atingia um nível digno de fofocas e eles souberam que elas começaram mesmo quando Ed McCormack, um repórter da revista *Interview*, de Andy Warhol, apareceu para fazer um artigo sobre eles. O resultado foi um texto entusiasmado que elevou ainda mais as credenciais da banda mencionando que Lou Reed foi vê-los e os achou "muito bonitinhos". McCormack concluiu que: "No palco do Oscar Wilde Room, eles geram uma energia futurista que faz as pessoas mexerem seus traseiros e dançarem. O vocalista, que parece a irmãzinha magra de Mick Jagger, fica lá com os joelhos virados para dentro se queixando, jogando seus braços com as palmas para cima em um gesto de frustração de um adolescente excitado, desanimado, murmurando e gemendo em uma voz surpreendentemente rouca, cantando esse tipo de canções de rock torturantes de blues rock para festas de arromba, sobre como ele tem problemas de personalidade e ninguém mais entende, e o guitarrista solo com o cabelo com mechas verdes e a perna hermafrodita inclina-se sobre o microfone para ajudá-lo com a harmonia nos vocais, o baterista marca o ritmo e o alto e magro baixista loiro de cachinhos dourados parece um pouco tímido com seu batom e a meia-calça rosa... os Dolls conseguem fazer um monte de gente em Nova York mexer seus traseiros decadentes e dançar".

Depois de Tio Lou dar sua bênção à banda, várias outras celebridades ousadas foram vê-los no Mercer Arts Center, incluindo Bette Midler, o ex-Velvet John Cale e Alice Cooper. A modelo Cindy Land, que era namorada de Alice Cooper, começou um caso com Johnny, enquanto o empresário de Cooper, Shep Gordon, demonstrou interesse em cuidar da carreira dos Dolls. Poderia ser uma ótima combinação, mas David Jo e Johnny acreditavam que aí tinha malandragem e tudo o que Gordon queria fazer era assinar com eles e colocá-los na geladeira porque eles eram uma ameaça ao grupo de Alice Cooper. O empresário de Rod Stewart, Billy Gaff, também fez uma proposta séria para empresariar os Dolls, mas todas as apostas foram canceladas depois que ele conseguiu uma apresentação para eles abrindo para Long John Baldry em um clube em Long Island. Gaff enviou até uma limusine para levar a banda para Long Island. Que dia! Eles ficaram bebendo beladona e álcool e não estavam em estado para fazer nada além de caírem duros no banco de trás do carro. Murcia passou mal e eles chegaram tarde demais para fazer o show.

O próximo texto importante da imprensa cobrindo a carreira dos Dolls até então veio do correspondente em Nova York do *Melody Maker*, Roy Hollingworth, que via sua cena como um repórter intrépido em algum continente até agora desconhecido, mas exótico – o que não era muito surpreendente considerando o histórico de Hollingworth como repórter do *Derby Evening Telegraph*. O ousado *Melody Maker*, jornal de rock mais influente da Inglaterra na ocasião, foi a única publicação semanal de música de Londres a ter uma equipe de repórteres em tempo integral cobrindo a cena roqueira de Nova York, e Hollingworth foi o primeiro deles a receber o trabalho. Claro que ele precisava de um fotógrafo para capturar a vida selvagem em Shangri-La. Leee Black Childers foi recomendado a Hollingworth por Lillian Roxon, a mãe de todas as escritoras de rock. Originário de Louisville, Kentucky, Childers era como pêssegos no conhaque, doce e mordaz. Ele estava prestes a ser recrutado por David Bowie e a assessoria MainMan de Tony DeFries, após ter chamado a atenção deles pela primeira vez em Londres enquanto era contrarregra de *Pork* no Roundhouse em 1971. A peça, baseada nas conversas por telefone de Andy Warhol com a participação de Wayne County, proporcionou a David Bowie sua primeira apresentação ao underground nova-iorquino.

Roy Hollingworth quis ser o primeiro a apresentar o The New York Dolls aos fãs de música ingleses. Com a companhia de Leee, ele conseguiu chegar ao loft na Rua Chrystie. Sylvain: "Roy Hollingworth contou que nos vira na semana anterior no Mercer Arts Center e nos achou fabulosos, então conversamos com ele. Aí Leee resolveu que queria tirar uma foto nossa no armário de Johnny, então tinha todas essas roupas ao nosso redor. Havia tanto amor rolando entre nós naquele ponto, foi bem legal". A foto feita por Leee da banda, cujos rostos pintados e com bicos pareciam quase grandes demais para seus corpos magros, virou um pequeno clássico em preto e branco.

Em questão de semanas, os Dolls escalaram sem esforço a escada social. Quando chegaram às nuvens, Andy Warhol começou a cortejá-los. Leee Black Childers: "Eles iam a festas com Andy e eram meninos pintados belíssimos, vestidos um pouco como garotas. Ele ia à casa de Gloria Vanderbilt para um jantar e ela anunciava sua chegada e ele rodopiava pelo lugar com David em um braço e Johnny ou Sylvain no outro e eles usavam batom e desempenhavam o papel. Syl era muito magro e bonito, usava muito drapeado e chiffon, tinha o corpo para isso também, porque é tão pequeno e bonitinho. Ele era como um ornamento. Andy adorava chocar, assim como os Dolls. Não acho que eles entendessem como chocavam, mas Andy entendia e por isso ele os levava para jantares formais em que pessoas como Gloria Vanderbilt teriam de ser educadas com eles".

O verão de 1972 estava especialmente quente, assim como o The New York Dolls. Eles eram os acessórios favoritos da estação, louvados e aplaudidos onde fossem. Arthur nunca precisava comprar outro drinque, Johnny ganhava drogas como se fossem balas e não faltava nada para Billy. Syl conseguia comparar suas calças coladas com as de Rudolph Nureyev, enquanto David Jo conseguia viver as cenas com que ele sonhava em Staten Island. Leee Black Childers: "Teve uma grande festa em uma suíte de hotel. Mick Jagger, David Bowie, Bette Midler e este ator, Hiram Keller, um amigo meu, estavam todos lá. Hiram apareceu no *Satyricon* de Fellini, era abertamente gay, mas a coisa que ele amava mais ainda do que sexo era escandalizar. Ora, David Johansen gostava de flertar. Ele dava vários abraços e beijos em público, embora a maior parte fosse apenas de diversão. Hiram levou David para o banheiro e trancou a porta. Eles poderiam apenas ter ficado lá rindo, mas todos nós vimos os dois entrarem lá e só saírem meia hora depois".

Em vez de toda a regalia da classe alta, os Dolls preferiam seu território estiloso onde ninguém precisava esperar para ser anunciado. Arthur: "Os Dolls do centro conheciam todos da classe alta em algum ponto. Então nós todos decidimos que os Dolls continuariam no centro e eles continuariam nos bairros chiques". A banda armou as barracas no salão de trás do Max's Kansas City, mas sua presença no trono da cena alternativa perturbou os boás de penas de algumas pessoas. Para aqueles que perseguiam as sombras de sua juventude há muito perdida, o The New York Dolls era uma ameaça. Para outros, eles eram apenas garotos pretensiosos do Nobody's. O colega de quarto de Leee Childers, Wayne County, que a revista *16* descrevia como "um Lenny Bruce drag roqueiro", era o DJ. Wayne: "Quando Johnny entrava com todo seu cabelo para cima, ele era chamado de 'Wig city' [Cidade das perucas]. Eu achava que ele era mais como Ronnie Ronnette e era uma das pessoas do Nobody's. Nós éramos pessoas do Max's e, quando uma pessoa do Nobody's aparecia, dizíamos: 'Oh, Nobody [ninguém] acaba de chegar'".

A maioria dos clientes das salas de fundo logo se adaptou aos Dolls, e alguns até os adotaram. Sylvain: "Nós éramos seus bebês, éramos bonitinhos, tínhamos estilo e eles sabiam disso". Wayne County, especialmente, formou uma aliança com os Dolls, que defenderam sua banda, Queen Elizabeth. O ponto mais procurado na sala dos fundos era a mesa redonda, onde apenas a elite do clube se reunia. Wayne: "Você brigava pela mesa redonda e, se conseguisse, precisava ser capaz de mantê-la. Bem, certa noite os Dolls a pegaram e tinha todas essas pessoas sentadas ao redor. Billy usava maquiagem, salto alto e por cima da calça justa ele usava um vestido, algo que os Dolls eram famosos por fazer na época, colocar um vestido sobre o que eles estivessem usando. Alguma garota começou a gritar pra ele: 'BICHA! Seu VEADO de merda!'. Billy era temperamental, ele ficaria histérico. Naquela noite ele pirou, levantou, tirou a mesa, pegou o prato de salada e jogou na garota, depois os copos e uma garrafa. Depois virou a mesa e toda a sala se tornou algo saído de uma cena de briga de um filme de faroeste. Foi incrível". Com o caos resultante, a banda perdeu a admiração de Mickey Ruskin, o proprietário normalmente liberal do Max's. Billy e Sylvain mais tarde foram barrados do clube depois de serem pegos usando cocaína no banheiro.

A única consistência nas vidas dos Dolls era sua residência no The Mercer Arts Center. Mas algumas de suas apresentações de terça à noite foram interrompidas por manifestantes contra travestis, lésbicas e gays que se reuniram na entrada do Arts Center para protestar contra a "escória travesti" tocando lá dentro. Wayne County também virou alvo quando tocou na NYU. O Mercer Arts Center fez a concessão de deixar os Dolls usarem um banheiro como área de bastidores/camarim. Abrindo seu caminho pela pequena sala lotada, que se transformou em uma festa pós-show, vinha um homem com uns 30 anos disposto a locar a banda.

Sylvain: "Ele usava um terno cáqui e parecia meio estranho perto desses caras com *glitter* na barba. Então ele chega pra nós e diz: 'Não sei se acabei de ver a melhor ou a pior banda do mundo'. Essa foi a introdução de Marty Thau".

3

Quente Demais para Suportar

Marty Thau saiu da cidade com sua esposa, Betty, celebrando sua decisão de se demitir da diretoria de A&R da gravadora Paramount. Embora esse tipo de passo na carreira deixasse a maioria ansiosa, Marty, ou o "Mighty Thau" [Poderoso Thau], como era conhecido no mercado fonográfico, sentia-se feliz. Ele tinha uma reputação de ouro sólida forjada em um instinto por potencial. Depois de um estágio como executivo trainee na revista *Billboard*, ele arrumou trabalho na recém-formada gravadora Cameo Parkway e se tornou membro de um time por trás de 28 discos de sucesso em um ano. Depois foi para a gravadora Buddah e repetiu a rotina do toque de Midas com uma série de *singles* de sucesso, incluindo "Yummy Yummy Yummy", "Oh Happy Day" e "Green Tambourine". Ele então vendeu os álbuns *Astral Weeks* e *Moondance* de Van Morrison para a Warner Brothers antes de começar a curta trajetória na Paramount. Seu próximo projeto já tomava forma. Maurice Levy, que acumulou uma fortuna considerável com edição fonográfica e a Roulette Records, acabara de se oferecer para financiar um selo apenas de *singles* se Thau o administrasse para ele.

Depois do jantar, Marty e Betty deram uma volta pelo Village, onde viram um pequeno folheto anunciando o The New York Dolls. Thau já tinha recebido uma dica sobre a banda de alguns de seus companheiros de trabalho e decidiu seguir a pista até o Mercer Arts Center. Embora tenha gostado das músicas dos Dolls, conhecia suas deficiências, mas não se preocupava muito. Marty: "Eles eram tão divertidos, tão visuais, tão animados e cheios de vida, mas, por outro lado, eram quase desafinados. Eles não tocavam tão bem assim, mas isso quase não parecia importar. Nós chegamos até a porta pra sair, quando eu disse: 'Vamos voltar, quero conversar com esses caras'. Eu gostei de suas músicas e o som deles era comercial. Tive a ideia de que talvez eles pudessem ser o primeiro grupo que eu contrataria pro selo de *singles*. Fui aos bastidores, conheci-os e concordamos em nos encontrar algumas semanas depois no Max's Kansas City".

Apesar de toda a sua bravura, o único avanço profissional real feito até então pelos Dolls foi a aquisição de um técnico de som e assistente geral para tudo, Peter Jordan. Um garoto local que tocou em inúmeras bandas levando a existência precária de um músico batalhador, Jordan era amigo de Barbara Troiani, uma costureira que passava a maior parte do tempo customizando e consertando os fiapos dos Dolls. Após um ano em Vermont, apresentando-se com uma banda de bar, Jordan estava sedento por algumas notícias de Nova York. Barbara Troiani mandou-o direto para o Mercer Arts Center. Um tipo de cara sociável e companheiro, Peter conversou com a banda depois da passagem de som e negociou o trabalho com eles. Peter: "Eu era um pouco mais técnico e disse a eles que seu som poderia ser melhor, então comecei a fazer o som pra eles. Eram preguiçosos, então foi fácil eles me deixarem fazer tudo, porque não fariam nada. Eu comecei tirando dez paus por noite e só aumentou a partir daí".

Além de atrair a multidão da arte e de drags, o The New York Dolls também arrastava garotos do Queens, do Bronx e do Brooklyn, que começaram a torcer pela banda como um time local. Mesmo com toda essa adulação recém-descoberta, o tímido guitarrista solo apenas tinha acabado de começar a tocar de frente para o público. Cyrinda Foxe, uma linda atriz loira e ingênua de Warhol que apareceu na produção nova-iorquina de *Pork*, ligou-se nos Dolls por causa de Leee Black Childers. "Eles começaram a ter seguidores jovens, todos esses garotos do Boroughs iam vê-los, mas Johnny não encarava o público. Uma hora ele se virou e decolou como um foguete. Todas as garotas enlouqueciam por ele." Andy Warhol queria que Cyrinda se casasse com um menino rico da classe alta, mas Miss Foxe se rebelou e começou a namorar David Jo. Cyrinda: "Andy queria que eu me casasse com um banqueiro, mas eu ainda era nova, tinha 19 ou 20. Tinha acabado de sair de casa, então pra que voltar? Achava David a pessoa mais engraçada, ele era inteligente, culto. Ele não era muito bonito nem atraente, era diferente. Como artista eu o achava brilhante, ele conhecia política e a sociedade. Para a decepção de toda a turma da classe alta de Warhol, comecei a sair com ele".

Conforme combinado naquela noite no Arts Center, os Dolls se encontraram com Marty Thau na sala dos fundos do Max's e, como delinquentes em um primeiro encontro, eles se comportaram um pouco melhor do que o normal. Marty: "Fiquei impressionado com sua clareza de como eles se tornariam um grande grupo de rock. Eles eram muito confiantes, engraçados e inteligentes. Nas poucas semanas seguintes, nós nos falamos ainda mais e eu decidi: pro inferno com isso, não vou gastar nesse grupo com só um *single*. Eu gostaria de me envolver com eles em uma escala maior, então dei a ideia de ser seu empresário. Passamos um tempo discutindo isso e decidimos que eu seria seu empresário". Embora Marty tivesse uma reputação de ouro e um estilo de vida confortável, não tinha nenhum capital à vista disponível para investir na banda, mas tinha o telefone de dois agentes da mundialmente famosa agência William Morris que começaram a trabalhar por conta própria.

É difícil imaginar que Steve Leber e David Krebs não nasceram fumando charutos e arranjando contratos para seus pais assinarem de tão arraigados eles estão na tradição do showbiz. Peter Jordan: "Leber e Krebs eram atraídos apenas por uma coisa, o potencial pra lucro. Eu me dava bem com eles, mas os dois são tubarões no real sentido do showbiz. Marty não é um tubarão, está mais pra um golfinho". Quando Thau esteve na Paramount, Leber e Krebs sugeriram que alguma forma de aliança profissional poderia ser vantajosa para os dois lados. Marty os convidou para ver os Dolls e eles foram direto na isca. Steve Leber: "Eu, como todo mundo, achava que eles eram incríveis. Eles eram diferentes de tudo que vi antes. Por estar na agência William Morris, sabia o que era o rock mais comercial, fui agente dos Rolling Stones por muito tempo".

Marty propôs que ele agisse como empresário pessoal do The New York Dolls enquanto Leber e Krebs lidariam com questões financeiras e contratuais. Além de tomar conta dos Dolls, Leber e Krebs atuavam como agentes para Argent e B. B. King e também eram responsáveis pela companhia de *Jesus Christ Superstar*. Fora da trindade empresarial trabalhando agora em nome dos Dolls, David Krebs ficou com a menor fatia porque passava seu tempo com seu outro recém-contratado, Aerosmith. O The New York Dolls e o Aerosmith foram colocados no bloco de partida pelas mesmas pessoas ao mesmo tempo. Arthur: "É quase como se eles tivessem feito uma dessas apostas entre cavalheiros por um dólar. David Krebs tinha o Aerosmith, Steve Leber tinha os Dolls. É como se eles dissessem: 'Nós daremos a eles dois anos pra ver como se saem, então nós puxamos o tapete da banda de menor sucesso'".

Enquanto os contratos eram feitos, Marty levou os Dolls para o estúdio Blue Rock na área do Soho para uma gravação noturna. Lançado depois como *The Mercer St. Sessions* por reproduzir um repertório típico da época do Oscar Wilde Room, a gravação não era para ser usada para nada além de fitas de referência pela banda. Versões embrionárias de "Human Being", "Frankenstein", "Bad Girl" e "Jet Boy" foram arrumadas com algumas composições mais novas. "Personality Crisis" conta uma história de esquizofrenia social, lindamente composta por Johansen: "You're a prima ballerina on a spring afternoon/Change into the wolfman/You're howling at the moon..." ["Você é uma primeira bailarina em uma tarde de primavera/Transforme-se no lobo/Você uiva para a lua..."]. Como um furto de uma cadeira de rodas, a cozinha desigual e as guitarras arranhadas quase não evitam a colisão. "Looking For A Kiss" coloca o desejo adolescente contra aqueles anjos de ruína mais interessados em drogas pesadas do que sexo. Uma depressiva e suja revisão de "Get It On" de Marc Bolan mantém o sangue correndo enquanto David desabafa suas frustrações: "I didn't come here lookin' for no fix, ah uh-uh no!/I been out all night in the rain babe/Just looking for a kiss..." ["Não vim aqui procurando uma dose, ah uh-uh não!/Fiquei fora a noite toda na chuva, gata/Só procurando por um beijo..."]. Além de "Don't Start Me Talking", os meninos também fizeram um lindo *cover* de "Don't Mess With Cupid" de Parker, Floyd e Cropper e completaram com um remake agitado de "Pills" de Bo Diddley. Bo Diddley estava na estrada na ocasião, fazendo uma série de shows em clubes. Depois de uma de suas apresentações, os Dolls correu para Long Island, ansiosos para pegar o sr. Diddley em ação. Sylvain: "Nós ficamos todos perto do palco, vestidos como costumávamos, gritando por 'Pills', e ele balançava a cabeça pra nós. Em todo intervalo entre as músicas nós gritávamos 'Pills' pra ele. Parecia que ele tinha esquecido a música, e então ele diz: 'Acho que esses garotos aqui querem drogas, se alguém tiver alguma, esses caras querem!'. Nós saímos e tempos depois ele recolocou 'Pills' em sua lista de músicas, talvez por causa do The New York Dolls!".

Em uma tarde abafada no fim de junho, todos os Dolls foram para o extravagante escritório de Leber e Krebs na Rua 65 para assinar na linha pontilhada. Os meninos da banda não ouviram nenhum conselho de fora sobre seus contratos, supondo que seu time de empresários estivesse agindo em seu interesse. Em vez de sugerir que a banda procurasse um advogado independente, o advogado de Leber e Krebs estava presente apenas para supervisionar a assinatura. Arthur: "Isso significava que havia um conflito de interesse, e ele também nos fez uma contraoferta. Ele nos disse pra não assinar com Leber e Krebs, mas ir com ele". O doce anestésico do champanhe gelado era administrado enquanto os Dolls concordavam com tudo que punham diante deles, mal sabendo que "perpetuamente" significava para sempre. Sylvain: "Eles assinaram conosco individualmente, depois como uma banda, depois nossas publicações e depois nossas composições. Eles nos contrataram de todas as formas possíveis. Eles nos foderam bonito, sem direito a beijinho". Aos 19, Johnny Thunders, o mais novinho da banda, não sabia que deveria ter uma coassinatura paterna. Seu contrato poderia ser anulado a qualquer momento até seu aniversário de 21 anos. Steve Leber e David Krebs estavam preparados para investir na banda, mas tinham métodos especialmente astutos. Acertando ou não, eles não perderiam. O equilíbrio de poder na trindade empresarial não fez Mighty Thau parecer tão poderoso no fim das contas.

Ao assinar, cada Doll recebeu um único pagamento de 100 dólares para roupas. Alguns amplificadores foram comprados em seu nome, colocaram Peter Jordan na folha de pagamento e os Dolls começaram a coletar uma comissão semanal de 75 dólares. Enquanto isso, os tutores dos negócios da banda traçaram uma campanha profissional. Steve Leber: "O plano era estabelecer sua identidade. Marty, é claro, tinha essas ideias loucas e bizarras pra eles, porque era meu dinheiro e as ideias dele. Honestamente, nós estávamos dispostos a ir ao extremo. Fizemos coisas que ninguém fez antes no mercado fonográfico. Por exemplo, encontramos lugares onde eles poderiam cavar um nicho em três ou quatro diferentes clubes de Nova York, como o Max's Kansas City".

Sylvain e Billy receberam anistia temporária quando a banda começou a tocar no andar de cima do Max's, mas tinham de sair logo após o show. Um artigo de Ed McCormack na *Rolling Stone* noticiava que o proprietário do Max's, Micky Ruskin, ainda tinha uma má impressão da banda, independentemente do novo comportamento deles no clube, e foi mencionado dizendo: "Acho que eles são de arromba, mas, como indivíduos, são totalmente repulsivos!".

Os Dolls conquistaram o menos esnobe Coventry no Queens e estabeleceram o lugar como uma base roqueira, depois fizeram o mesmo para o Kenny's Castaways, um antigo bar para solteiros no Upper East Side de Manhattan. Essas pequenas vitórias encorajaram os empresários a mandar a banda para mais longe. Peter Jordan: "Agendaram shows pra nós nesse clube chamado Mr. D's, uma espelunca da máfia em Long Island. Ora, quanto mais longe da cidade, mais provinciano fica". Os Dolls chegaram no Mr. D's com Jordan e Tony Machine (nascido Krasinski), o membro mais jovem da equipe da Leber & Krebs, que foi escolhido como *road manager* da noite. A mudança radical de cenário provocou um choque cultural na banda. David: "Nossos empresários tentaram ver se éramos viáveis fora de East Village. A situação social lá é diferente de qualquer outro lugar, com suas próprias leis ou a falta delas. Então nós fomos a esse clube e foi algo saído do filme, com os caras rodando em GTOs tentando atrair as garotas. Era como outro planeta pra nós".

Os cadetes do espaço e a equipe conseguiram chegar ao grande clube que mais parecia um celeiro completo com dois bares. Enquanto uma banda de *hard rock* terminava sua apresentação com um sucesso estrondoso do Black Sabbath, mostravam aos Dolls seu camarim para trocar de roupa e se maquiar na área de serviço da cozinha. Quando a conservadora banda de abertura de bigodes e usando jeans deixou o palco, os Dolls logo começaram seu primeiro número. Na segunda música, o público estava dividido. David: "Todas as garotas começaram a ir para a frente e todos os caras foram para o fundo. Tudo aconteceu muito rápido, deve ter sido alguma reação primordial à confusão sexual, porque os caras começaram a se socar. As garotas nos olhavam como se estivessem em transe, enquanto seus namorados se matavam lá atrás. Então os seguranças abriram as portas e começaram a jogar pessoas pra fora do clube, mas alguns dos caras começaram a pular no palco. Eu disse: 'Foda-se', e fui pra cozinha, peguei uma garrafa e comecei a beber. Enquanto isso, Billy, que era um verdadeiro incitador rebelde, sai de trás da bateria e começa a fazer um discurso no microfone, com seu sotaque colombiano, sobre como os caras eram babacas. O dono do clube, esse grande cara musculoso, agarra Billy pela orelha e o arranca do palco direto pra área de serviço onde estávamos. Ele vê que eu roubei uma garrafa de trás do bar, solta o Billy, me pega e me joga do outro lado da sala como se eu fosse um travesseiro ou algo assim. Eu só fiquei lá deitado, nocauteado, onde eu tinha acertado a parede. O produtor estava furioso porque a noite foi uma merda, então Tony Machine tentou acalmá-lo, mas o produtor acertou um soco no nariz dele. Foi uma confusão total. Vinte minutos depois de subirmos ao palco, o clube foi de lotado a completamente vazio".

Do lado de fora, Peter Jordan estava de cabeça baixa guardando o equipamento, reclamando de ser apenas um empregado contratado para a noite, fazendo seu trabalho. Peter: "Francamente, eles poderiam ter nos matado. Eles quebrariam nossa cara fácil". David e Billy salvaram o produtor de distribuir mais punições terminando o assunto entre eles no estacionamento. David: "Estávamos prontos pra sair quando Billy começa: 'É sua culpa!', e eu: 'Não, é sua!', até rolarmos no chão, um batendo no outro, sabe, até ficar com o rosto todo vermelho e suado; deu, tipo, uma sensação boa. Era como se fôssemos duas drag queens porto-riquenhas rolando na sujeira. Depois fomos pra casa. Foi ótimo".

De volta ao Mercer Arts Center, um tipo diferente de drama se desenrolava. David Bowie, já um grande astro no Reino Unido, estava desesperado para repetir o processo na América, no mínimo para pagar por sua comitiva recém-recrutada e muito esbanjadora. Por isso ele começou a se associar com a nata alternativa de Nova York, contratou Wayne County para a MainMan e mostrou mais do que um interesse passageiro pelo The New York Dolls. A presença de Bowie no Oscar Wilde Room por duas noites seguidas foi relatada por Ed McCormack na *Rolling Stone*: "Pálido como um albino por baixo de seu impetuoso e cósmico corte de cabelo escovinha, este líder respeitado da Nova Decadência está lá no escuro perto da pista de dança com sua roupa de astronauta branca, sorrindo muito para os jovens pintados e talentosos no palco. Não se pode deixar de pensar que em algum lugar em seu entusiasmo cria-se em sua cabeça de cavalo-marinho cheia de lantejoulas uma pequena e perturbadora dúvida: tão cedo nos calcanhares de seu sucesso, isso poderia ser... a New Wave?". Como um camaleão profissional, Bowie começou a absorver os Dolls. Sylvain: "Ele estava com todos os seus guarda-costas ao seu redor e nos fazia perguntas. 'Como você fez pro seu cabelo ficar assim? Onde comprou seus sapatos?'. Não estou dizendo que os Dolls o transformaram em seu lado feminino, ele já tinha isso, mas trouxemos à tona algo nele, sua maquiagem ficou mais pesada e ele comprou um par de mules altas feitas sob medida, no mesmo estilo e do mesmo cara de quem comprávamos". Como em uma abdução alienígena, Billy Murcia e Cyrinda Foxe desapareceram na suíte de Angie e David Bowie no The Plaza Hotel, ressurgindo várias longas noites e curtos dias depois em um estado deplorável.

O programa de assimilação do The New York Dolls por David Bowie parou no Bowery, onde tudo ficou um pouco real demais para ele. Luc Sante, em sua história de Nova York, *Low Life*, descreveu assim uma das áreas mais infames de Manhattan: "O Bowery sempre teve o maior número de botecos, albergues, boates, prostíbulos, queimas de estoque, leilões fraudulentos, casas de penhores, museus baratos, estandes de tiro ao alvo, danceterias baratas, salões de videntes, agências de loteria, feirinhas e salões de tatuagens, bem como teatros de segunda, terceira, quinta e décima categorias. Também é um fato que o Bowery é a única maior via pública de Nova York a nunca ter uma única igreja".

Pelos vidros escuros de sua limusine, David Bowie observava as formas esfarrapadas dos vagabundos bêbados nas sarjetas enquanto ia se encontrar com os Dolls no lugar favorito deles, Canal Street Center. Sylvain: "Se você conhece Manhattan, lá é onde está a cadeia. Quando eles dizem nos filmes: 'Ei, garoto, estamos te levando pro centro', aqui é onde você vai acabar. Nós íamos à Rua Canal, que segue até a Terceira Avenida, que é o Bowery. Lá é bem legal e os bares são bem baratos. Era o lugar favorito do Arthur".

Como anfitriões geniais que eram, os Dolls pensaram que Bowie ia querer dar uma volta à noite. David Jo: "Estávamos na Third Street e no Bowery, era um ponto bem agitado e David Bowie não queria ficar lá. Então um grande caminhão para no semáforo e o motorista põe a cabeça pra fora e grita pra mim: 'Ei, gatinha, quero comer sua boceta', e eu digo: 'Bem, você vai ter de chupar meu pau, filho da puta'. Bem, os joelhos de Bowie tremiam e ele dizia: 'David, não, por favor, não provoca ele, David, por favor', e eu gritava pro motorista do caminhão: 'Vai, sai desse caminhão, filho da puta!'". Bowie saiu correndo da órbita da banda, retornando à segurança de sua estação espacial fictícia, onde escreveu "Watch That Man", aparentemente sobre o The New York Dolls: "Yeah, I was shaking like a leaf/For I couldn't understand the conversation" ["Sim, eu tremia feito vara verde/Pois não entendia a conversa"].

O verão deu lugar ao outono, mas o The New York Dolls ainda não tinha um contrato com uma gravadora. Eles continuavam a ser o esplendor da cena alternativa e se tornaram os queridinhos da imprensa, mas ninguém era corajoso o bastante para contratá-los, temendo contaminação do campo. Marty Thau: "Pessoas da área de A&R iam vê-los, mas não conseguiam ver além do exterior dos Dolls. Eram tempos muito repressores, hoje em dia as pessoas não acreditariam. Não se poderia dizer 'Maldito' na televisão. As questões dos direitos das mulheres e a liberação gay e lésbica foram postas na mesa, mas não em prática. O mercado da música via os Dolls como um bando de veados degenerados. Tudo se resumia à homofobia".

Os The New York Dolls eram os párias mais talentosos da cidade. As pessoas da indústria fonográfica, mesmo aqueles que gostavam da banda, olhavam, mas nem se atreviam a tocar. Leee Black Childers: "As gravadoras avançavam, mas não mordiam. Earl McGrath, que na época estava com a Rolling Stones Records e tinha as melhores intenções do mundo, aparecia no Oscar Wilde Room, ficava dançando e rebolava de volta pra casa e os pobrezinhos Dolls ficavam perdidos dizendo: 'Aonde o Earl foi?'. O presidente da Atlantic Records, Ahmet Ertegun, apareceu, bebeu um pouco de champanhe, fumou um charuto, dançou e se divertiu bastante, então, como Earl McGrath, também foi pra casa".

Nas trevas do amor estava Paul Nelson, um jornalista de rock bem respeitado, que agora trabalhava na área de A&R na Mercury Records. Nelson caiu de quatro pela banda e começou uma campanha de um homem só para conseguir um contrato para eles. Paul Nelson: "Eu era uma pessoa do A&R, pensava, meu Deus, isso é como entrar na busca por outro Rolling Stones. Eu amava os Dolls. Queria contratá-los e não me importava com o que aconteceu, eu só queria estar com a banda". Como Nelson foi jornalista e os Dolls eram o que eram, o restante dos membros da equipe da Mercury estavam céticos quanto a seu entusiasmo e supunham que Nelson apenas apoiava a última escolha dos críticos. No fim das contas, Nelson conseguiu convencer Charlie Fach, diretor de A&R, a ver a banda com ele. Paul Nelson: "Na noite em que Charlie Fach foi vê-los, eles apareceram quatro horas atrasados. Atrasar por quatro minutos já seria mau pro Charlie. As pessoas chegarem pro segundo show e o primeiro ainda não ter começado parecia adorável na época". Fach não achou isso tão legal e relatou devidamente à equipe da Mercury. Uma semana depois, Lou Simon, da presidência da Mercury em Chicago, também foi ver a banda, e dessa vez eles estavam apenas duas horas atrasados no palco. Simon os adorou, mas os conservadores com poder de decisão na Mercury ainda estavam indecisos; então, no dia 8 de outubro, Robin McBride, outro dos homens de A&R da empresa, foi enviado para o Oscar Wilde Room. McBride tinha sido responsável recentemente por contratar uma banda com 13 trompetes, que era tão ruim que as pessoas devolviam as fitas demo ao escritório. Os Dolls estavam apenas uma hora atrasados para McBride, mas Johnny, com seus tênis de basquete de plataforma, conseguiu fazer vários buracos no palco enquanto Arthur não conseguiu perceber que seu baixo ficou desplugado por quatro músicas. McBride não ficou impressionado.

A trindade administrativa coçava suas cabeças: o que vai acontecer agora com os meninos? Talvez um golpe europeu fosse a resposta. O inovador artigo de Roy Hollingworth no *Melody Maker* já dera à banda sua introdução no Reino Unido. Embora fosse tão repressora quanto os Estados Unidos, a Inglaterra tinha uma atitude diferente com as drags e era um país menor para conquistar. Steve Leber contatou um promotor londrino, Roy Fischer, que trabalhou com Alice Cooper e The Groundhogs. Eles fizeram um acordo, Fischer promoveria os Dolls se eles gravassem algumas músicas para ele. O passo mais extravagante de Leber e Fischer foi quando eles conseguiram que os Dolls abrissem para Rod Stewart and The Faces no Wembley Pool, de 8 mil lugares. Steve Leber: "A hora dos Dolls ainda não tinha chegado, por isso então nós decidimos ir pra Inglaterra conseguir um contrato com uma gravadora. Achamos que o timing, a imagem deles e a animação que criariam seriam incríveis. Eu paguei pro grupo inteiro ir".

A banda animada encheu suas malas até quase quebrar com roupas de dançarinas de cabaré, blusas de chiffon amarrotadas perto de shortinhos de paetês e todas aquelas plataformas altíssimas que pesavam uma tonelada, mas eles não estavam nem aí. Mesmo no aeroporto, quando as pessoas da imigração foram chamadas e Sylvain ficou detido até outro voo porque não era cidadão americano, os papéis de Billy estavam uma bagunça e Johnny perdeu sua identidade, nada os desanimaria, porque eles levavam seu ritmo para Londres.

4

Viagem Mortal

Uma carroça com um cavalo esperava o The New York Dolls no Heathrow. A inovação no transporte foi preparada como um golpe publicitário por Roy Fischer e o Escape Studios, mas, quando os Dolls tomaram seus lugares na traseira da carroça cheia de feno, parecia mais uma carroça rumo à guilhotina. Em certo momento eles trocaram por um carro e foram levados para o Escape Studios em Kent.

O estúdio ficava em uma casa com forno para secar lúpulo adaptada, completa com acomodações, e após alguns dias de bebedeiras os Dolls gravaram de novo versões de "Personality Crisis", "Looking For A Kiss" e "Bad Girl", além do número da antiga Actress "That's Poison", reformulado e reescrito como "Subway Train". Um melodrama em alta velocidade, David Johansen é convincente como o amante distante: "See a train coming down a lonely track/Well I'm hoping it's going to bring my baby back" ["Vejo um trem vindo por um trilho solitário/Bem, espero que traga minha garota de volta"]. A letra diminui aos poucos e entra o emblema do folclore americano "Dinah's In The Kitchen", um exemplo da técnica de composição eclética de editar, copiar e colar de Johansen, na qual referências a qualquer coisa, desde astros do cinema a programas de TV e grupos favoritos como as Shangri-Las, poderiam ser encontradas. As sessões no Escape mostraram um progresso evidente das primeiras gravações no Blue Rock, a banda está mais afiada e tem um melhor relacionamento com seus instrumentos, apesar da copiosa quantidade de bebida que consumiam.

Steve Leber registrou-se no The Dorchester, enquanto Marty Thau e os Dolls tinham reservas no The Whitehouse, considerado por todos um hotel bem sinistro em South Kensington. Depois de completar suas obrigações de gravação com Fischer, a banda fez um show exclusivo no The Speakeasy, o local mais quente de Londres na época.

Peter Jordan: "Não estava muito bem arrumado, tinha um sistema de áudio bem ruinzinho. O pensamento por trás disso era que deveríamos tocar no clube mais popular de Londres. O quê... na frente de todo filho da puta exausto que trabalha na imprensa inglesa de rock, pra todos eles rirem de nós. Eu vi John Entwistle lá e dei um tapinha nas suas costas, adorava o The Who, assim como toda a banda, e ele quase me deu um soco!". No dia 26 de outubro, os Dolls de alguma forma abriram inadequadamente para The Groundhogs, um trio liderado pelo talentoso guitarrista de blues Tony McPhee, no Alhambra Rock em Birmingham. Antes do show a banda ganhou alguns engradados da cerveja Newcastle Brown Ale, que Murcia regurgitou violentamente durante a apresentação.

Como tantas outras bandas da época, o The New York Dolls tinha uma dieta de bebidas e drogas. Ao contrário de seus colegas, porém, os Dolls nunca sabiam como ou quando parar. Todas as compulsões do rock chegavam a Billy Murcia, mas, como toda a banda vivia em uma montanha-russa, ninguém percebeu realmente que ele sofria mais do que os outros. Aquela garota bonitinha, Marilyn, e sua amiga que ele encontrou no The Speakeasy separaram para ele alguns mandrax. Ele achou que fossem algum tipo de entorpecente, como metaqualonas, tuinal, valium ou algo assim. Seja o que for, eles o ajudavam a dormir quando sua cabeça estava cheia demais de glória roqueira para desacelerar.

No domingo, 29 de outubro, o The New York Dolls fez a maior apresentação de sua carreira inteira no The Wembley Festival of Music, imprensado entre The Pink Fairies e a banda principal, Rod Stewart and The Faces. O evento beneficente, que durou todo um fim de semana, foi organizado pela The Stars Organisation For Spastics [Organização dos Astros pelos Espáticos]. Sylvain: "Cara, nós éramos perfeitos pra isso. Não poderia haver roqueiros mais espáticos no mundo". De repente os Dolls teria de agradar um público de 8 mil pessoas no que era conhecido então como o Wembley Empire Pool. O maior público que eles já encararam foi pouco mais de 200 pessoas. Na passagem de som, eles se agruparam em sua formação comum, incertos sobre como preparariam o ataque massivo. Eles tinham medo, mas a atitude prevaleceu.

Sylvain: "Foi enorme, estávamos acostumados ao Mercer Arts Center e, se algum dos outros caras falou que não estava com medo, não é verdade. Nós fomos bons meninos nessa apresentação, fizemos tudo que deveríamos, chegamos na passagem do som a tempo e, quando algum membro da realeza entrava no camarim e nos dava uma garrafa de champanhe, levantávamos e fazíamos reverências como nos disseram, sem problemas, baby!". Como patrona da The Spastics Society, a duquesa de Kent foi conhecer e saudar todas as bandas do show. Se ela fosse menos nobre, os Dolls tentariam tirar sua tiara, que sem dúvida acabaria coroando David Johansen, cujo ego se tornou mais tarde majestosamente inflado.

Após uma introdução pelo mestre de cerimônias Emperor Rosko, os Dolls tentaram esquentar a multidão hostil do Wembley. Mark Plummer escreveu sobre essa apresentação para o *Melody Maker*: "O The New York Dolls fez o que provavelmente foi um dos piores shows que já vi. Seu toque de glamour provocou assobios e gritinhos antes de cada nota tocada e, quando uma corda quebrou na guitarra de acrílico de Johnny Thunders, eles perderam o que tinham da simpatia do público. Musicalmente seu repertório era medonho e não colou, seus dois guitarristas tocaram todos os velhos e esgotados *licks* de guitarra. E quem realmente quer saber sobre 'Pill City'? O Wembley não, com certeza". Um pivete com anseio de ser de uma banda, que invadiu o local pelos fundos para ver The Faces e os Dolls, discordou veementemente da malhação crítica de Mark Plummer. Futuro Sex Pistol Steve Jones: "Os Dolls tocavam rock como eu gostava de ouvir, meio largado. Eu era um grande fã do The Faces, mas eles eram um pouco mais controlados, mais como a música dos bons tempos, mas os Dolls eram bem loucos e nunca vi nada como aquilo. Acho que ninguém viu. O público odiou e começou a atirar merda neles, mas eles continuaram tocando. Eles eram ótimos, doidos".

Depois do show, Kit Lambert, empresário do The Who e presidente da Track Records, levou os Dolls, Steve Leber e Marty Thau para jantar. Lambert estava seriamente interessado na banda e fechou um restaurante caro apenas para seu uso. Nascido em uma família rica, mas trágica, Lambert era um dos maiores pródigos aristocratas do rock, um almofadinha com uma queda por "meninos de jaquetas de couro pretas e olhos azul piscina", como ele admitiu em uma entrevista pouco antes de sua morte em 1981. Embora Lambert consumisse grandes quantidades de bebida e drogas, ainda tinha bastante poder e dinheiro para oferecer aos Dolls e organizou uma agenda social animada para eles. Peter Jordan: "Nós fomos a uma festa de Guy Fawkes na residência de Kit Lambert. Ela era linda, mas estava vazia porque ele acabara de se mudar. No topo da escada havia um armário com um esqueleto de verdade nele e um caixão. Speedy Keene era o DJ e eu me lembro de Keith Moon dizendo que tinha colocado uma bomba no jardim".

Embora o The New York Dolls ainda não soubesse, eles chegaram ao seu auge. Não chegaram ao topo musicalmente, mas em Londres estavam a uma distância de um fio de cabelo do verdadeiro estrelato. Ainda que na verdade jamais seria assim de novo, naquele breve momento tudo o que eles sempre quiseram estava ao seu alcance. Arthur Kane: "Seis meses antes nós estávamos na rua, olhando botas em uma vitrine, pensando: 'Puxa, quem dera eu pudesse comprar aquelas', e seis meses depois estávamos na farra com o The Who. Éramos fãs deles, mas agora éramos o The New York Dolls e ganhamos fama instantânea".

Mick Jagger voou da Irlanda para Londres só para ver os Dolls quando eles tocaram na Imperial College, dividindo o palco com Status Quo e Capability Brown. Os Dolls estavam, na realidade, fazendo teste para a Rolling Stone Records, e, mesmo Jagger sendo bastante amigável com a banda, depois ele disse com sarcasmo em uma publicação: "Sim, eu vi o The New York Dolls. Estávamos prestes a contratá-los em um ponto. Fui até a apresentação na Imperial College e, hmm, seu vocalista, eu o vi e não achei grande coisa". Mick Taylor apoiou a opinião de Jagger quando ele disse à imprensa: "(Os Dolls) eram a pior banda de colegiais que já vi", deixando Johansen rebater: "Não, nós somos a melhor banda de colegiais que já viu! Os garotos nos amam!".

Richard Branson, que tinha acabado de lançar a Virgin Records, enviou uma nota introdutória manuscrita para Steve Leber por mensageiro para o The Dorchester. Marty Thau: "Ele tinha uma casa-barco no Rio Tâmisa, então nós atravessamos a cidade de carro e subimos em seu barco descolado. Na parte de trás dele tinha esse cara jovem de cabelo comprido, um rosto com a barba por fazer e usando uma camisa Nehru florida. Ele disse: 'Ouvi tantas coisas incríveis sobre os Dolls, gostaria de contratá-los para a Virgin e estou disposto a oferecer 5 mil dólares pra vocês'. Nós dissemos: 'Bem, não achamos que tem muita conversa aqui, porque estamos interessados em 350 mil dólares. Obrigado, Richard, foi legal te conhecer'". Tony Stratton-Smith, dono da Charisma Records, estava muito interessado em contratar os Dolls e foi várias vezes para a suíte de Steve Leber no hotel, mas Leber decidiu que a Charisma não servia. Tudo corria bem e, embora Leber e Thau quisessem esperar antes de tomar a decisão final, enquanto outras ofertas apareciam, a Track Records era o candidato favorito.

Kit Lambert continuou a agradar os Dolls, apresentando-os às sociedades alta e baixa. A roupa de couro vermelho justa e reveladora de Johnny, criação de Barbara Troiani, tornou-o bem popular entre alguns dos amigos de Lambert, mas certas tensões entre os Dolls perturbavam sua lua de mel londrina. Sylvain: "Este *sir*, lorde, 'Quero chupar seu pau... seja lá o que for', manda seu Rolls Royce pra nos pegar no hotel. David achou que o carro foi enviado só pra ele. Então, como um desenho Keystone, nós todos nos amontoamos sem David e lá fomos nós. Enquanto isso, estamos na festa e David Johansen entra batendo o pé, bem puto da vida. Ele diz: 'Seus cuzões, vocês pegaram a porra do carro, nem me esperaram, quem vocês pensam que são?'. Ele aparece com toda essa besteira sobre aquele carro estúpido e como ele teve de pegar um táxi. Então começa a gritar com Billy porque foi ele quem disse pro motorista ir. Ele sempre gritava mais com o Billy do que o resto de nós. Ele era malvado assim". Depois da entrada furiosa de Johansen, a festa entrou no ritmo; Liberace tocava o piano e Syl conseguiu conhecer seu herói, o ator Sal Mineo.

Os Dolls eram como crianças em um jardim de noites deliciosas, mas um deles foi literalmente mimado até morrer. Sylvain: "Nós íamos a todas essas festas e, é claro, rolavam drogas. Ser os queridinhos da cidade não é a posição mais segura ou sensata de se estar, principalmente naqueles dias em que você topava experimentar tudo".

Em 4 de novembro, o The New York Dolls abriu para o Argent no Mile End Sundown em East London antes de fazer a longa viagem para Liverpool, onde abririam para Lou Reed no The Stadium. Os Dolls chegaram até o camarim do The Stadium quando Reed mandou um de seus lacaios com uma mensagem concisa dizendo que Lou não pisaria no palco se os Dolls continuassem. Marty Thau: "Não sei qual era o problema de Lou Reed. Dez minutos antes da hora em que deveriam tocar, disseram-lhes que ele não faria o show se eles continuassem. Foi bem cruel. Não conseguia imaginar por que ele fez isso, o motivo só poderia ser alguma insegurança horrível". Ainda aborrecidos com a rejeição, os Dolls saíram para jantar no The New York Steakhouse no centro de Liverpool. Sylvain: "O sr. Lou Reed estragou nosso melhor momento lá. Até onde sei, ele foi um completo canalha, porque magoou muito Billy e aqueles foram seus últimos dias".

A próxima data na agenda dos Dolls era 9 de novembro no Hardrock de Manchester com o Roxy Music. Com alguns dias de folga, a banda saiu em Londres. Arthur e Peter Jordan procuravam descolar alguma maconha decente, Johnny e Janis foram às compras, David ficava tentando ligar para Cyrinda, mas ela estava ocupada com David Bowie na Califórnia, onde eles filmavam um curta-metragem para coincidir com o lançamento de "Jean Jeanie". Sylvain estava tendo um caso com uma herdeira chamada Valerie e Billy passava o tempo com Marilyn e sua amiga, do The Speakeasy. Sylvain: "Uma manhã eu vi Billy andando pelo lobby. Começamos a papear e ele disse: 'Sylvain, quase morri na noite passada'. Eu disse: 'Como assim quase morreu? O que aconteceu?'. 'Eu estava com essas garotas e tava tomando vários MXs (mandrax ou mandies)'. Ele me disse que foi muito esperto porque tomou só metade do que recebeu, e então tirou do bolso da camisa, pra me mostrar, as outras 10 ou 15 metades de pastilhas que sobraram. Ele tinha estômago fraco e beber nunca lhe fez bem, então eu disse: 'Ah, cara, o que é tudo isso?'. Nunca me ocorreu na ocasião, mas eu deveria tê-lo feito se sentar e dito a ele pra parar com isso".

No dia seguinte, toda a banda se reuniu para uma refeição no restaurante do hotel. Sylvain: "Johansen estava sentado lá e começou a gritar com Billy. Ora, as duas garotas estavam sentadas com Billy e Johansen começou a humilhá-lo na frente delas, foi algo muito mau e gratuito. Ele só queria empurrar sua bobagem estúpida sobre poder... 'Escuta, você estraga as coisas mais uma vez e tá fora. Não dou a mínima pra quem você é, que raios você faz, esta é minha banda, sou o vocalista, esta é minha carreira, blá-blá-blá'. Ele deu uma bronca tão feia no Billy, foi a pior que ele já tinha dado. É claro que Billy saiu, ele estava furioso e chorando. Foi péssimo e Johansen continuava falando. Nós todos saímos da mesa. Então, algumas horas depois, recebemos o telefonema maluco de que alguma coisa tinha acontecido com Billy".

A saída chorosa de Billy do restaurante foi a última vez em que todos da banda o viram vivo. Exatamente o que aconteceu com Murcia entre as 20h e 23h de terça, 7 de novembro, nunca foi completamente esclarecido. Relatos conflitantes, a especulação transformada em fato pela passagem do tempo e a vaga possibilidade de um encobrimento apressado para proteger alguém de fora da banda que estivesse presente quando o baterista falecia tornam a apuração da verdade quase impossível. Marty Thau sempre sustentou que Billy encontrou seu destino por causa de uma coincidência de linhas de telefone cruzadas. Thau: "Recebi um telefonema de Billy Murcia me perguntando se poderia dar cinco libras para ele, então eu disse que sim. Ele me disse que essas pessoas ligaram pra ele dizendo que faziam uma festa e estavam procurando por alguém. Eles achavam que esse alguém era Billy. Na conversa, ele mencionou que era de um grupo chamado The New York Dolls. As pessoas no telefone ficaram muito animadas e o convidaram pra festa em tal endereço. Como não tinha planos, ele aceitou. Ele desceu pro meu quarto e pegou a grana extra. Nós tínhamos uma limusine lá fora, então eu disse que ele poderia usar e depois mandar o motorista voltar, porque eu e Steve Leber tínhamos de ver umas pessoas".

Segundo uma história no *Kensington News and Post*, intitulada "Pop Group Drowning Tragedy" [Tragédia por Afogamento Atinge Grupo Pop], escrita por um jornalista que esteve presente no inquérito no Westminster Coroner's Court no dia 24 de novembro, uma prova fornecida pela garota londrina de Billy, Marilyn Woolhead, contradiz as lembranças de Thau. Embora ela fosse descrita como uma modelo no *Kensington News*, Arthur Kane afirmava que Woolhead era uma garota de programa internacional com ligações com a máfia. Em seu depoimento ao legista, Woolhead disse que Billy ligou para ela às 20h e ela o convidou para ir a seu flat em Brompton Lodge na Cromwell Road. Ele chegou entre meia hora e uma hora depois em uma condição razoável. "Ele não parecia completamente sóbrio, mas não estava tão bêbado assim", disse ela. Com Woolhead estavam dois de seus amigos, James Owen, um ator, e Malcolm Raines, um estilista, que viviam em Chelsea. Raines saiu do flat enquanto James Owen, Billy e Marilyn dividiam uma garrafa de champanhe. Quando Malcolm Raines voltou, encontrou Billy deitado na cama, inconsciente.

Marilyn Woolhead detalhou então as tentativas de ressuscitação feitas pelo trio: "Nós tentamos fazê-lo se mexer e ele nada, então tentamos acordá-lo. Eu fiz café forte e os outros o colocaram em uma banheira". Murcia foi carregado pelo corredor e colocado na banheira gelada pelos dois caras. "Já fizeram isso comigo antes quando fiquei bêbado", James Owen contou ao legista. Owen e Raines negaram que deixaram a cabeça dele inclinar-se para dentro d'água. Eles o deixaram com as costas retas para que pudessem dar café forte para ele, enquanto tentavam segurar o gelo em sua nuca. Após esses esforços de primeiros socorros mal orientados falharem, Marilyn estapeou Billy, esperando ainda trazê-lo de volta a si. Owen e Raines então tentaram fazê-lo caminhar pelo corredor, carregando-o, mas perceberam que o Doll apenas arrastava os pés cansados. Enfim Marilyn Woolhead chamou uma ambulância. De volta ao quarto, eles tentaram vestir Murcia, mas por que em uma situação de emergência alguém perderia momentos preciosos tirando desnecessariamente a roupa de alguém, para começo de conversa? James Owen empregou um pouco mais seu conhecimento médico: "Senti seu coração e me parecia que ainda batia".

O médico legista Gavin Thurston, que em 1970 presidiu o inquérito de Jimi Hendrix, deu o veredito de morte acidental. "De longe a melhor coisa a ser feita seria chamar uma ambulância logo de cara e com certeza não pôr uma pessoa em uma banheira", ele disse.

Pode ter sido um descuido, mas em nenhum lugar na abrangente cobertura do inquérito pelo *Kensington News* menciona-se o conteúdo de metaqualona ingerida por Murcia registrado pelo médico legista. A causa da morte descrita no atestado é: "afogamento em uma banheira enquanto sob o efeito de álcool e metaqualona". Conhecido popularmente como mandrax, uma forma de barbitúrico, a metaqualona pode ser letal quando ingerida com álcool, motivo pelo qual ela foi retirada do mercado. Como Murcia ainda tinha algum sinal de vida, não importava quanto ele parecia inconsciente quando o trio tentou reanimá-lo pela primeira vez, com o cuidado adequado ele provavelmente voltaria a si, mas nos anos 1970 não se ouvia falar em educação sobre as drogas e costumava-se empregar o folclore usual sobre elas.

Outras questões pairariam para sempre sobre a terrível cadeia de eventos. Marty Thau se lembra de que ele e Steve Leber estavam prestes a assinar os Dolls com a Track Records por 100 mil libras no apartamento do amigo de Kit Lambert, o colega empresário Tony Secunda. Tony, Lambert e seu sócio Chris Stamp estavam presentes quando o telefone tocou e alguém cuja identidade jamais foi revelada chamou Marty e lhe contou que Billy tinha morrido. Como o anônimo sabia onde encontrar Thau? O motorista da limusine que deixou Billy no Brompton Lodge voltou ao hotel para levar Marty e Steve Leber a seu encontro com Lambert. Thau: "Coloquei o telefone no gancho e saí da reunião. Fiquei muito chocado. Chamei um táxi e fui pro endereço que a pessoa deu ao telefone. Havia quatro ou cinco pessoas de pé nesse prédio e Billy estava sentado, encostado na cama, morto. A Scotland Yard estava lá, eu identifiquei seu corpo e respondi a algumas perguntas. Depois os Dolls chegaram em dois carros".

Steve Leber se lembra de estar no The Dorchester e receber uma ligação de alguém da Scotland Yard que perguntou se ele conhecia um Billy Murcia e depois deu a notícia a ele. Leber correu para o hotel dos Dolls, passou o pouco de informação que ele tinha e disse para eles se livrarem de quaisquer drogas em sua posse imediatamente. Peter Jordan: "Eu estava com Arthur, sentado no quarto de hotel, e estávamos muito felizes porque finalmente tínhamos conseguido maconha. Vinha da África e estava prensada como um tijolo e era tão dura quanto uma rocha. Estávamos prestes a raspá-la quando Syl ou Johnny chegou e nos disse que Billy estava morto. Foi um choque enorme. Digo, todo mundo estava na farra quase toda noite, mas morrer aqui em Londres, a capital mais civilizada do mundo ocidental... como ele conseguiu sair e morrer? Acho que ninguém pensou que poderíamos morrer. Jogamos a maconha pela janela. Esperávamos que abrissem a porta de repente e nos arrastassem para julgamento no Old Bailey, mas nem fomos entrevistados pela polícia".

O aviso de "Não Perturbe" ainda estava pendurado na porta de Sylvain quando ele foi informado do falecimento de seu melhor amigo. Depois da cena desagradável no jantar, Syl subiu para seu quarto e apagou por algumas horas, mas seus sonhos foram meio estranhos. Depois eles o assombrariam. Sylvain: "No exato momento em que Billy tinha problemas, as pessoas que o amavam nem pensavam nele e ele escorreu por entre nossos dedos. Eu sonhava pouco tempo antes de recebermos o telefonema e sempre vou me lembrar disso porque me senti muito culpado. Sempre achei que tivesse algo a ver com sua morte, porque ele apareceu pra mim em meu sonho e disse: 'Tenho de ir agora', e eu respondi a ele no sonho: 'Bem, se tiver de ir agora, não se preocupe, vá'. Por anos eu carreguei essa culpa porque eu disse que ele poderia ir. A mente tem maneiras de pregar peças em você. Johnny também sempre se sentiu muito culpado".

Johnny Thunders chegou ao Brompton Lodge minutos antes de Sylvain. "Saí do táxi e Johnny me olhou e disse: 'Syl, nem sobe, ele já está morto', e foi isso, eu comecei a gritar."

Thau e Leber enviaram os chocados membros da banda de volta para o hotel, enquanto ficaram ajudando a Scotland Yard com sua investigação. Marty se lembra de observar a polícia pegar os detalhes com 50 ou mais jovens que apareceram para uma festa no apartamento de Marilyn Woolhead, alguns dos quais aparentemente estavam presentes durante os últimos momentos de Billy. Enquanto a multidão se dispersava, Thau tentava saber mais detalhes, mas tudo que conseguiu foram alguns rumores sobre morfina no Brompton Lodge. Além de Marilyn Woolhead, James Owen e Malcolm Raines, nenhum outro depoimento público foi dado. De alguma forma, 50 testemunhas em potencial desapareceram sem vestígios. Porém, no meio dos anos 1970, uma série de prisões por drogas em e ao redor de Chelsea e Kensington enredou muitos filhos de aristocratas e políticos.

Tony Secunda seguiu Thau até Brompton Lodge por choque e preocupação, mas as ramificações do falecimento de Murcia eram óbvias. Marty Thau: "Todas as apostas estavam encerradas naquele ponto. Que gravadora investiria um centavo em um grupo se eles nem sabiam se continuariam? Eles poderiam ser piores ou o quê? Quanto tempo demoraria para arranjarem um novo baterista e ele seria a escolha certa ou errada para a banda?". Enquanto isso, a namorada nova-iorquina de Sylvain, Elda Gentile, telefonou para o hotel para falar com ele. Elda: "Eu só queria saber como ele estava. Ele pegou o telefone e eu não conseguia entender nada do que ele dizia, ele estava histérico, só entendi as palavras 'Billy está morto'". Sylvain fez então a temida ligação para a irmã de Billy, Heidi, em Nova York. Ela dividia um apartamento com Billy e Johnny na Rua 14, para onde eles se mudaram depois de perder o loft na Rua Chrystie.

As reportagens sobre a morte de Murcia na imprensa de música foram mínimas. Anunciou-se que o The New York Dolls não mais abriria para o Roxy Music em Manchester e que a banda deixara o país depois da morte trágica de seu baterista. O apagão informativo foi planejado por um preocupado Thau. "Botei na cabeça que a coisa certa a fazer era mandar os Dolls de volta pra Nova York no primeiro avião logo pela manhã porque suspeitava que isso poderia virar um grande escândalo do rock. Com certeza seria munição para o *Melody Maker* e para a *NME* e eu quis poupar a banda e a família Murcia mais do que ninguém da dor e da angústia. Seu filho estava morto e isso aconteceu sob uma nuvem tão negra ou pelo menos isso seria manipulado ou retratado dessa forma." Infelizmente por causa da falta de comunicações detalhadas e da reputação da banda de ser um castigo sórdido sobre a sociedade, supunha-se que Murcia sofrera uma overdose. Daí em diante, os The New York Dolls, já rotulados como bichas travestidas pela indústria musical, também seriam rotulados como viciados em drogas.

Marty Thau e Steve Leber ficaram em Londres por alguns dias a mais, ajudando a polícia com a papelada, enquanto a banda foi para casa. Sylvain: "Estávamos no avião no dia seguinte. A aeromoça chega e diz: 'Por que vocês estão todos chorando?'. Eu disse: 'Nós somos uma banda. Ontem éramos cinco, agora só tem quatro'". Na chegada a Nova York, todos eles ficaram no apartamento da Rua 14 até tarde da noite. Por volta das 23h, Sylvain foi para a casa de Elda pegar alguns de seus pertences. Elda: "Ele estava péssimo. Ainda estava com as mesmas roupas que usava na Inglaterra. De alguma forma seu jeans rasgou dos lados, mas ele estava tão fora de si que nem fazia ideia de como estava. Ele disse: 'Elda, preciso ficar com Johnny'. Ele estava devastado. Depois disso, eu ainda o via, mas ele não era mais o mesmo. Já Arthur, ele sempre costumava beber até cair, mas agora parecia deprimido, e Johnny, bem, você sabe o que aconteceu ao Johnny com os entorpecentes".

Sylvain se mudou para o quarto de seu melhor amigo, que ainda estava na mesma bagunça deixada por Billy há um tempão quando ele fazia as malas para a viagem à Inglaterra. Sylvain: "Era estranho morar no quarto do Billy. Ele era meu melhor amigo. Era como meu irmãozinho. A gente fazia tudo junto, desde sermos pequenos imigrantes que vieram pro país, até nossas lutas com as coisas das roupas e passar pelos anos 1960. Nós tínhamos gás juntos. Ainda sinto saudade dele".

O corpo de Murcia foi devolvido para sua família em um contêiner de metal lacrado quase um mês após sua morte. O atraso foi por causa da investigação e porque o passaporte de Billy foi considerado ilegal pelas autoridades britânicas. O amigo de Steve Leber, Dick Asher, então presidente da CBS, companhia londrina da Columbia Records, acertou a situação infeliz. Em uma tarde gelada no início de dezembro, um grupo molhado de enlutados se reuniu em um cemitério em Westchester County para dar o último adeus a Billy Murcia.

Como consequência imediata, os Dolls ficaram abalados demais para tomar qualquer decisão. David Johansen: "Quando voltamos, não tínhamos ideia sobre o que faríamos. Não era como 'o que vamos fazer?'. Era 'bem, nós não vamos fazer nada'. Éramos como irmãos, foi muito triste". Enquanto a banda estava afastada, uma ondulação de simpatia do público se transformou em uma onda. Marty Thau recebeu ligações de revistas ao redor do mundo e David Bowie deu os pêsames. O *Village Voice* fez um grande texto falando mal daqueles que acidentalmente conspiraram para a morte de Murcia. Thau: "O artigo só fez aumentar o interesse. Quando uma morte ocorre em uma banda de rock, isso aumenta as dimensões sinistras. Os Dolls começavam a receber a adulação em uma maior escala do que seus poucos compadres no East Village. Então eu ouvi da banda que eles queriam continuar e estavam fazendo testes pra baterista".

Por ironia, o falecimento de Murcia deu aos Dolls a atenção que eles esperavam, mas foi o tipo de preço infame pelos favores do Demônio. Leee Black Childers: "Em vez de deixá-los sóbrios, eles ficaram mais loucos. Isso afetou muito Johnny. Ele tinha uma inocência verdadeira, mas, quando Billy morreu, ele começou a mudar sua atitude e talvez isso tenha provocado seu mergulho na autodestruição. A morte de Billy Murcia foi a morte dos Dolls, como nós os amávamos".

5

Notórios

Desde o momento em que Jerry Nolan viu Johnny Thunders pela primeira vez andando perto da fonte no Central Park, todos esses anos atrás, ele sabia que algum dia eles estariam em uma banda juntos. Jerry: "Quando encontrei Johnny pela primeira vez, eu perguntei: 'Você toca?'. Ele respondeu: 'Sim, eu toco baixo'. Eu disse: 'Vamos estar em uma banda juntos'. Eu sentia e sabia disso". Agora o destino deu as cartas. Antes de as audições no estúdio Charles Lane começarem, Nolan tinha certeza de que seria o candidato principal. Sylvain: "Sempre soubemos que Jerry seria nosso baterista, não porque o amávamos ou por ele ser tão joia, mas porque todos tocávamos no mesmo tipo de banda e nos apresentávamos nas mesmas casas".

O outro único baterista que chegou perto de ser páreo para Nolan foi Marc Bell, que acabaria entrando para os Ramones. Billy Murcia respeitava as habilidades de Nolan e uma vez até pegou seu kit emprestado. Jerry Nolan era ambicioso, tocou no limite do sucesso por muito tempo. Nascido no Brooklyn, Nolan se tornou um pestinha militar ambulante quando sua mãe se casou de novo com um soldado. Jerry: "Ele estava em um quartel no Havaí, então nós moramos lá por uns três anos, depois ele foi pra Oklahoma e ficamos lá por mais três anos. Então voltamos pra Nova York".

Ao longo do caminho, Jerry aprendeu a tocar bateria. Um jovem soldado negro da base militar no Havaí deu a Nolan sua primeira aula e então, quando a família foi morar em Oklahoma, Jerry entrou para a banda do colégio, onde fez amizade com o saxofonista Buddy Bowser. Aos 14 anos, ele começou a tocar em casas de striptease. Nolan levava o tipo de vida muito adorado por cineastas *vérité*: um pouco Chet Baker e muito rock'n'roll. Em Nova York, ele dormia em balcões de bares depois de apresentações porque não tinha dinheiro para ficar em um hotel.

Ele viu Elvis e Eddie Cochran, conseguia fazer uma pistola de fabricação caseira com uma antena de carro e deixou sua gangue na Brooklyn Street para tocar rock.

Antes de entrar para o The New York Dolls, Nolan tocou onde podia. Jerry: "Antes de entrar para os Dolls, eu costumava tocar com vários tipos diferentes de bandas. Fiz teste pra Suzi Quatro e tudo deu tão certo que voltei pra Detroit com eles. Vivi com eles o verão todo, fiz algumas apresentações, mas Suzi acabou recebendo uma oferta de um cara inglês e você sabe o que aconteceu com a carreira dela depois disso. Voltei pra Nova York, onde eu tocava com todos os tipos de pessoas. Toquei até com um velho italiano em bares por todo o Queens. Então eu comecei a tocar com Wayne County, quando os Dolls se formaram. Comecei a conhecer os meninos, principalmente Billy".

Ele acendeu um cigarro, flexionou suas mãos poderosas e se sentou atrás da bateria no estúdio Charles Lane. Ele nunca perdia uma batida de tanto confiar em sua destreza. Jerry contaria depois ao *Village Voice*: "Toquei todas as músicas na audição como se eu tocasse com eles por dez anos. Acrescentei um pouco mais. Eu mudava só um pouquinho cada música. Não queria exagerar porque eles se perderiam. Eles não eram muito profissionais ainda. Só mostrei o suficiente pra perceberem o que mais poderia ser feito com a música além do que vinham fazendo. Estava tão ligado que era patético. Lembro de Arthur chegar em mim depois de tocarmos 'Personality Crisis'. Ele disse: 'Uau, nunca toquei essa música tão rápido em minha vida'".

Depois da audição, Jerry e a banda foram para o Max's. Na sala dos fundos eles fizeram um brinde a seu novo baterista. Um sorriso largo enorme iluminou sua feição normalmente imóvel. Gail Higgins Smith: "Lembro de Jerry correr pra mim dizendo: 'Dá pra acreditar? Vou ser um Doll!'. Ele estava tão animado. Jerry e eu começamos a sair por um tempo na época, mas ele já tomava drogas, então foi um romance rápido". Na manhã seguinte, Johnny encontrou Jerry na Rua 14 e o levou ao apartamento que dividia com Syl para presenteá-lo com seu figurino de Doll.

Ao contrário de Billy, Syl e Johnny, que foram feitos para o papel, Jerry Nolan não era uma Doll inata. Ele estava mais para uma versão almofadinha do valentão das ruas. Johansen era uma boa atriz, Kane não tinha vergonha dos tutus, mas Nolan precisou aprender e, apesar de seu amor pelo estilo urbano, às vezes ele parecia um pouco constrangido de drag. Sylvain: "Saímos com Jerry e o deixamos a cara dos Dolls, fomos à filial nova-iorquina da Chelsea Cobbler com ele pra comprar umas botas. Ele fez o melhor que pôde, mas ficou um pouco como David e interpretava um cara gay, que ele não era".

Vestido de acordo, Nolan foi apresentado à equipe de empresários. Apesar dos eventos desastrosos recentes, ainda havia otimismo no grupo. Marty Thau: "Fomos a esse restaurante em Little Italy pra comemorar o mais novo membro da banda. Estava tudo bem entre todos nós. Ainda éramos bons amigos, admirávamo-nos e tínhamos grandes esperanças. Todos acreditávamos, sem exceção, que o The New York Dolls seria um dos maiores grupos do mundo. Eu rezava para os Rolling Stones se separarem por causa de todas as comparações feitas entre os Dolls e os Stones e a realidade é que David até se parecia um pouco com Mick Jagger. As pessoas começaram a perguntar: 'Os Dolls são os Stones americanos ou algum tipo de imitação?', e eu respondia: 'Não, de jeito nenhum', mas isso era uma avaliação superficial de quem e do que eram os Dolls". Mais pé no chão do que o restante de seu novo grupo, Nolan quis tirar o máximo do contrato com os empresários e logo adquiriu três baterias, duas da Slingerland, uma verde e uma branca, junto com uma divina Ludwig customizada pink. Ele também insistiu em um sofá de 600 dólares e conseguiu.

Em 19 de dezembro de 1972, Jerry Nolan fez sua estreia com os Dolls. Dessa vez uma das maiores salas do Mercer Arts Center estava reservada para a banda. O Sean O'Casey Theater tinha assentos dispostos em fileiras ao redor de um tablado central e capacidade para 450 pessoas. Com todo o interesse nos Dolls renovado, Steve Leber decidiu transformar o primeiro show de Jerry com a banda em uma convenção da indústria fonográfica e convidou todos os mandachuvas na cidade. Por sua própria natureza, os Dolls eram uma banda imprevisível, e sem seu público, para aumentar o nível de adrenalina, eles se atrapalharam. Sylvain: "Os Dolls, mesmo com Jerry Nolan, tinham suas noites boas e más. Era arte e muito antes da época dos afinadores de palco. Nós afinávamos os instrumentos com a gaita do David, demorava uma hora. Muitas vezes éramos uma droga, não sabíamos como tocar, mas éramos muito inventivos. Éramos bonitinhos, movimentávamo-nos muito bem e era sexy, mas naquela noite estragamos tudo. Toda grande gravadora nos preteriu".

Não foi apenas uma noite ruim que alienou o mercado musical. Uma gravadora respondeu a Thau que Johansen era ótimo, mas a banda era uma droga, enquanto outra achava a banda ótima e Johansen uma droga. Porém, havia outra razão bem mais pérfida para o The New York

Dolls não conseguir um contrato com uma gravadora e nada tinha a ver com questões de gosto pessoal, a competência da banda ou a falta dela. Marty Thau: "Rolavam todos esses pequenos rumores sórdidos sobre o grupo. Os moralistas na indústria diziam: 'Não os contrate porque eles são maus para a juventude da América, mantenha-os longe'. Havia alguém em particular, alguém que tinha e ainda tem muito poder, por isso não posso dizer seu nome, que teve um papo comigo sobre os Dolls. Eles o feriram e ele queria mantê-los fora da indústria. Moralista uma ova. Ele tem vários segredos sórdidos. Ele é tão hipócrita, dá náuseas". Thau, que desde o colapso da banda foi quase condenado ao ostracismo pelo mercado fonográfico *mainstream*, não pode revelar o principal perpetrador por trás da campanha "moral" contra o The New York Dolls por medo de represálias legais.

Paul Nelson, porém, ainda implorava para a Mercury Records pegar os Dolls, tanto que estava disposto a pôr sua carreira em jogo por eles. Irwin Steinberg, o presidente da Mercury, que em seu tempo livre gostava de projetar clubes de golfe, foi ao show no Wembley Pool a princípio para ver Rod Stewart, mas também pegou o show dos Dolls. Nelson: "Quando Irwin voltou de Londres, nós tivemos uma reunião de A&R em Chicago e ele me disse que, se eu falasse do The New York Dolls de novo, seria demitido na hora. Ele disse que eles eram o pior bando de amadores que já tinha visto na vida. Logo depois que ele disse tudo isso, eu falei: 'Gostaria que reconsiderasse', e ele se afastou de mim".

Em 30 de janeiro de 1973, Mike Gormley, diretor de publicidade da Mercury Records, voou de Chicago para ver os Dolls tocarem no Kenny's Castaways. Gormley imediatamente emitiu um memorando para todos os departamentos da Mercury recomendando que a companhia contratasse o The New York Dolls de uma vez por todas. Paul Nelson foi atrás de Irwin Steinberg. Nelson: "Decidi tentar essa última tacada. Se eu fosse demitido, não queria que fosse no escritório. Steinberg chegou de Chicago e eu descobri onde ele estava. Fiquei a noite toda sentado no lobby do hotel esperando, porque sabia que ele desceria para o café da manhã. Ele ficou surpreso quando me viu sentado lá às 6h30. Ele disse: 'O que você tá fazendo aqui?'. Eu disse que tinha um assunto muito importante pra falar com ele e não queria fazer isso no escritório. Eu disse: 'Você precisa mesmo reconsiderar essa coisa dos Dolls. Mesmo que não goste deles, eles são uma banda viável que as pessoas querem ver. São muito bons, veja todos esses recortes de notícias, e eu não escrevi nenhum deles'. Depois disso as coisas começaram a acontecer bem rápido. Não sei se isso funcionaria sem a participação de Mike Gormley e o acervo da imprensa".

Com um provável contrato iminente com a Mercury, eles resolveram expandir a equipe de *roadies*. Max Blatt entrou como *roadie* de bateria, Keeth Paul assumiu o serviço com o som, enquanto Desmond Sullivan ajudava a aliviar a carga de trabalho de Peter Jordan. Apenas os Dolls, nessa etapa do jogo, poderiam empregar um camareiro. Christian Rodriguez, também conhecido como Frenchy, era um sargento no Vietnã que trabalhou como coordenador de cores com Sylvain quando a Truth & Soul estava em atividade. Ele foi recrutado para a equipe dos Dolls para tomar conta de seu guarda-roupa e quaisquer outras pontas soltas, o que era uma tarefa muito pequena. Peter Jordan: "Frenchy trabalhava nessa loja de roupas, tinha muito bom gosto e nos dava coisas das araras rápido. Ele era um cara muito bonito, nós o chamávamos de Frenchy porque ele pegava as garotas fingindo ser francês, mas na verdade era espanhol. Era um cara muito legal e foi contratado para cuidar do vasto guarda-roupa. Ele também ficaria responsável por quem entrasse pela porta pra ver a banda. Eu estaria ocupado demais com tudo pra lidar com 60 colombianos esperando fora do camarim, todos alegando conhecer Syl. Frenchy tinha uma aparência delicada, mas era durão. Ele era esperto e ficava de olho em nossos encrenqueiros. Nesse ponto, tínhamos um encrenqueiro, o sr. Genzale. Ele importunava as pessoas, você ia a algum lugar e ele dizia pra alguém se foder e no minuto seguinte estariam tentando te matar. Uma hora Frenchy passou de cuidar do guarda-roupa a ser babá do Johnny".

Em 11 de fevereiro, os Dolls foram a banda principal da "An Endless Valentine's Day All-Night Party" [Uma Festa de Dia dos Namorados à Noite Toda sem Fim] no Mercer Arts Center com Queen Elizabeth e participações de Wayne County, Suicide e Eric Emerson and The Magic Tramps como as principais bandas de abertura. Miles escreveu sobre o evento para a imprensa musical inglesa. Ele ficou tão impressionado com todo o espetáculo que colocou até os fãs em foco. "O público poderia muito bem estar no grupo, uma mulher com batom preto parecia morta, uma cena muito estranha, muitos homens vestidos de mulher, um homem de barba espessa perto de mim também exibia um longo de gala vermelho e um sorriso etéreo. Alguns casais usavam maquiagem unissex e era difícil distingui-los repletos de tinta fluorescente Day-glo, lurex, lantejoulas, *glitter* no corpo e roupas com tachas, de cetim, seda e couro, vermelhos lúgubres, blusas de angorá pink, boás verdes, blusas completamente transparentes, e, claro, todos ganhavam pelo menos sete centímetros com suas plataformas multicoloridas. O efeito total era de uma pós-Londres bem sinistra, que ainda tende mais para o calor e o conforto da renda e do veludo enquanto NY é fria e distante em cetim e seda, os rostos distantes cadavéricos de maquiagem branca como fantasmas errantes de uma humanidade perdida." Depois Miles atacou os Dolls e baniu para sempre a ideia de que estar em uma banda seria exatamente uma atividade apenas para homens heterossexuais. "Ok, o NY Dolls vem aí. O vocalista se parece com Jagger, a mesma boca grande e tudo mais. O guitarrista solo se parece um pouco com Keith. Eles se modelaram como os Stones, um terrível alter ego dos Rolling Stones, vêm para assombrar Mick e Keith e os meninos com uma expressão direta de toda essa afetação no palco. Um grupo de *hard rock* 100% homossexual, afetado, de roupa preta justa posando e imitando todo o gestual e os pulos no palco de Mick. É espantoso!"

O que homens caretas não conseguem entender é que as garotas amam os meninos bonitinhos. Raramente ícones adolescentes são homens musculosos. A revista *16*, a bíblia pinup que na época vinha com páginas duplas com Donny Osmond e David Cassidy e já mostrou ao mundo aquelas fotos quentes de Jim Morrison com um casaco de pele e sem camisa, também incluiu o The New York Dolls em seu panteão fotográfico de astros do pop desejáveis. Os Dolls apresentavam uma noção mais selvagem da provocação adolescente que estava, na melhor das hipóteses, confundindo e, na pior, revoltando certos setores da população.

O fotógrafo Bob Gruen compreendia o apelo dos Dolls. Gruen: "Você tem de perceber que as coisas eram diferentes naquela época. Os Dolls eram bem chocantes e algumas pessoas se assustaram quando viram caras vestidos de mulher em público. Até recentemente era ilegal homens usarem roupas de mulher em público. Não era apenas diferente ou estranho, era ilegal e imoral e ninguém se importava se você surrasse um bicha. Por isso aconteceu a Rebelião de Stonewall (o nascimento do movimento de Libertação dos Gays em 1969). Por lei, um homem não poderia personificar uma mulher. Se ele colocasse só um batom, já estava sujeito à prisão, e isso ainda valeu em muitos estados até 1991. Mesmo hoje, as pessoas são proibidas de ter relacionamentos com pessoas do mesmo sexo no Alabama, e isso inclui a privacidade de seu próprio lar. O interessante nos Dolls era que, embora eles assustassem por usar roupas de mulher, eles não se vestiam como mulheres. Eles não eram travestis, não usavam perucas ou sutiãs com bojo. Eles usavam roupas transparentes, justas e brilhantes; você não via seios, o que você via era um pinto realmente bem definido. Os Dolls deixavam tudo à mostra, pintavam-se e usavam sapatos plataforma, então estavam bem na sua cara e pegavam todas as garotas bonitas. As pessoas os chamavam de bichas, mas as garotas sabiam que eles não eram. Os Dolls atraíam mulheres gostosas e desejáveis. Eu ficava impressionado".

Gruen, agora um dos fotógrafos de rock mais requisitados do mundo, já fazia seu nome quando cruzou com os Dolls. Ele trabalhou com John Lennon e Yoko Ono e era o fotógrafo da turnê de Ike e Tina Turner. Começou também a filmar as bandas em um desajeitado gravador de vídeo de rolo. As tentativas pioneiras de Gruen na gravação de vídeos não eram para uso comercial, mas davam aos artistas uma chance de se verem em ação. Tina Turner usava a filmagem em preto e branco de Bob para ver se as Ikettes faziam os movimentos e balanços certos atrás dela durante seus shows. Mesmo Gruen ainda não recebendo comissão para trabalhar com os Dolls, ele começou a tirar fotos deles porque eram um prazer visual. Ele também começou a filmá-los. Bob Gruen: "Eu gravei os Dolls no Kenny's Castaways, mas ainda não tinha falado com David, além de um oi nos bastidores e da foto estranha. Então eu fui ao Max's uma noite, David estava no bar e eu parei pra contar que tinha essa fita. Nós nos demos muito bem logo de cara. David era interessante, esperto e engraçado. Ele e Cyrinda vieram ver o vídeo e depois veio a banda toda e todos gostaram. Comecei a mostrar algumas das gravações em um programa de manhã em uma emissora pública na TV a cabo. Comecei a documentar cada vez mais os Dolls, eu só deixava a fita rolando. Fazia isso com dinheiro do meu bolso, mas eu tinha outros trabalhos remunerados rolando com Alice Cooper, Suzi Quatro e Kiss".

O progresso do The New York Dolls gerou dúzias de bandas locais. Elda Gentile formou The Stilettos com a ex-garçonete do Max's, Debbie Harry, e Rick Rivets começou a se apresentar com o The Brats, enquanto uma leva de imitadores dos Dolls, como Teenage Lust e The Harlots of 42nd Street, se jogava na imitação e caía de costas no chão. Além do Aerosmith, o grupo mais importante daquela época a ser influenciado pelo The New York Dolls era o Kiss. Claro, o Kiss usava maquiagem, mas pintava seus rostos como personagens de histórias em quadrinhos ou animais tolos, neutralizando qualquer ameaça sexual. Suas músicas eram um rock direto para seguir batendo palmas e eles se estabeleceram em todos os locais que os Dolls colocaram no mapa, desde o The Diplomat Hotel ao Coventry no Queens. Por ironia, Jerry Nolan ensinou Peter Criss, o baterista do Kiss, a tocar no Brooklyn e Arthur encontrou em Ace Frehley, o guitarrista, um companheiro de bebedeira.

Nos bastidores, Steve Leber, Marty Thau e Irwin Steinberg finalmente faziam negócio. Em 20 de março, o The New York Dolls assinou um contrato para dois álbuns com a Mercury. A gravadora ofereceu 25 mil dólares de adiantamento e um extra para novos equipamentos, enquanto o salário semanal da banda aumentou para 200 dólares por Doll. Na verdade, a Mercury era uma gravadora de segundo nível com uma reputação sólida e conservadora cuja maior estrela era Rod Stewart (como artista solo, não com o The Faces). Fechar o negócio com os Dolls foi a jogada mais radical que a Mercury Records já fez, e eles tiveram uma prévia do que esperar quando Marty Thau e Paul Nelson levaram David Johansen a Chicago para conhecer os diretores. Marty Thau: "Na noite anterior de nossa partida para Chicago, David saiu. Ele estava hospedado na casa de Barbara Troiani e eles voltaram às 6 horas trêbados. Eu apareci às 8h com uma limusine. David ainda estava bêbado e Barbara estava na máquina de costura dando os toques finais no que ele usaria na reunião. Nós chegamos em Chicago e fomos levados a essa sala de reuniões com a maior mesa que já vi na vida, depois entram Irwin Steinberg, Mike Gormley da publicidade e todos esses diretores que nunca tínhamos visto antes. Era uma reunião muito importante para determinar como usaríamos David como porta-voz na imprensa quando de repente ele se curva para a frente, sua cabeça bate na mesa e ele pega no sono". O restante da reunião foi pontuado pelo ronco da bela adormecida.

Os Dolls, com a ajuda de Bob Gruen, tentaram compensar mandando uma fita da banda para o departamento executivo da Mercury em Chicago. Foi um gesto bem-intencionado que também não deu certo. Bob Gruen: "Eles tocaram no Max's uma noite e nós fizemos essa gravação de dez minutos no camarim. Foi engraçado, eles fingiram que estavam conversando com as pessoas na sala de reuniões. Como conhecia o projeto da sala de reuniões da Mercury, David dizia: 'Olá, como estão?' ao presidente, e: 'Nós temos a força se vocês tiverem a vontade'. Era tudo muito solto e bêbado. Ora, naqueles dias as pessoas não tinham gravadores de rolo pra tocar fitas em seu escritório, era tudo novo. Nós queríamos que eles conseguissem montá-lo em algum lugar casual, mas tiveram de alugar um estúdio em um laboratório de tecnologia. Todos esses executivos precisaram deixar o escritório e sentar em uma sala de exibição para assistir a essa cena debochada e abusada no camarim com esses bêbados às três da manhã. Eles ficaram muito chocados".

O mais importante nos planos dos Dolls era encontrar um produtor capaz de capturar seu espírito volátil. Mencionaram Phil Spector, mas a ideia não deu em nada. David Bowie recusou em razão de compromissos urgentes, enquanto Leiber e Stoller, a lendária dupla de compositores responsável por joias como "Jailhouse Rock", "Hound Dog" e "Riot In Cell Block Number 9", disseram que prefeririam produzir o segundo álbum dos Dolls. O ex-líder do The Move, Roy Wood, que impregnou sua última banda, Wizzard, com um som à Phil Spector e conseguiu duplicar as glórias de The Ronettes e Dion com aparente facilidade, também foi considerado. Infelizmente, Wood não podia oferecer seus serviços porque estava com um colapso nervoso. Todd Rundgren não foi a escolha inicial, mas estava disponível e ganhou experiência em estúdio trabalhando com The Band e Badfinger. Ele também tinha um estilo adequado para o papel com seu cabelo multicolorido e ternos de cetim, mas, apesar de sua aparência, era um chefe severo na elaboração da música. Além de serem amigos da namorada modelo de Rundgren, Bebe Buell, os Dolls sabiam pouco sobre ele, mas algumas demos feitas no estúdio caseiro de Todd mostraram ter promessa o suficiente para eles prosseguirem com o relacionamento profissional. Rundgren contou à *Creem*: "A única pessoa que logicamente poderia produzir um disco nova-iorquino é alguém que more em Nova York. Eu vivo aqui e reconheço todas as coisas sobre Nova York que Dolls reconhecem em sua música. Isso não quer dizer necessariamente que eu afirmo isso, não quer dizer que a música dos Dolls pode atestar isso. A única coisa que ela atesta é que eles são punks!".

Os Dolls, o produtor, namoradas, equipe, amigos íntimos e companheiros da imprensa entraram no Studio B da Record Plant na Rua 44. Rundgren não gostava de precisar brigar com a ética profissional de todo dia ser um fim de semana para a banda e eles não reclamavam quando o cachorro do produtor mijava na mesa de mixagem. Cyrinda Foxe: "Eles não tinham muita experiência no estúdio e não sabiam o que pedir, mas foi muito divertido. Tudo o que eles faziam era uma sessão de fotos e era assim no estúdio. Eu vesti cinta-liga e meia arrastão e comecei a fazer pose, enquanto Betty Thau tirava fotos. Os Dolls eram uma banda de rock caricata como o Monkees... completamente animada".

Seu bom humor era aprimorado pelos pré-requisitos: bebida e haxixe, mais a cocaína que aumentaria sua abordagem rápida e impetuosa. Os Dolls e seus amigos aparentemente aterrorizaram o irmão de James Taylor, Livingston, que gravava com cuidado um quarteto de cordas no estúdio ao lado. Rundgren planejou uma avalanche de som sob o qual alguns dos Dolls se sentiram silenciados. Jerry Nolan, cujo modo de tocar a bateria sem rodeios mantinha a banda sob controle, reclamou com Thau durante a elaboração do álbum. Marty: "Rundgren era frio e indiferente. Ele não mostrava nenhum grande entusiasmo, embora falasse muito sério. Trabalhava duro, mas essa ausência de comunicação não era bem recebida. Ele não se importava com eles de maneira alguma e eles não gostavam dele por isso. Jerry Nolan chegou até mim e disse: 'Não acho que ele retrata meu som de bateria ou a presença dela direito'. Todos querem ser representados direito em qualquer gravação, mas eu ouvia Jerry e o que ele fez e eu realmente achava que talvez a bateria pudesse ser mais vigorosa. Mencionei isso ao Todd na reunião e ele virou pra mim dizendo: 'Como ousa, esse é meu estilo de tocar e tenho tido sucesso assim há muitos anos'. Ele não precisava responder assim".

Se Rundgren era rude e reservado, os Dolls eram uma turba selvagem, exigindo ser ouvidos individualmente e se divertindo com sua comitiva. Johansen estava tão bêbado que não conseguia se lembrar de nada das sessões de gravação, enquanto Johnny tentava quebrar a barreira do som. Sylvain, sempre o mediador da banda, mantinha uma aparente melodia fluindo entre as rajadas de riffs agudos de Thunders. Ele não tinha problema em trabalhar com Rundgren. Sylvain: "Jesus Cristo não teria feito um trabalho melhor, lidando com cinco caras dizendo: 'Ei, escuta, coloca ele pra baixo e eu pra cima e que se fodam eles'. Johansen não conseguia ver como um todo, com a contribuição de todos. Por causa de meu estilo ser de ritmo limpo com mais acordes abertos, eu estava sendo afogado por Johnny, que combatia som com som. Mas a coisa que mais atrapalhou foi a Mercury apressar Todd, e talvez Jerry não tenha ficado feliz com a mistura".

O The New York Dolls era a forma mais pura de rock e invocava o tipo de energia que não pode ser suportado sem prejudicar as pessoas, e é praticamente impossível destilar para consumo de massa. Rundgren tinha à sua frente uma tarefa impossível, mas, embora houvesse uma falta de vínculo evidente entre ele e a banda, o resultado final não foi uma história de terror.

Seu álbum de estreia com o mesmo nome da banda, embora Johnny Thunders sugerisse que eles o chamassem de *The New York Dolls' Greatest Hits*, foi acabado apenas por alto na produção e a banda manteve sua sujeira da cidade. "Personality Crisis" é adornada com um arranjo de piano tilintante de Todd e "Looking For A Kiss" abre com uma homenagem às heroínas dos meninos, as Shangri-Las. "Jet Boy" virou uma dança de sabre frenética com Johnny e Sylvain mandando ver enquanto Johansen berra no fundo. O melhor trabalho de Rundgren no álbum foi enfatizar os *backing vocals* dos Dolls.

Todos os "Oohs" e "Woawoahs" que lembravam os grupos de garotas dos anos 1960 foram usados, principalmente em "Trash", que seria o primeiro *single*. Escrita por Sylvain e David Jo, "Trash" é bonitinha e selvagem. Repleta do teatro dos Dolls, desde os vocais de anjinho adolescente de Sylvain à cozinha vigorosa, é um choque cheio das letras em bloco criativas de Johansen que evocam perfeitamente as locações e emoções dos Dolls: "I'll go to Lover's Leap with you/I'll go to Planet Blue with you/I'll go to Fairyland with you" ["Eu vou à Lover's Leap com você/Vou ao Planet Blue com você/Vou à Fairyland com você"]...mas... "Please don't ask me if I love you/Because I don't know if I do" ["Por favor, não me pergunte se te amo/Porque não sei se amo"], enquanto Thunders deixa a linha melódica completamente fora de forma. Apenas o mais duro dos corações não se emocionaria, o que parecia ser a maioria dos compradores do disco. Em seu lançamento em julho, o *single* "Trash" com "Personality Crisis" não impressionou muito nas paradas.

Embora não fosse dado a compor, Arthur Kane contribuiu com seu rogo por sanidade com "Private World". Arthur: "É sobre poder fugir, seja dar uma volta de carro ou se trancar em um quarto, tomar drogas ou o que for. É um lugar de fantasia. Nós éramos Dolls 24 horas por dia. Não dava para pendurar o figurino de Doll e sair pra jogar golfe! Quando os fãs nos avistavam, era uma loucura. Eles sabiam onde morávamos e aonde íamos. Sempre havia gente ao nosso redor, nunca éramos protegidos, mas é algo que fizemos conosco". Abrindo com uma pegada firme de baixo junto de um riff semelhante a unhas arranhando uma lousa, Johansen anuncia: "Breakdown... to a private world" ["Colapso... a um mundo privado"], revelando Kane praticamente escondido debaixo da cama por toda a comoção. Arthur: "Não éramos mais apenas adolescentes se divertindo. Estávamos no mercado agora. Comecei a ter essa sensação de trem descarrilhado mesmo antes de o álbum sair".

Antigos números como "Frankenstein", "Bad Girl", "Subway Train" e o único *cover* do álbum, "Pills", ficaram todos completos, enquanto "Lonely Planet Boy", escrita por Johansen antes de entrar para os Dolls, diminui o passo normalmente rápido. Os Dolls nunca compreenderam a sutileza, e o único momento vagamente calmo do disco mal contém sua energia. O forte sotaque de Johansen e os tons graves não estão realmente equipados para lidar com questões de pungência, mas sempre foram os defeitos da banda que os tornaram tão charmosos por natureza. Aumentada no estúdio pelo sax rangente de Buddy Bowser e pela vibração perdida no espaço de Sylvain, "Lonely Planet

Boy" passou a fazer parte dos interlúdios acústicos no palco dos Dolls. "Vietnamese Baby" foi a corajosa tentativa de comentário político de David Johansen. Enquanto Iggy Pop usou imagens da Guerra do Vietnã para se projetar ainda mais em "Search & Destroy", Johansen enfatiza a indiferença dos poderosos. Sylvain: "Esses foram os dias em que as unidades Search and Destroy [Busca e Destruição] saíam e massacravam vilas inteiras. Não era muito agradável assistir ao jornal na TV, e essa era a reflexão de Johansen sobre a cena política no início dos anos 1970. A música não é a parte mais importante daquela canção, mas fizemos um ótimo trabalho decifrando o que ele queria tocar na guitarra. Suas unhas ficavam presas entre as cordas".

Não houve tempo suficiente para gravar "Babylon", uma nova música solta e desconfiada para agradar à plateia. Não é uma metáfora bíblica, Babylon fica a quatro estações depois de Amityville na estrada de ferro de Long Island. Johansen explicou para a imprensa musical que "Babylon" é sobre as pessoas que moram em Babylon, Long Island, Nova York, que entram na cidade todas as noites vestidas pra matar. Essas pessoas precisam voltar pra casa antes de o sol nascer, sabe, como vampiros que não podem tomar sol. Essa garota finalmente sai de Babylon e se muda para Manhattan, onde consegue emprego em um salão de massagem". Os Dolls saíram rápido do estúdio para cumprir seus compromissos ao vivo antes de Rundgren terminar a mixagem com a Mercury Records bufando em seu pescoço.

Para a capa do álbum, a Mercury organizou uma sessão de fotos indecorosas da banda em uma loja de antiguidades da Terceira Avenida, cercada por cabeças de alce, sinais de pare e várias raridades. Sylvain: "Fizemos nossa própria maquiagem, não tivemos maquiador nem nada. Eram 14h, uma péssima hora pra encontrar os Dolls se você quiser uma foto deles. Nós tiraríamos as fotos e depois teríamos uma reunião pra decidir qual usar na capa, mas entre uma considerável quantidade de antiguidades, suas calças justas ou até seu rosto não vão se destacar. Pra mim foi uma merda. Como assim, isso vai ser a capa do meu álbum? Saí do Egito por isso? A Mercury nos dizia que era tarde demais para fazer outra coisa".

Eles deram aos Dolls dois dias para aparecer com uma alternativa acabada. Sylvain pediu a ajuda de Pinky e Diane, estilistas, que por sua vez recrutaram um fotógrafo de moda da *Vogue* chamado Toshi e seu parceiro Shin, um cabeleireiro. O loft na Avenida Park de Toshi se tornou a locação das fotos e um velho sofá sujo, logo coberto de cetim branco, se tornou o objeto principal. O encarte final, ainda um dos mais famosos na história do rock, tinha um elemento intencional de paródia. Se todo o conceito em relação aos Dolls já era exagerado, por que não levar isso além? Sylvain: "Shin arrumou nosso cabelo e colocou alguns apliques pros cabelos bufantes, não que Johnny precisasse. Depois esse cara, que era uma drag queen mas também trabalhava com moda, fez a maquiagem e botou pra quebrar. Johansen só queria mais e mais. Eu queria parecer um manequim da boneca Raggedy Annie e, como sabia que todo mundo ia usar plataformas, pensei em usar meus patins. Johnny usou uma jaqueta de jeans vermelha e preta, uma jaqueta de criança, e calças stretch de lamê pretas. Às vezes nós usávamos roupa de criança, cabíamos nelas porque éramos magérrimos. Não tínhamos comida!".

Se as cores pudessem entrar em conflito, então as fotos coloridas tiradas na sessão eram uma mixórdia completa em arco-íris. No fim, uma foto da banda em preto e branco sentada de modo afetado no sofá foi usada na capa. A seus pés havia alguns itens jogados de qualquer jeito: uma lata de cerveja Schlitz é emasculada pelo canudinho enfiado dentro dela, um artifício muito útil para evitar batom borrado quando se bebe. Perto da cerveja há uma bolsinha delicada e uma embalagem aberta de Lucky Strike, com um lado rasgado e um isqueiro barato. Todas as coisas insignificantes, exceto o cigarro, carregam um código secreto. Sylvain: "Tudo tem um sentido. Há uma mensagem gay que David fez com o Lucky Strike. Como os cigarros estavam, indicavam preferência sexual, da mesma forma que as chaves no bolso direito ou esquerdo traseiro da calça dos caras ou pela cor de suas bandanas, mas quando você manda os sinais errados tudo começa a dar errado".

Os Dolls parecem uma gangue de drag queens assassinas, daquelas que escondem gilete na boca para usar quando dão beijo de língua. David Jo estava alegre como sempre: "Eu pareço Simone Signoret, Johnny parece Anna Magnani, Jerry parece Lee Remick, Syl parece Polly Bergen e Arthur tinha um quê de Dietrich".

Foi uma declaração fabulosa, mas, como tantas coisas que o The New York Dolls fez, causou à banda prejuízos inenarráveis. Eles sabiam que rompiam barreiras, mas não entendiam como o preconceito poderia ser tão profundamente arraigado. Paul Nelson: "Nunca achei que a capa seria tão controversa. Lembro de estar em uma das maiores emissoras de rádio FM na Filadélfia com o disco e algum cara lá ficou falando sem parar sobre a capa, dizendo como ele nunca tocaria o disco por causa dela. Não esperava que as principais emissoras de rádio ficassem chocadas com ela, não me parecia tão chocante. Acho que a familiaridade com seus personagens me deixou imune ao fato de que eles seriam julgados só pela capa. Ela criou algo que permaneceu de cara na opinião de várias pessoas e elas nunca viram além da capa".

6

Mulherzinhas de LA

O álbum de estreia do The New York Dolls foi lançado nos Estados Unidos em 27 de julho de 1973 e começou uma jornada hesitante no território das paradas. Muitos dos críticos musicais adoraram. Bud Scoppa, em sua crítica para a *Penthouse*, escreveu: "Os Dolls são um chute violento na cara de tudo que é cuidadoso, passivo e refinado na música popular atual. As gravadoras, muitas das quais têm um grande investimento exatamente no tipo de música que os Dolls criticam, desanimaram naturalmente". Nick Kent, decano da decadência da *NME*, também se empolgou: "O The New York Dolls é um lixo, tocam rock como prostitutas e acabaram de lançar um disco que pode ser colocado ao lado do estupendo *Raw Power* do Iggy & The Stooges como o único álbum a definir, de forma plena, exatamente de onde o rock dos anos 1970 deveria vir".

O nicho aberto pelo The New York Dolls nunca ficou muito grande, mesmo quando eles conseguiram um contrato. Embora Johansen previsse que "Os garotos vão nos adorar", a maioria não adorava e em vez disso comprou *Goat's Head Soup*, o álbum novo e sem brilho dos Stones. Como Paul Nelson observou no *Village Voice*: "Eles (os Dolls) com certeza eram brilhantes, mas eram, enfim, muito fracos, limitados para atingir os locais ocultos nos corações suburbanos das cidades pequenas. No fim, eles percorreram trilhos reais e não simbólicos para lugares específicos e não universais, tocaram para um público de intelectuais ou garotos ainda mais marginalizados do que eles; e, quando finalmente conheceram a juventude do país, esses jovens pareciam ainda mais confusos do que cativados por eles".

Em 28 de julho, os Dolls apareceram no Tiger Stadium em Massilon, Ohio, fazendo o primeiro de uma série de shows de abertura para Mott The Hoople, que curtiam o sucesso de "All The Young Dudes", um presente de Bowie. Enquanto a banda estava fora da cidade, o Mercer Arts Center ficou reduzido a ruínas quando o Broadway Central Hotel caiu em cima dele. Leee Childers: "Sabe a história do menino de Iowa ou sei lá de onde que estava no Mercer Arts Center e decidiu telefonar pra sua mãe? Ele disse: 'Oi, mãe, só quero avisar que eu cheguei...', e foi então que o Mercer Arts Center caiu, infelizmente pra esse menino específico. Se tivesse acontecido à noite, quando uma banda tocava e uma multidão dançava, todos teríamos sido mortos".

Enquanto os Dolls se aqueciam para um show em 3 de agosto no Felt Forum de Nova York, abrindo mais uma vez para Mott The Hoople, a Mercury Records desferiu um golpe traiçoeiro na banda, contratando Bachman-Turner Overdrive. Originários do Canadá, os caras do Bachman-Turner Overdrive tocavam um blues rock mais propício ao rádio e pareciam homens reais com barbas de verdade e jeans Levi's. Além disso, o vocalista Randy Bachman era um mórmon devoto que baniu o álcool do camarim do grupo. Essa era uma banda que a Mercury apreciava e eles lhe concederam todos os favores que negaram aos Dolls. Entretanto, parecia que a apresentação no Felt Forum seria um dos grandes eventos do verão. Situado no Madison Square Garden, com uma lotação de 5 mil pessoas, o show prometia ser especial.

Embora se considerasse a apresentação algo como um baile do *glitter*, os fãs dos Dolls eram a minoria perto de uma multidão usando o uniforme padrão dos concertos de rock de jeans azul e camisetas com logos de bandas. O lendário DJ Murray The K saudou Todd Rundgren, que veio dos bastidores para apresentar os Dolls usando um terno de lamê dourado e quicando uma bola de praia gigante. Sylvain: "Nós corremos para o palco da mesma forma que os Rolling Stones fizeram no show TAMI na Califórnia. Nós entramos ao som de 'Courageous Cat' e o público ficou maluco". Construído sobre uma variação da instrumental "Peter Gunn", o tema de "Courageous Cat" foi tirado de um desenho animado para crianças ao qual Johnny e Syl gostavam de assistir na TV. A banda também começou a fazer o *cover* das Shangri-Las "Give Him A Great Big Kiss", que dava a Johnny a oportunidade de chegar perto do microfone para perguntar a David Jo, em seu som anasalado do Queens impossível de imitar: "Bem, como ela dança?". A resposta é imortal: "Perto, muito, muito perto".

Deslumbrante de cartola e avental branco, Johansen deu um banho de champanhe Moet & Chandon nas primeiras fileiras antes de os Dolls abrirem caminho para o Mott. A correspondente de Nova York para a *NME*, Linda Solomon, não se impressionou: "Uma fita de barulhos do tráfego na hora do rush serviu como um aviso para o que viria. Para fora se empinavam os Dolls como uma praga de gafanhotos, martelando com 'Personality Crisis', de seu álbum novo. A banda se apagou em seus primeiros cinco minutos. Depois de não chegar a lugar nenhum na gaita durante 'Pills', Johansen, cujo senso de humor me escapa, gritou: 'Se você for uma caçamba de lixo aqui, põe sua lata pra fora!'. Gritos inconfundíveis de 'Queremos Mott!' eram ouvidos, e, por não ser uma caçamba de lixo nem uma criança, eu só podia concordar".

Na festa pós-show no salão Green Tulip do Plaza Hotel, um Iggy Pop sem camisa mostrou algumas das feridas autoinfligidas cobertas de cicatrizes adquiridas durante seu recente show no Max's, enquanto Todd e Bebe posavam para fotos e Wayne County usava pequenos moldes de papel em seu cabelo, anunciando The Dave Clark Five. Enquanto isso os Dolls e Sly Stone se envolveram em uma discussão acalorada com os seguranças do hotel, que se recusavam a deixar qualquer um entrar, até amigos, sem os passes para a festa. Era uma grande distância da etiqueta relaxada com que estavam acostumados no Mercer Arts Center.

Em 7 de agosto, os cidadãos frequentadores de shows de Wilkensberg, Pensilvânia, tiveram sua chance de ver os Dolls na Alpine Arena. A próxima série de datas da banda, 14, 15 e 16 de agosto, era perto de casa, no My Father's Place, em Roslyn, Long Island. De volta a Manhattan, Sylvain levou David, Johnny e Arthur para uma feira de moda no Macalpine Hotel, onde ele os apresentou a Malcolm McLaren e Vivienne Westwood. Sylvain esteve na Let It Rock, a loja na King's Road de Malcolm e Vivienne, que focava em um visual *teddy boy hard-core*, durante sua viagem solo para Londres, mas antes da feira de moda não havia outra ligação entre os Dolls e McLaren. Malcolm: "Nós fomos para Nova York para um butique show. Foi a abertura de uma nova linha, deixamos os *teddy boys* e criamos nossas próprias roupas. Modernizamo-nos de repente e nos tornamos bem expressionistas com camisetas rasgadas. Eu pegava cigarros e fazia buracos nas blusas femininas, tinha um elemento destrutivo nisso. Nós as penduramos em nosso estande e nenhum comprador americano ficou interessado. As únicas pessoas que vieram em nossa loja foram os Dolls e algumas outras pessoas como Alice Cooper".

Intrigado com os Dolls e a cena alternativa de NY, Malcolm começou a estudar a banda em seu habitat natural no Max's, mas não se apaixonou até ouvir seu rock, quando David tocou o álbum para ele. Malcolm: "Caí pra trás quando ouvi isso. Pensei: 'Meu Deus, isso é tão ruim, como eles fariam um disco assim?'. Fiquei absolutamente chocado e isso me fez rir. Isso me fez rir tanto que eu pensei de repente que você pode ser brilhante em ser mau, e as pessoas os adorariam por isso. Eu os adorei desse momento em diante. Mordi a isca, fui fisgado, caí de quatro e amei a foto da capa deles sentados no sofá. Amei esse visual assexuado ou bissexual que de várias formas tinha uma relação direta com muito do que aconteceu no pop inglês, mas Vivienne e eu gostávamos ainda mais porque achávamos que era de alguma forma mais cru e forte. Sob muitos aspectos, eles foram inspiradores para nós".

McLaren e Westwood estavam no Chelsea Hotel e fizeram uma festinha em homenagem aos Dolls antes de voltarem para Londres. Serviram um ponche preparado em uma delicatéssen grega, acompanhado de tigelas de biscoitos Hula-hoops, e decoraram a sala com todas as suas mercadorias não vendidas. Peter Jordan: "Eles tinham umas coisas ótimas, as cuecas de Jerry Lee Lewis... a roupa de baixo de 'The Killer is Back', e todas essas camisetas inglesas estilo anos 1950, como as que Billy Fury ou Adam Faith teriam usado. Além disso eles espalharam essas revistas pornô leves com fotos de lingerie. Nós fomos lá e roubamos tudo em que podíamos pôr as mãos. Malcolm achava Nova York ótima, estava interessado por ela. Em comparação ao Soho, onde se você for Lord Snooty pode conseguir um champanhe gelado e ver as mulheres, em Nova York você verá um michê sem as calças. Ele era muito inocente. 'Ah, Pete, aquilo é mesmo um cara de vestido, ah', mas ele tinha tanto entusiasmo e não era um tolo. Ele conseguia desenhar um par de sapatos em um minuto, você contava a ele o que queria e o par vinha da Inglaterra pelo correio em quatro dias".

Malcolm deixou seu coração para trás quando voltou para casa para lançar a última encarnação de sua loja na King's Road, Too Fast To Live, Too Young To Die, com Vivienne Westwood. "Londres parecia tão tediosa em comparação, mas nós abrimos a loja nova e continuamos a trabalhar. Alguma inspiração solta começou a aparecer em nossas roupas, camisetinhas cinza divertidas com buracos começaram a ficar mais fofas e *glam*, uma evolução daqueles dias em Nova York".

Após uma temporada no Max's de 22 a 27 de agosto, os Dolls tinham um dia de folga na agenda antes de viajar para Los Angeles, onde fariam cinco shows no Whisky A Go Go na Sunset Strip. Rolava um burburinho entre os *glitterati* de LA sobre a iminente chegada da banda e todas as groupies que caminhavam pela Strip usando pouco mais do que lingerie tinham expectativas febris. Principalmente a desejada

Sabel Starr (Shields de nascença), de 15 anos, a rainha destronada da cena, que depois de ver uma foto dos Dolls na revista *Creem* botou os olhos em Johnny Thunders. Sabel não era a única que examinava os roqueiros famosos pelo talento. Sylvain: "Duas revistas costumavam mostrar todas as estrelas de Hollywood; na Costa Leste, nós comprávamos a *Rock Scene* e, na Costa Oeste, tinha a revista *Star*. Johnny e eu comprávamos cópias importadas da *Star* e nelas havia fotos da Sabel Starr, e Johnny dizia: 'Uau, essa garota Sabel, eu a amo. Quando eu for para LA, ela vai ser minha namorada'".

Apareceu um problema, porém, quando de faca em punho a namorada de Arthur, Connie Gripp, o atacou dois dias antes da partida da banda para LA. Mesmo nos melhores momentos, o relacionamento deles era inflamável, bem marinado em álcool. Peter Jordan: "Connie era dançarina e garota de programa. Ela era uma garota com uma bundona, uma risada e uma boca largas. Era uma pessoa legal, mas uma alma perdida. Arthur tinha a habilidade pra atrair esses tipos de garotas. De todas as pessoas na banda, ele era o mais adepto da vida noturna de Times Square, o lado mais sujo. Ele não era sadista nem masoquista. Não era um louco por couro nem um michê, mas tinha a destreza de juntar pessoas assim e Connie era desse ambiente".

Quando Connie fez seu número de lady Macbeth em seu apartamento entre a 2nd Street e a Primeira Avenida, Arthur estava embriagado e muito vulnerável. Arthur: "Ela queria ir pra Califórnia com o grupo e isso não estava no esquema dos empresários. Eles não comprariam passagens pras namoradas das pessoas. Nós tínhamos acabado de fazer dez shows no Max's, dois por dia, e eu estava muito cansado, chapado, bebia o tempo todo. Fui pra casa, estava muito tarde e fui dormir. Estava de bruços e ouvi alguma coisa. Ela estava de pé em cima de mim segurando uma faca de cozinha, então eu tentei ficar de pé e tirá-la dela, mas ela tinha amarrado meus tornozelos. Tentei tirar a faca dela e ela cortou minha mão. Então eu fiquei furioso pensando no que aconteceria, tinha de tirar a faca dela; consegui fazer isso lutando, mas de alguma forma, enquanto isso, abri minha mão e o osso estava pendurado. Então ela, sem roupa, saiu pela escada de emergência da frente. Ela era ótima em escalar a escada de emergência no meio do inverno sem roupa. Tinha um corpo incrível. Essa é a mesma garota que por diversão tiraria a roupa, sairia na avenida e fingiria que estava pedindo carona pra então assistir aos carros baterem".

Com 85 centavos no bolso, Arthur deixou Connie na escada de emergência e saiu vacilante na rua para chamar um táxi, largando um rastro de sangue atrás de si. Ele levou os pontos no hospital Bellevue e não pôde tocar por dois meses. Embora Kane estivesse incapacitado musicalmente, a banda ainda o levou em turnê. Peter Jordan: "Não poderíamos deixá-lo em Nova York porque ficamos preocupados achando que ele se mataria. De todas as pessoas na banda, ele era provavelmente o mais próximo da rua. Sua vida era como: 'Onde eu durmo hoje à noite?'". Jordan substituiu o baixista ferido dos Dolls durante a turnê, embora Arthur ainda estivesse presente no palco durante os shows, de pé no canto, triste, com o braço engessado, como uma exposição bizarra. Corria um boato de que Peter Jordan, escondido atrás dos amplificadores, dava cobertura com certa regularidade para Kane quando ele estava bêbado demais para tocar. Isso só aconteceu uma vez, porém, no programa de TV *Midnight Special*, porque Arthur ainda estava engessado.

Os ingressos para os próximos shows dos Dolls no Whisky acabaram em três horas e diziam que a lista de convidados era ainda maior do que as filas das pessoas que esperavam a pequena bilheteria do clube abrir. Sabel Starr apurou que a banda ficaria no Continental Hyatt House na Sunset, embora isso não fosse uma novidade, pois a maioria das bandas que passavam por Hollywood ficava no hotel agora conhecido nos círculos roqueiros como Riot House. Quando os Dolls saíram do hotel em suas limusines, Sabel e uma amiga deram a eles presentes comprados em uma sex shop. Sabel: "Compramos coisas para todos. Syl ganhou umas calcinhas fio-dental, David ganhou essa coisa para sexo oral e eu comprei pro Johnny uma calcinha prateada Frederick's of Hollywood, que era minha favorita. Dei o presente pro Johnny e ele disse: 'Por que não sobe comigo?'. Foi tão estranho porque eu sabia que ele seria meu. Nós não saímos do quarto por uma semana, apaixonamo-nos na hora. Eu tinha 15, ele tinha acabado de fazer 21. Marty Thau ficou indignado. 'Johnny, você não pode fazer isso, ela só tem 15 anos!'. Ele disse: 'Marty, vou me casar com ela'. Ele telefonou pra sua mãe e disse: 'Vou levar essa garota pra casa e vou casar com ela'".

Johnny e Janis Cafasso seguiram caminhos separados depois de a carência de Thunders virar violência, mas, para a encantada srta. Starr, o guitarrista solo dos Dolls personificava todos os seus sonhos roqueiros. A atração era mútua. Sylvain: "Johnny e Sabel entraram no quarto do hotel. Ela lhe dá uma chupada e é isso, eles estavam casados aos olhos de Deus. Ele era dela e ela era dele". Sabel era uma das lolitas mais soltas da cena, mas ela tinha uma franqueza encantadora e a aparência sedutora de uma líder de torcida que se transformou em vadia adolescente. Criada com sua irmã, Corel, no bairro exclusivo de Palos Verdes, as duas garotas chegaram à Strip e conseguiram algumas conquistas impressionantes entre elas. Robert Plant passou o rodo em Corel enquanto Sabel conseguiu Jimmy Page. Depois tiveram T. Rex, Mott The Hoople e David Bowie para citar apenas algumas das bandas para quem foram a atração principal. Quando o The New York Dolls chegou à cidade, Corel tinha um relacionamento firme com Iggy Pop, que ia sempre à casa das garotas em Palos Verdes para jantar com a mãe delas e à casa onde a família passava os feriados. Pop mostrou depois sua gratidão escrevendo a depravada "Rich Bitch", aparentemente sobre Corel: "Now when your mama's too old to buy you pills/And your daddy ain't around to pay your bills/And your cunt's so big you could drive through a truck/And every man you meet baby/He knows you sure being fucked" ["Agora que sua mãe está velha demais para comprar seus comprimidos/E seu pai não está por aí para pagar suas contas/E sua boceta é tão grande que dá para passar um caminhão/E todo homem que você conhece, garota/Ele sabe que você com certeza é fodida]". O que será que Pop escreveu sobre suas namoradas?

Com Corel fora de circulação, Sabel continuou com suas proezas e ficou bem famosa. Em sua biografia *I'm With The Band*, Pamela Des Barres, então Pamela Miller, descreve como foi expulsa de sua posição de rainha das cortesãs do rock por Sabel e suas amigas gatinhas: "As garotas do rock ficavam mais jovens e eu não era boa em competição. Elas me odiavam porque eu cheguei primeiro e me xingavam na English Disco de Rodney Bingenheimer, sendo 'velha' a declaração odiosa mais popular de aversão... A mais terrível desses docinhos era Sable Starr. Ela achava que tinha inventado os mamilos e o pelo pubiano". O guarda-roupa padrão de Sabel não passava de uma cinta-liga, meias e salto alto, mas, depois de se apaixonar por Johnny, ela anunciou sua aposentadoria da função de groupie no Whisky.

As cinco noites de show dos Dolls no The Whisky se tornaram lendárias antes de eles tocarem uma nota e mudarem para sempre a cena roqueira de LA. Se a banda estava ainda mais caótica do que o normal, não importava para os meninos e meninas menores de idade de trajes extravagantes que se enfileiravam no perímetro do palco; então, depois de cada show brigavam, com unhas pintadas e dentes de leite, para chegar aos bastidores. David Johansen contou à *Creem*: "Foi incrível. Não achava que deixassem crianças como aquelas saírem à noite. Se você pudesse ver de onde eu estava, criancinhas me agarrando; elas literalmente não poderiam ter mais do que 12 anos. Menininhos de batom... e eles tocavam minhas pernas e minhas mãos. Adorei. Aquelas crianças só queriam fazer parte do pandemônio".

Dentro ou fora do palco, o The New York Dolls estava sempre tocando; o rock era sua vocação, não uma carreira. Com tantas distrações, eles deixaram de trabalhar em material novo e seu repertório ao vivo quase não mudou desde o Mercer Arts Center, com as exceções de "Who Are The Mystery Girls?", candidata malsucedida ao seu disco de estreia, e um *cover* da novidade de 1956 do The Cadets, "Stranded In The Jungle", que eles acrescentaram a seu conjunto de músicas depois da morte de Billy. "Mystery Girls" é um acesso de raiva conciso sobre o abuso do amor: "Who's the one who wants to kick it on the floor/And try to beat it like a scatter rug?" ["Quem é que quer espernear no chão/E tentar remexer como um tapetinho?"]. O cupido é bem castigado por uma execução de guitarra punitiva e uma cozinha ameaçadora. "Stranded" segue as eventualidades de um pobre cara tentando voltar para sua namorada nos Estados Unidos depois de seu avião cair na selva. Claramente dividida entre a cidade e a selva, era uma diversão para os Dolls, completa com tambores, barulhos de animais e a tentativa de Johansen em ser um barítono batendo no peito.

Serem expulsos do Hyatt House, sempre tão tolerante com músicos, foi apenas outra das raras honras concedidas à banda durante sua estadia em LA. Ao contrário do Led Zeppelin, que assolou a cidade como uma horda de saqueadores, não havia uma brutalidade real nas brincadeiras dos Dolls. Como verdadeiros hedonistas, eles estavam tão envolvidos na busca do prazer que raramente perdiam tempo com crueldade, exceto pelo incidente da mortadela, que provavelmente motivou a saída forçada da banda do Hyatt. Leee Childers: "Tinha essa groupie bem insistente e irritante. Aparentemente ela se comportou tão mal que eles a colocaram pelada em uma cadeira. Então eles a amarraram com fita, colaram-na à cadeira para ela não sair e cobriram seu corpo com fatias de mortadela, provavelmente porque era o que tinha à mão. Poderia ser presunto de Parma ou presunto comum, mas era mortadela. Eles carregaram o pacote pra fora, colocaram no elevador e mandaram pro lobby. As portas se fecharam e ela foi pra baixo. Então as portas se abriram no lobby do hotel e estava lá a garota pelada coberta de mortadela".

Os Dolls foram inundados de atenção feminina. Como um sonho erótico de Roman Polanski, gatas longilíneas com coxas macias e olhos delineados de preto estavam sempre disponíveis. Jerry Nolan, que ainda se adaptava a ser um Doll, estava no país das maravilhas. Sylvain: "Jerry ainda era novo nos Dolls. Ele estava muito feliz e, se conseguisse uma garota, esquece, pra ele isso era o céu".

Use Truth and Soul e você pode pendurar sua bandeira.

Truth and Soul Fashions faz o que a bandeira fazia para seu guarda-roupa. Todos estão usando, menos quem carrega a bandeira.

Mas ele vai ter o dele. De tweed, com listras, fitas ou de camurça. Há 22 estilos modernos de suéteres que estão animando todo mundo.

Truth and Soul, baby. É honesta. É selvagem. É colorida. É descolada. É o amor em uma linha de roupas de lã modernas. É a revolução na moda.

E você não precisa saudá-la para gostar dela.

Vá atrás da Truth and Soul.

Propaganda da Truth and Soul, a loja de roupas transadas que Syl e Billy começaram originalmente, por volta de 1969, antes de vender para a Nausbaum Knitting Mills no Brooklyn. (Cortesia do arquivo de Sylvain Mizrahi.)

Sylvain e Billy caminhando no país das maravilhas do inverno, Nova York, 1968. (Foto tirada por Alphonso Murcia, usada sob cortesia do arquivo de Sylvain Mizrahi).

Loiras bêbadas – Rick Rivets e Arthur Kane, 1970.

Devaneios dos Dolls – Johnny Thunders, início de 1971. (Leee Childers)

David Johansen e Thunders – boca a boca, mas nem sempre olho no olho. (Leee Childers)

O quente Billy M – "um copo fresco de água com uma cabeça quente". (Leee Childers)

Shortinhos e licks *quentes – Syl e Arthur se dão bem, início de 1971. (Leee Childers)*

Cyrinda Foxe, uma linda loira ingênua de Warhol – "Andy queria que eu me casasse com um banqueiro". (Leee Childers)

Aluguel de carroça funerária – foto publicitária; aeroporto Heathrow, outubro de 1972, uma semana antes de Billy sucumbir a uma morte pior do que o destino.

De valentão a prostituta – Jerry "Conheço todos os truques sórdidos" Nolan. (Bob Gruen)

"Os Dolls eram uma banda de rock caricata como os Monkees... completamente animada" – Cyrinda Foxe. (Bob Gruen)

Pombinhos em Hollywood – Johnny e Sabel Starr nos bastidores do Whisky, no fim de agosto de 1973. (Bob Gruen)

David Jo e Todd Rundgren treinam seu número de ventriloquista no The Felt Forum, 3 de agosto de 1973. (Bob Gruen)

Calamity Kane e Saucy Syl. (Bob Gruen)

Johnny e Iggy Pop – uma picada e um beijo. Setembro de 1973. (Cortesia de Peter Jordan.)

Frenchy – camareiro dos Dolls cumprimenta Tommy, a dama dos ingressos do 82 Club. (Bob Gruen)

David Johansen – "Uma primeira bailarina em uma tarde de primavera".

As Noivas de Frankenstein botam o pé na estrada. (Bob Gruen)

Apresentação no Real Don Steele Show, setembro de 1973. (Bob Gruen)

"A pior banda de rock de striptease que você possa imaginar" – Malcolm MacLaren; Peter Jordan, dublê de Kane, perto de Arthur. (Bob Gruen)

Os Lipstick Killers tramam o St. Valentine's Day Mascara no Academy of Music, 15 de fevereiro de 1974. (Bob Gruen)

*Amigos do peito – Johnny e David se divertindo na
Fredericks de Hollywood. (Bob Gruen)*

Leber e Thau de traje cerimonial para a festa de Halloween dos Dolls no Waldorf Astoria. (Bob Gruen)

Big Mac e o Mighty Thau. (Bob Gruen)

Foice e marteladas – dos Dolls no estágio do vinil de sua carreira no Little Hippodrome, no fim de fevereiro de 1975, com Buddy Bowser no sax. (Bob Gruen)

Foto da reunião dos Dolls fora do Gem Spa, 1977. Fotógrafa Roberta Bayley: "Lembro de ter perguntado a David se ele e Johnny ainda eram amigos e ele disse: 'Ah, vá, nós fomos juntos pra a guerra'".

Por ser Hollywood, até as mães fanáticas pelos astros participavam vivendo indiretamente por suas filhas adolescentes. Sylvain: "Hollywood no início dos anos 1970 era muito maluca. Essas porcarias de mães hollywoodianas com suas roupas de oncinha começaram a jogar suas filhas em nós. Tinha uma fotografia (tirada por Bob Gruen) na qual nossas groupies estavam deitadas no chão na nossa frente e nós praticamente pisávamos nelas, enquanto suas mães ficavam lá gritando: 'Caia no chão!'".

Os Dolls se mudaram para o Ramada Inn, um agradável e típico hotel de dois andares de Hollywood construído ao redor da área da piscina. Entre as palmeiras e as espreguiçadeiras, os farristas começaram a se reunir, esperando a banda sair de seus quartos, as cabeças recém-coroadas dos indolentes de LA. Poucas estrelas vibravam ao redor do Iggy and The Stooges, que tomavam sol ao lado da piscina como cobras de sangue gelado. As groupies arrulhavam de emoção pelo irmão mais novo e bonito de David Cassidy, Shaun. Alguém abriu uma garrafa para Arthur, ainda engessado, enquanto David ajustava sua TV branca e se perguntava onde foram parar as estrelas do cinema reais. Então um *roadie* arremessou uma caixa de sabão em pó na piscina e de repente começou uma festa da espuma. No dia seguinte os Dolls foram expulsos do Ramada Inn.

Johnny Thunders ficou de fora da maior parte da farra, preferindo passar todos os momentos possíveis com sua futura noiva. Eles estavam tão ocupados olhando um para os olhos do outro que Sabel e Johnny conseguiram ser presos por atravessar sem olhar pelo Hollywood Boulevard e tiveram de pagar uma multa para a divisão de tráfego da corte juvenil. Sabel: "Johnny era tão doce, inocente e bonito. Aquela primeira semana foi mágica. Fiquei caidinha por ele. Durante o dia nós andávamos pelo Hollywood Boulevard, íamos a todas as lojas e tiramos nossa foto em uma pequena cabine, foi tão divertido. Johnny e eu saíamos sozinhos, depois havia as apresentações à noite. Achei que tinha morrido e ido pro céu". Johnny e Sabel começaram a sair com Iggy e Corel. Enquanto as garotas Shields riam e tagarelavam sobre como teriam o casamento duplo mais louco da história do rock, Pop chamou Thunders de lado e não era para lições de etiqueta matrimonial. Sylvain: "Johnny era muito fã de Iggy Pop e os quatro estavam sempre juntos e uma coisa levou à outra. Johnny é esse tipo de cara, você o faz se interessar por um baseado e no dia seguinte ele compra um quilo, então eles se picam juntos, e foi aí que tudo começou. Johnny começou a usar, não regularmente no início, só um tiquinho aqui e um tiquinho lá. Acabou sendo a pior coisa que se poderia apresentar ao Johnny, com todos esses problemas dele, toda a confusão sexual: 'Sou menino ou menina?'. A heroína era perfeita porque te tranquilizava".

Iggy levou outra virgem com sua varinha de condão de metal e pó mágico. Enquanto isso, Leee Childers foi despachado para Hollywood para cuidar de Pop em nome da MainMan. Leee: "Iggy começou a estimular as pessoas a usar heroína. Não sei ao certo quais eram os motivos, mas eu morei com ele por oito ou nove meses e o vi fazer isso. Nós tínhamos essa linda casa grande em Hollywood Hills, ele estava com Corel na época e convidava as pessoas pra casa. Dava um troço na cabeça dele, era como sexo, eu acho, e ele as amarrava e injetava, via a nuvem de sangue na seringa. Via-as terem o primeiro barato, e ele sentia prazer com isso".

O The New York Dolls seguiu de LA para São Francisco, onde nos dias 5 e 6 de setembro tiveram dois shows no Matrix com abertura do The Tubes. Eles voltaram para a Cidade dos Anjos para algumas apresentações na TV, ao vivo no *Midnight Special*, com Peter Jordan atrás dos amplificadores e fazendo playback em duas músicas no *The Real Don Steele Show*, um programa local que tinha dançarinas e um quadro de fofocas.

Como a próxima parte da turnê levava os Dolls mais ao sul, Johnny mandou Sabel para Nova York. Cyrinda Foxe já estava no Texas em um trabalho de modelo e combinou de se encontrar com a banda no aeroporto. Cyrinda: "Cheguei lá primeiro e estava sentada esperando por eles, quando vejo todos esses policiais fortões, e dava pra ver que eles me olhavam. Os Texas Rangers são bem assustadores, não mexa com eles, eles têm fama de matadores, então eu estava morrendo de medo. Ficou cada vez mais evidente que eu interessava pra eles, então essa policial se aproximou e eu sabia que eles estavam lá por mim".

Mal sabia Cyrinda que a mãe de Sabel Starr informou à polícia que sua filha tinha fugido com Johnny Thunders do The New York Dolls. Os Texas Rangers deveriam interceptar uma loira jovem e esbelta e eles detiveram Cyrinda para esclarecimentos até ela provar sua identidade. Na chegada a Nova York, Sabel ligou para sua mãe e a convenceu a pegar leve com a banda. Enquanto a sra. Shields esfriava a cabeça, as "Mães de Memphis", um grupo de autodenominadas guardiãs morais, preparavam-se para queimar o filme dos Dolls como marshmallows em uma fogueira de injúria justificada, assim que a banda chegasse à cidade.

Seus shows no Liberty Hall em Houston e no Gurdey's em Dallas não tiveram incidentes, mas os moralistas de Memphis estavam à espera. Enquanto bebericava seu café e dava uma olhada nos jornais locais rumo ao Ellis Auditorium, David leu as manchetes de ódio dirigidas os Dolls, mas achou que não passasse de uma histeria inerte. Marty Thau: "Antes de ir pra Memphis, eles souberam que o departamento de polícia e as Mães de Memphis achavam que não era um grupo pra ser visto: 'Mães, cuidem de seus filhos, mantenham-nos distantes do The New York Dolls, eles são pervertidos e malvados'. Bem, é natural que esse tipo de conversa empolgasse toda criança em Memphis, tanto que os ingressos pra a arena onde eles tocariam acabaram em dois minutos. O lugar estava lotado e na frente do palco havia uma fileira de policiais segurando cassetetes e sempre alertas".

Iggy Pop abriu para os Dolls naquela noite e não poderia ser preso se cometesse homicídio múltiplo no palco. Não, senhor, aqueles cassetetes só começaram a balançar quando os Dolls apareceram. O tumulto começou oficialmente quando um menino passou pelo cordão de isolamento e tascou um beijo em Johansen. David: "Os tiras começaram a esmurrar os garotos e eu tentava fazê-los parar. Eu dizia coisas no microfone como: 'Esse daí que você tá esmurrando pode ser o filho do prefeito', e eles me retiraram de lá por incitar o tumulto".

A polícia também acusou o vocalista dos Dolls de discurso e comportamento obscenos antes de algemá-lo e levá-lo rapidinho para a cadeia. David: "Eu tava sentado no banco de trás de um carro de polícia algemado e tava vestido como... Ah, esquece! Você não ia querer ir pra cadeia em Memphis como eu tava vestido. Eu vestia essas calças Norma Kamali, sapatos de mulher e tava tipo... Oh, Deus... eu tô preso. A coisa toda foi uma armação e eu fui tão estúpido. Digo, eu tinha lido no jornal que eles nos pegariam. Estávamos no Elvis Presley Boulevard e eu disse para a polícia: 'Vocês não fariam isso com Elvis Presley', e eles disseram: 'Nós adoraríamos pegá-lo'. Então eles tiraram minhas digitais e me colocaram em uma cela com outros três caras que dormiam. Tentei esconder minha roupa puxando esse cobertor velho todo esfarrapado até meu pescoço, mas um dos caras acordou, veio olhar pra mim e disse: 'Caralho, você é o David Johansen!'. Então ele acorda esse cara grandão, enorme, como uma jamanta, e o primeiro cara diz: 'Ei, sabe quem é ele?', e eu fico: 'Ai, meu Deus!', mas felizmente ele me deixou quieto. Pagaram minha fiança antes que eu entrasse em encrenca".

David foi salvo pela fiança e em 22 de setembro os Dolls deixaram o sul rumo a Detroit, onde, antes de a banda arrasar com "Looking For A Kiss", Johansen anunciou do palco do Michigan Palace: "Bem, na noite passada estive na cadeia em Memphis e fiquei bêbado o dia inteiro, então, quando eu disser que estou apaixonado, *acreditem* nisso, seus filhos da puta!".

Detroit adorou o The New York Dolls e continuaria adorando até depois de o restante da América desistir deles. Os Dolls agradava por causa do gosto inato de Detroit pelo rock renegado, o tipo de onda de adrenalina pura liberado até agora apenas por *bad boys* nativos, tais como MC5 e Iggy Pop and The Stooges. A turnê continuou sem incidentes com datas em Milwaukee, Atlanta e West Palm Beach até eles chegarem a Chicago, onde Arthur tentou tocar pela primeira vez em semanas. Foi um gesto nobre, provavelmente porque Chicago era o lar da Mercury Records; porém, embora ele tenha conseguido terminar o show, com algum desconforto, o esforço o pôs de volta no gesso por pelo menos mais dez shows.

Em seguida no roteiro dos Dolls, em 13 de outubro, foi a vez do Lion's Den em Missouri, onde a abertura ficou a cargo dos roqueiros do sul, beberrões de vida dura, Lynyrd Skynyrd. As duas bandas iniciaram uma improvável camaradagem. Peter Jordan: "O camarim do Lynyrd Skynyrd ficava perto do nosso e eles tinham uma garrafa de bebida entre eles. Nós tínhamos umas 12 e os ouvíamos reclamando, então os convidamos pra entrar. Eles pensavam que éramos um bando de bichas, mas acabamos ficando chapadaços com eles, foi muito divertido. Nós tivemos um bom relacionamento com eles desde então".

Depois de uma apresentação em Rochester no interior de Nova York, veio em 17 de outubro uma no Kleinharts, em Buffalo, onde os donos do local entraram cedo no espírito do Halloween, assim como o guitarrista solo e o vocalista dos Dolls. Sylvain: "Achava que tudo corria bem com a turnê até esse incidente, mas nós começamos a sentir a pressão de ficarmos juntos todas as noites. O palco estava enfeitado com algumas abóboras esculpidas com velas acesas dentro delas. Tinha uma bem em frente da linda bateria pink de Jerry. Johnny estava meio fora de si, ele tinha conseguido um pouco de anfetamina e ele e David tiveram uma briga sobre isso. Não foi uma noite muito boa. Às vezes os Dolls tinham seus momentos, outras vezes não, mas eram apenas seus espíritos que os colocavam pra baixo. Quando tudo fluía, havia aquela magia no ar de ser uma unidade, quando todos queríamos tocar juntos como iguais; mas, quando não nos sentíamos assim, nosso desempenho era afetado. Johnny enfim contou a David que deveria pegar leve com seu ego e que queria mais espaço pra cantar algumas músicas. Então eles já estavam putos um com o outro de qualquer maneira quando subimos no palco. Johnny estava de frente pro Jerry. Pelo que eu me lembro, a noite toda ele tocou na direção do Jerry. Então ele pegou a abóbora que estava na plataforma da bateria, balançou pelo talo e a jogou no ar, mas ele ainda olhava pro Jerry, ele não sabia aonde ele estava jogando a abóbora. David estava na frente, no centro do palco, olhando para o público, e a pior coisa aconteceu... a porra da abóbora caiu na cabeça do David e se espatifou em cima dele, em cima de sua linda camisa de seda, enquanto gritava aquela coisa do: 'Você acha que consegue transar com Frankenstein?'. POFT! Ele ficou muito puto".

Eles seguiram seu caminho até em casa com apresentações em Boston, Filadélfia, St. Louis, Minneapolis, Pittsburgh, Toronto e Bridgeport, Connecticut, antes de finalmente chegar a Nova York em 30 de outubro. Na noite seguinte, todas as crianças da noite de Manhattan correram para o requintado Waldorf Astoria Hotel para um baile de máscaras do rock, com uma competição de fantasias de Halloween com seu ponto culminante em um show dos Dolls. As portas do Grande Salão do Waldorf deveriam ser abertas às 23h, mas um atraso característico impediu os procedimentos até quase a meia-noite, quando quase mil participantes se reuniram na entrada estreita do salão e brigas isoladas entre Drácula e King Kong contra Mortícia e a Múmia começaram a preocupar a administração do hotel. Quase 2 mil participantes furiosos foram expulsos quando os seguranças começaram a separar os penetras dos pagantes dos convites de 7,50 dólares. O evento enfim continuou com a competição de melhor fantasia que foi julgada por um júri seleto que incluía Rosemary Kent, editor da revista *Interview*, de Andy Warhol, o astro da Broadway Tommy Tune e o estilista Chester Weinberg. Após alguma deliberação, um alienígena prateado e uma Mae West amazona dividiram o primeiro prêmio, Uma Noite na Cidade com os Dolls. O segundo prêmio, um fim de semana para três no Newark Motor Inn junto com uma garrafa de New York State Champagne, foi recebido com prazer pelo segundo colocado.

Os Dolls atrasaram seu show da meia-noite em duas horas, mas logo despertaram quaisquer espíritos cansados no salão quando começaram a tocar. Para variar, eles tenderam mais para o material bem estabelecido, exceto por uma versão de "Lone Star Queen", uma miscelânea agitada de riffs de Howlin' Wolf que Johansen dedicou a Janis Joplin. Em uma crítica sobre a apresentação no Waldorf, Ellen Willis, redatora da *New Yorker*, observou que: "Você adora o repertório dos Dolls assim que o conhece, mas eu já os ouvi ao vivo meia dúzia de vezes e seria agradável ver algum material novo. O próximo álbum dos Dolls, segundo Johansen, chama-se provisoriamente 'Too Much Too Soon' [Coisas

Demais, Rápido Demais]. Assim espero, mas com uma música nova por apresentação é mais provável que seja um pouco tarde demais".

Faltando apenas duas semanas antes do embarque dos Dolls em uma grande excursão europeia, o tempo para descanso e recuperação era curto. As lágrimas solitárias de Sabel finalmente secaram quando seu Romeu roqueiro voltou para seus braços, mas foi um reencontro breve. Arthur tirou o gesso e a banda começou a ensaiar pesado no Baggy's, um estúdio profissional onde eles também guardavam seu equipamento. "Nitebob", também conhecido como Bob Czaykowski, que já tinha trabalhado antes como técnico de som dos Stooges, entrou para a equipe dos Dolls. Peter Jordan: "Nós chegamos a ponto de ser uma banda profissional e começamos a ensaiar muito. No Baggy's, entramos em contato com algumas pessoas que depois começaram a trabalhar conosco, principalmente Nitebob, que se tornou nosso técnico de som e também era técnico de guitarra e amplificador. Ele foi quase o único responsável pelos Dolls conseguirem o que eu considero o som perfeito, e houve um ponto em que os Dolls eram capazes de ser uma das maiores bandas do mundo".

Antes de partir para a Europa, havia alguns shows fora da cidade para fazer, incluindo um no Richard's em Atlanta, onde Roy Hollingworth se encontrou com eles de novo. Sua eloquência nas páginas do *Melody Maker* revelou uma devoção tocante: "Aqui neste palco combate uma bagagem de bolas, calças e sapatos de salto alto, embriaguez e cabelos sujos, guitarras desafinadas e canções que músicos chamariam de bagunça, mas uma criança roqueira diria: 'Graças a Deus, vocês são tão necessários!'. O rock é sexo. E os Dolls tocavam. E eles tocavam sexo. Sem parar".

Os jovens residentes de Baltimore, Rhode Island e Nova Jersey também ficaram encantados. A Europa era a próxima e, para marcar o retorno do The New York Dolls ao Reino Unido, o *Melody Maker* concedeu a capa a uma foto particularmente amarrotada da banda na qual Thunders usa uma braçadeira com uma suástica em sua jaqueta de couro preta. Os apetites com certeza ficaram aguçados, mas era a raiva e não a ansiedade que fez tantos leitores enviarem cartas mordazes para reclamar do principal jornal de música da Grã-Bretanha.

7

A Hard Night's Day

Inextricavelmente alterado por tempo e experiência, o The New York Dolls voltou à Inglaterra em 20 de novembro de 1973. Eles até pareciam diferentes dos novatos irritáveis cuja primeira turnê britânica acabou em tragédia. O antigo bando de rosas de segunda mão em sua elegância de brechó deu uma volta no quarteirão e se transformou em vadias roqueiras cascas-grossas com uma predileção por cetim e tachas.

No início do roteiro da banda foram agendadas duas possíveis presenças na TV, um anúncio no *Russell Harty Show*, um programa de bate-papo regional, e uma participação no programa cult de comédia *Monty Python's Flying Circus*, que costumava apresentar um pouco de travestismo. A primeira apresentação confirmada da banda, porém, foi na Warwick University em 22 de novembro. Duas outras apresentações em universidades vieram a seguir em York e Leeds, onde apenas 600 dos 2 mil ingressos foram vendidos. Os Dolls não foram feitos para entreter estudantes em monótonas repúblicas nas quais a decadência era medida pela quantidade de cerveja consumida, mas eles conseguiram quebrar um pouco de gelo ao longo do caminho. A turnê coincidiu com o lançamento de "Jet Boy"/"Vietnamese Baby", e, como o primeiro álbum tinha acabado de ser lançado na Inglaterra, a Mercury esperava que a visita aquecesse mais as vendas.

Se o The New York Dolls pareceu estranho ao seu público de estudantes, então eles foram incompreensíveis para Bob Harris, o meigo apresentador de TV do programa *Old Grey Whistle Test*. Considerado por seus espectadores um programa sobre rock sério, a inclusão dos Dolls foi um desvio glorioso. Bob Harris se estabeleceu presunçosamente como uma figura futura de infâmia quando zombou abertamente do desempenho dos Dolls em "Jet Boy" e "Looking For A Kiss". Para muitos, uma juventude desencantada, entediada pela cena musical predominante, a presença da banda no *Whistle Test* foi um momento decisivo. Em Manchester, Steven Morrissey, que mais tarde reuniria recortes de jornal sobre os Dolls em uma publicação alternativa, escreveu: "Eu tinha 13 anos e foi minha verdadeira primeira experiência emocional". Os Dolls também foram cruciais para o desenvolvimento da primeira formação dos Sex Pistols. Paul Cook contou a Fred e Judy Vermorel: "Eu os vi (os Dolls) na TV e eles me deixaram completamente de queixo caído. Foi mais pela atitude deles, eu acho. Foi essa coisa da BBC bem convencional, sabe, o *Old Grey Whistle Test*. Não dava pra acreditar, eles estavam todos caindo por todo o lugar, com seu cabelo pra baixo, todos se batendo. Usavam essas grandes botas plataforma incríveis. Tropeçavam. Eles eram hilários. E não davam a mínima, sabe. Bob Harris falava no fundo: 'Tut, tut, tut, rock de zombaria'... só pra rejeitar em poucas palavras. Mas eu achei incrível".

O passo frenético continuava enquanto os Dolls seguiam por Londres, onde tinham reservas em South Kensington no esplêndido Blakes Hotel, que David Jo descrevia como "de visual meio decô e renovado". Outras reformas precisaram ser feitas por causa da visita da banda. Pessoas se reuniram no lobby do hotel para receber os Dolls em uma festa de boas-vindas, incluindo Malcolm McLaren e Vivienne Westwood, que apresentaram a banda para Ian Dury. Alguns membros do Roxy Music se misturaram com um grupo de garotas americanas interessadas em oferecer aos Dolls alguma diversão local. Uma delas, uma garota alta, com aspirações em ser musicista, chamada Chrissie Hynde, ficou com Arthur.

Os Dolls tinham uma agenda especialmente cheia à sua frente, começando com uma passagem de som no fim da tarde no Rainbow Room, um bar e *lounge* enorme em art déco no sexto andar da loja de departamentos Biba em Kensington High Street. Depois da passagem de som, eles retornariam ao Blakes para uma entrevista coletiva antes de se prepararem para a apresentação na Biba. A banda subiu para o quarto, onde Frenchy começou a preparar um banho para Arthur. Sylvain: "Começamos a sair com essas americanas e a torneira da banheira ainda estava aberta. Nós fomos passar o som e depois Arthur eu e fomos à loja de departamentos. Arthur experimentou uma jaqueta de couro com uma gola de oncinha que custava 40 libras. Ora, embora nos tratassem feito reis, ainda não tínhamos dinheiro, então Arthur trocou a etiqueta com o preço por uma de 12 libras. Ele não furtou a loja, trocar as etiquetas era algo que Arthur e Billy sempre faziam, mas o vendedor percebeu e chamou a segurança. Ele foi preso e essa foi a notícia nos jornais locais naquela noite".

Barbara Hulanicki, a fundadora da Biba, um opulento palácio das compras, agendou os Dolls por duas noites. Na verdade, eles tiveram a honra de ser a primeira banda a se apresentar ao vivo no Rainbow Room. A srta. Hulanicki ficou muito perturbada com o incidente do furto, que ela narrou em sua biografia *From – A – To Biba*: "No dia em que eles deveriam aparecer, nós víamos os *roadies* preparando o equipamento quando o chefe da segurança chegou, segurando duas criaturas em estado deplorável que foram pegas furtando roupas e alegavam trabalhar pra nós. Eles faziam parte do grupo e com relutância tivemos de deixá-los ir. Os Dolls não foram muito bem com nosso público também".

Os castigados Dolls voltaram ao Blakes e acabaram descobrindo que o hotel foi inundado pela água do banho que Frenchy tinha preparado para Arthur, pois ninguém se importou de fechar a torneira até a água com sabão começar a banhar os sapatos de hóspedes surpresos. Atrasaram a entrevista coletiva enquanto a administração do hotel e os empresários da banda tiveram uma discussão acalorada no salão. David Jo foi atrás de Arthur quando descobriu quem era o responsável pelo prejuízo, e a imprensa foi atrás da banda porque estava cansada de esperar.

A abertura do interrogatório não foi nada respeitosa, mas bem respondida por Johansen:

"Quantas meias você enfia dentro da sua calça?"

"Nenhuma. É tudo meu."

"Por que vocês tentam minimizar o escândalo quando antes vocês o provocavam?"

"Nós nunca provocamos, foi a imprensa."

"Algum de vocês é casado, além de um com o outro?"

"Nenhum de nós é casado."

"Que tipos de pessoas vocês esperam em seu show aqui, se alguém?"

"Decadentes de todas as idades."

"Por que tocar na Biba?"

"Porque gostamos de tocar em uma situação parecida com um cabaré."

Sempre que o restante da banda tentava interferir, Johansen mandava que eles se calassem, chiando como um gato irado do beco até eles se calarem amuados com um ressentimento silencioso. Tinha sido um dia negro para Arthur, contudo, assim como a jaqueta com gola de oncinha que ele acabou conseguindo afanar da Biba, teve um forro prateado.

Os dois shows consecutivos dos Dolls na Biba eram obrigatórios para quem se considerasse mandachuva nos mundos do rock, da arte ou da moda. Até Paul McCartney apareceu. Londres tentava ser mais decadente do que Nova York, mas os ratos de bar e suas sereias sedutoras ficaram pasmos ao ver como os Dolls eram doidos quando se agitavam no palco em um redemoinho de rock rouco. Sylvain: "Eles esperavam que fôssemos a maior e mais incrível banda. Eles não esperavam uma ligação suja com as raízes de cinco garotinhos punks que deixaram a música de ponta-cabeça e começaram tudo de novo".

O público não esperava ter os tímpanos estourados. A banda pegou emprestado o sistema de áudio dos Rolling Stones por intermédio de um sócio do pianista Ian Stewart e, embora o sistema fosse perfeito para um estádio, seu som era um tanto estrondoso dentro do Rainbow Room. Malcolm McLaren ficou completamente maravilhado: "Foi fantástico. Eles eram como a pior banda de rock de striptease que você possa imaginar. Adorava sua vibração desajeitada e desprezível. Nós nos tornamos parte de sua comitiva e, como groupies. nós os seguimos para Paris".

Em 28 de novembro, o The New York Dolls viajou para a França. Pode ter sido pela turbulência ou por uma ressaca de champanhe pelas 40 garrafas de espumante que a banda insistiu que a Biba fornecesse, mas Thunders e Nolan ficaram tão mal na viagem que definitivamente nenhum deles estava a fim de bebedeira naquele dia. Ser um Doll não era uma opção saudável na maioria das vezes, mas os sintomas de Johnny e Jerry eram um pouco diferentes da náusea da manhã seguinte. Peter Jordan: "Notei que Johnny e Jerry agiam meio engraçado. Essa foi a primeira vez que soube de seu abuso de narcóticos. Quando Jerry entrou para os Dolls, ele nem fumava cigarro, não tomava nenhum tipo de drogas nem bebia. Se ele saía e bebia alguma coisa, seria algo bem batido como uísque com soda. Foi uma surpresa pra mim eles começarem a usar heroína. Johnny era um cara descolado e experiente mesmo sendo muito jovem. Francamente, já tínhamos aborrecimentos demais, então a última coisa que eu esperava era alguém ficar viciado em heroína".

A chegada dos Dolls no Orly Airport se tornou infame, com Thunders assumindo a predileção infeliz do falecido Billy Murcia por vômito em público. Esperando ao lado do amontoado de fotógrafos da imprensa no aeroporto estava Patrick Taton, um rígido empregado francês da Mercury Records que deveria cuidar da banda durante sua visita, mas mantinha em segredo um dossiê condenatório que enviou depois para a gravadora. Paul Nelson conseguiu liberar o arquivo confidencial que começa no Orly. "Thunders vomitou no chão do aeroporto e precisou sair de cena por um minuto para se recompor e voltar decentemente", escreveu Taton.

Os fotógrafos e repórteres limparam os respingos de vômito e voltaram às suas mesas para escrever um monte de prosa obscena e revelar suas fotos. Sylvain: "Estava em toda a imprensa: 'Os Dolls chegam à França e são bichas degeneradas e viciadas'".

Só Nick Kent, da *NME*, acostumado à decadência por ter estudado sobre abuso de drogas no julgamento dos Rolling Stones, conseguiu injetar um pouco de humor no cenário: "Johnny Thunders vomita. E-e-e-e-c-a-a-a-a! Só Deus sabe quantos fotógrafos estavam lá: *Paris Match*, revista *Stern*, todos os veículos da imprensa europeus e nacionais. Os caras da gravadora arranjaram uma recepçãozinha especial. E-e-e-e-c-a-a-a! Os membros da banda pareciam inexpressivos e acabados, pensando se ele talvez fosse tropeçar em seu próprio vômito...".

Os Dolls conseguiram chegar ao hotel, seguidos de perto por Taton, que observou: "A banda nos deu uma dica de suas capacidades etílicas, que precisamos descobrir à nossa própria custa. De tarde, Thunders passou mal de novo e precisou ser substituído por um dos *road managers* para fotos". Quando os Dolls tocaram em Lyon naquela noite, Patrick Taton não compartilhou do entusiasmo da plateia, assim como na noite seguinte em Lille. Em vez disso, esperou pela estreia da banda em Paris, de caneta venenosa em punho.

Les Poupées Du New York tiveram uma primeira noite tumultuada na capital francesa. A comitiva agora incluía Malcolm McLaren e seu amigo costureiro Jean-Charles Castellbajac, que comemorava seu aniversário. Todos eles se sentaram para jantar no La Coupole, uma brasserie chique em Montparnasse. Antes da sobremesa, os empresários da banda sabiamente saíram e voltaram para o hotel, supondo que, convenientemente, McLaren pagaria a conta de todos. Malcolm McLaren: "Creio que seus empresários achassem que nós eurófilos tínhamos dinheiro pra torrar, por sermos lojistas empresariais tolos correndo atrás dos Dolls, mas é claro que eu não podia pagar a conta. Foi um banquete pra 20 pessoas, incluindo esses vários parasitas, e, como era aniversário do Jean-Charles, eu encomendei um bolo enorme. Nós precisamos fugir e esses dois jovens jornalistas franceses foram capturados pela segurança e jogados pra dentro do restaurante, onde tiveram de achar um modo de pagar a conta. Conseguimos voltar ao Ambassador Hotel, onde os Dolls estavam hospedados, e caímos duro, exaustos da correria. Creio que esse foi meu primeiro caso real com os Dolls, minha iniciação em seu estilo de vida, e estava atraído o bastante pra continuar".

No dia seguinte, ao meio-dia em ponto, Patrick Taton sentou no bar do Ambassador Hotel para tomar notas sobre a entrevista coletiva dos Dolls. Para variar, assim tão cedo a banda não era vista em lugar nenhum. Marty Thau tentava reunir seus pupilos rebeldes desde as 9h, mas só conseguiu localizar três deles. Enquanto isso, a área do bar estava repleta de repórteres da Espanha, da Itália, da Holanda, da Alemanha e da França. Para evitar qualquer mal-estar pelo atraso da banda, Thau abriu o bar. Marty: "Era como se fosse uma reunião das Nações Unidas de redatores de rock. Eu sabia que a coletiva nunca aconteceria ao meio-dia, então disse para os jornalistas tomarem um drinque e esperarem pela banda. Às 16h havia uma conta de 8 mil dólares no bar que a Mercury teve de pagar, e não ficou muito feliz com isso. Gritaram comigo, mas com certeza conseguimos um espaço na imprensa de um valor bem maior do que 8 mil dólares".

No fim da tarde todos os Dolls se reuniram no bar e começaram as entrevistas. Como sempre, David Johansen bebia uma garrafa de Remy Martin, seu acessório favorito, enquanto entretinha os cavalheiros da imprensa. Enquanto Arthur era um bêbado introvertido, que na ocasião mal conseguia negociar seu posicionamento no palco, David Jo era um beberrão barulhento, capaz de ser extremamente espirituoso ou uma vadia de boca suja, dependendo das circunstâncias. Sylvain: "Arthur e eu o chamávamos sempre de Tu Tu Fly; ele ficava parecido com uma Bette Davis bêbada".

David deu mais furos para os jornalistas do que uma garçonete bêbada em uma sorveteria. "Experimentei toda essa coisa 'Paris é a cidade do romance'. Só porque todas as gatas precisam chegar lá cinco vezes por dia ou senão piram", estava entre suas observações mais picantes.

A conversa solta pela bebida mudou para o assunto do projeto do segundo álbum da banda, chamado provisoriamente de *Too Much Too Soon*, e algumas de suas composições mais novas, que deram a Thunders, não a mais verbalmente acessível das pessoas, uma chance de conversar sobre o que ele gostava mais, a música: "Bem, tem 'Mystery Girls' e, ah, uma que eu escrevi chamada 'Jailbreak Opera'. É curta, sabe, não tem mais do que cinco minutos. Eu só gosto de pegar tudo que consigo, jogar na música e ver o que sai, sabe?". Johansen entrou na conversa quando o guitarrista fez uma pausa: "Também tem 'Puss'n'Boots', que é sensacional. É sobre fetichismo por sapatos ou, como Arthur observou, é sobre 'os cortejadores em relação ao cortejado'. E então tem essa balada que ainda não terminamos, mas é a música mais linda desde 'On Broadway' do The Drifters".

Quando os jornalistas começaram a sair, Sylvain deu a todos um tiro de partida com seu revólver de brinquedo. Marty Thau ficou para sofrer a pressão com Patrick Taton, que escreveu mais em seu dossiê sobre os Dolls do que a maioria da imprensa anotou em seus caderninhos a tarde toda. Taton: "Quando as entrevistas terminaram, peguei a conta, que era altíssima para um período tão curto. Quando reclamei com Thau sobre isso, ele respondeu com o maior desprezo: 'Isso são amendoins para uma banda como essa', e continuou com alguns dos comentários mais insultantes que já ouvi sobre uma gravadora e seus executivos".

A próxima entrada no relatório confidencial de Patrick Taton à Mercury foi feita algumas horas depois da coletiva: "Depois teve um show ao vivo na Rádio Luxembourg. Embora eles fossem esperados para os ensaios às 17h30, o grupo só ficou pronto às 19h, e foi para o estúdio em um estado de embriaguez alarmante, uma das experiências mais enervantes da minha vida 'empresarial'". O show na rádio, disponível agora em CD como *Paris Burning* ou *Paris Le Trash*, é uma coisa vacilante e lasciva com apenas a bateria de Jerry ancorada em chão sólido, mantendo a banda em forma. Sylvain: "Se você prestar atenção, nessa gravação dá pra ouvir a condição em que David estava. Ele estava completamente de porre. Seu ego passou dos limites e ele não podia fazer nada errado em sua opinião. Ele tentava conversar em francês e estava muito fora de si".

Em 2 de dezembro, o The New York Dolls fez um show na matinê do famoso Olympia Theatre, onde gente como Edith Piaf, Charles Aznavour e James Brown já agraciaram o palco. Muito para a surpresa de Patrick Taton, a banda conseguiu tirar a bunda da cama meio cedo, um triunfo para o persistente Frenchy. Ficou a cargo do camareiro acordar a banda sempre que houvesse algo muito importante em sua agenda. Revivendo seus dias de sargento do exército no acampamento militar, Frenchy entrava nos quartos dos Dolls soprando um apito da polícia no melhor estilo do exercício militar: 'levante e se mexa'. Frenchy também apitava quando procurava garotas para a banda no público. "Tá bom. Você! E você! E você!", ele gritava, enquanto as ansiosas recrutadas formavam uma fila.

Não só eles acordaram cedo, como também foram para o teatro amplo e passaram o som sem escorregar. A banda teve um almoço líquido, que teve repercussões quando subiram ao palco na frente de uma casa cheia às 15h30. Sylvain: "Nós estávamos lindíssimos. Tínhamos acabado de chegar de Londres, onde invadimos a loja da Vivienne e compramos as coisas mais lindas, que trocávamos entre nós. Estávamos no palco no meio da tarde e Arthur usava esses grandes coturnos brancos que brilhavam um pouco no escuro e esse garoto na fila da frente colocou um pouco de LSD na frente de seus coturnos. Toda a banda tinha bebido demais e, basicamente, Johnny não foi ao toalete antes do show. Então nós estávamos na terceira ou quarta música e ele tinha de ir. Ele disse alguma coisa pro David e saiu. Isso deixou David puto. Como alguém poderia sair quando ele estava prestes a cantar? Eu aproveitei o espaço e toquei um blues... 'Lone Star Queen', e os garotos começaram a bater palmas junto; Jerry entrou, colocando um ritmo, e David começou a tocar gaita, então não foi tão ruim. Johnny voltou depois de mijar atrás de um amplificador, mas a apresentação terminou com uma briga entre David e Johnny". Entre as músicas do bis, Johansen e Thunders se criticavam, brigando durante seu momento de triunfo.

Depois da apresentação, os representantes franceses da Mercury Records, incluindo o onipresente Patrick Taton, levaram a banda para jantar. Obviamente, Taton, que se nomeou como uma espécie de cão de guarda moral, tinha muito sobre o que escrever: "Levamos a banda a um restaurante chique. Eles convidaram seus amigos – mais de 50 pessoas ao todo –, todos beberam muito champanhe e conhaque, exibiram-se, enfurecendo os clientes, e nos deixaram com uma bela conta".

O The New York Dolls se tornou sua imagem ficcional de como eles sonhavam que a vida em uma banda de rock seria, mas não entendiam que agora faziam parte de uma indústria com suas normas e regulamentos. Arthur Kane: "Nós nos divertimos muito e conseguimos viver a fantasia do que um adolescente imaginaria que fosse um jovem astro do rock. Nós vivemos isso, éramos isso. Éramos fãs que envelheceram e realizaram seu sonho, e no fim isso foi desastroso pra nós". Como Paul Nelson explicou depois: "Se era difícil trabalhar com os Dolls às vezes, era porque eles não entendiam nada do mercado fonográfico e de gravação, pareciam ingênuos, incapazes de aprender, e raramente eram encorajados a exibir algum tipo de autocontrole com relação ao dinheiro ou ao horário".

O dia 3 de dezembro amanheceu em um estado de crise e acabou em catástrofe. O dia começou com a notícia de que Marty Thau e Steve Leber voltaram para Nova York, deixando o grupo sem dinheiro. Os Dolls pediram e receberam um adiantamento para tirá-los do sufoco, mas voltaram correndo para seus quartos com suas coelhinhas parisienses quando deveriam se preparar para uma apresentação na TV francesa. Por mais de três horas, Patrick Taton lidou com um grande número de ligações de um produtor de TV irado, que até ameaçou cancelar o show e jurou que nunca mais trabalharia com nenhum dos artistas da Mercury. Quando os Dolls apareceram, divulgaram que a equipe de *roadies* não cumpria direito com suas obrigações e estava cinco horas atrasada na preparação do equipamento no estúdio de TV. O show finalmente foi filmado e os Dolls saíram em uma limusine Mercedes para seu próximo compromisso, uma apresentação no The Bataclan, na Rua Voltaire. No local, parecido com um ginásio, uma cineasta francesa que filmava os Dolls para um documentário de curta-metragem com participação do The Who aguardava. Ela esperava que a banda fizesse jus à sua reputação, assim como o público muito empolgado em uma fila que dava voltas no quarteirão esperando o Bataclan abrir. Os Dolls entraram no local pela porta de trás e subiram para o camarim. Sylvain: "Johnny me chamou pra olhar pela janela. Ele disse: 'Olha, os Beatles estão aqui'. Nós olhamos para baixo e tinha um mar de gente, parecia algo saído de *A Hard Day's Night*. Johnny adorou, foi muito legal vê-lo curtindo isso. É claro que eu também adorei".

Quando a banda apareceu para fazer o show, porém, o palco estava cheio de gente. No lado de Sylvain, havia um grupo fãs dos Dolls, mas onde Thunders sempre ficava, a maior parte do espaço estava tomada de rebeldes de rua agressivos. Peter Jordan: "Por algum motivo, todos os seguranças do Bataclan eram samoanos ou haitianos e todo o público era de homens. O público começou a fazer essa coisa em que todos se davam os braços e começavam a fazer esse tipo de dança circular, como uma forma primitiva de *mosh*. Todos corriam em círculos, batendo-se e gritando: 'Vai se foder. Vai se foder'. Embora tenha sido tirado do filme, os seguranças começaram a bater na cabeça dos caras do público com bastões. Não via direito o que acontecia de onde estava, mas de alguma forma Johnny se envolveu e alguém levou uma pancada na cabeça. Foi um show de punk rock típico".

Da posição de Jordan, ele não conseguia ver a tensão aumentando no canto de Thunders, mas Sylvain acabou monitorando a situação. Sylvain: "Alguns dos caras na frente do Johnny começaram a cuspir nele. Johnny, claro, cuspiu de volta, depois passou de cusparadas pra chutes e depois eles jogaram alguma coisa nele; então ele pegou o pedestal do microfone, sabe aqueles com uma base redonda e pesada, como um peso, e jogou bem na cara deles. Depois disso, esse cara e todos os seus amigos foram atrás da gente e nós precisamos fugir. Claro que todos lembram disso como: 'Uau, os Dolls começaram um tumulto', mas foi ruim. Alguém poderia ter sido morto. Se eles tivessem alcançado Johnny, que foi o primeiro a largar sua guitarra e cuspir, não acho que eles o deixariam escapar".

Os 15 minutos que valeram a pena da filmagem do Bataclan feita pela cineasta se tornaram desde então o graal profano da vida efêmera dos Dolls, mas a senhora responsável pela filmagem guardou o rolo por mais de 20 anos, oferecendo-o para venda periodicamente por um preço absurdo. Em 1995, o cineasta alternativo americano Lech Kowalski afirmou ter dado um lance pela filmagem, que será incluída em um futuro documentário sobre Johnny Thunders.

Em 4 de dezembro, os Dolls arrumaram suas nécessaires e deram adeus à França. Imitando Napoleão, para que não precisasse apertar as mãos dos membros da banda, Patrick Taton mandou os Dolls para fora do Ambassador e rumo ao aeroporto, onde eles tinham de pegar um voo para a Alemanha. O alívio de Taton foi breve quando ele descobriu que a banda o largou com uma cobrança pelo serviço de quarto de mais de 3.500 dólares, principalmente pelos drinques e ligações de longa distância. Depois de fazer um cheque para o Ambassador, Taton preparou seu último relatório sobre os Dolls: "Se puder dar minha opinião pessoal, o The New York Dolls é um dos piores exemplos de desunião que já vi. Johansen é um cara muito inteligente, Sylvain é muito esperto e legal, os outros são bem gentis ao seu modo, mas coloque todos eles juntos, acrescente seus empresários (cada um deles fazendo sua coisa), misture com álcool, agite e você tem uma gangue de desordeiros de Nova York desleixada, egoísta, viciada e completamente desorganizada – e sinto muito ter de dizer isso. Apesar de tudo isso, creio que conseguimos fazer um bom negócio". A Mercury liquidou o mensageiro assim que ele entregou o dossiê e nunca mais se ouviu falar de Taton no mercado musical.

A rápida visita dos Dolls à Alemanha foi aparentemente um exercício de imprensa e pose. Eles tocaram "Looking For A Kiss" ao vivo no *Musikladen*, um dos principais programas de rock alemães, que era filmado em Bremen na frente de um público no estúdio. Sylvain: "Foi uma boa apresentação. Mesmo as coisas não estando assim tão íntimas, nós ainda tocamos bem. Aquela viagem pra Europa foi provavelmente a última vez em que realmente trabalhamos juntos como uma banda. Fazer televisão é chato demais, principalmente quando você precisa repetir um take. Deixa todo mundo maluco e você precisa parecer como se dissesse: 'Uau, isso é legal'. É um artifício a dominar, mas os Dolls ficaram muito bons nisso, porque aparecemos muito na TV, seja tocando ao vivo ou com playback".

No dia seguinte, os Dolls tocaram apenas para a imprensa alemã e os executivos da Mercury no Salambo's Boudoir, o antigo local do clube Star, em Hamburgo. O clube lendário onde os Beatles amadureceram agora era especializado em shows de sexo ao vivo. Por serem fãs de rock, os Dolls ficaram emocionados com a oportunidade de pisar no mesmo palco que os Beatles, apesar de a história ter apagado seus vestígios com uma exibição de corpos se contorcendo. A maioria dos jornalistas alemães que assistiram à apresentação estava incomodada demais para apreciar a banda ou até as lindas garçonetes vietnamitas do clube. Uma foto dos Dolls tirada na entrada do Salambo's Boudoir foi usada para a contracapa do segundo álbum. Encostados nas paredes de gesso ásperas de um corredor iluminado por uma luz vermelha e cercado por cortinas de veludo vermelho sangue, os Dolls pareciam anfitriões do portão do inferno, como se tivesse algo morto em suas almas. Sylvain deu uma reboladinha cafona; Arthur parecia cansado e pálido; Jerry, com as mãos nos quadris, parecia pronto para passar por cima de alguém; e Johnny Thunders parecia atormentado, com sombras no lugar dos olhos. Só Johansen, olhando sem parar para a câmera, exibia algum sinal real de vida.

A próxima parada no roteiro europeu dos Dolls foi a Holanda, onde a banda tocou "Jet Boy" no *Avro's Top Pop*, um programa de rock mais comercial. O Roxy Music também estava no mesmo show. Uma grande foto em preto e branco da apresentação dos Dolls no cenário surreal, com Johnny tocando uma guitarra Vox Teardrop branca que Arthur conseguiu em uma casa de penhores de Leeds por 20 libras, logo enfeitaria a parte de dentro do encarte de uma edição limitada de *Too Much Too Soon* que, por motivos inexplicáveis, estava disponível apenas nos Estados Unidos e na França. Depois disso houve uma apresentação em uma universidade de Amsterdã na qual os Dolls tiveram problemas com um grupo militante na política chamado The Provos. Peter Jordan: "Esse foi outro desses shows em que eu fingi não ter nada a ver com a banda. Os Dolls nunca tiveram inclinações políticas e nós nunca fomos manipulados para adotar uma postura política como o MC5. Nós éramos bem apolíticos e assexuais. Havia um contingente enorme desses militantes de extrema-esquerda Provos na apresentação e eles começaram a interromper o show. Imaginei que curtissem rock por terem cabelo comprido, mas não, esses babacas queriam atrair a banda para algum tipo de diálogo. Primeiro nós éramos americanos, isso já era ruim o suficiente. Eles também se ofenderam porque poderíamos ser homossexuais e achavam que os Dolls tiravam com a cara do movimento hippie. Os Provos ficaram violentos, mas ninguém saiu ferido. Digo, eles eram um bando de covardes atarracados, mas depois do show começaram a balançar o ônibus da turnê".

Em 10 de dezembro, os Dolls fizeram uma viagem rápida a Bruxelas para mais uma apresentação na TV antes de voltar aos Estados Unidos. Embora as relações entre os membros da banda estivessem desgastadas; Marty Thau e Steve Leber nem sempre considerassem certas questões sob o mesmo prisma; e a Mercury tenha começado a ter sérios receios sobre a banda, pelo menos dessa vez nenhum dos Dolls precisou ser mandado de volta da Europa em um caixão de metal.

O The New York Dolls encerrou o ano com uma turnê pelos Estados Unidos, voltando para casa no Natal. Johnny e Sabel se mudaram para um apartamento na Rua 24 Oeste, mobiliado por cortesia da mãe de Johnny. A srta. Starr, uma garota completamente californiana, achou Nova York difícil. Ela quase morreu de fome enquanto seu namorado estava fora. Se a namorada do Alice Cooper, Cindy Lang, não a levasse para jantar no Max's regularmente, Sabel desapareceria nas fendas da calçada, deixando para trás apenas um par de sandálias de salto alto para a posteridade. O clima severo de Nova York também foi um choque. Sabel: "Fui criada no sul da Califórnia. Nunca estive na neve antes. Foi o inverno mais frio da minha vida. Minha bunda congelava e não dava pra usar sandálias na neve. Foi nosso primeiro Natal juntos. Johnny foi tão gentil. Ele saiu e comprou pra mim um filhote de perdigueiro e me levou ao Central Park pra andar de carruagem".

Por um breve período, Johnny e Sabel brincaram de casalzinho feliz. A heroína ainda não era a droga preferida de Thunders; embora ele usasse às vezes, ainda nem resvalava na noção de um hábito. Na verdade, Johnny ainda gostava mais do número oposto ao da heroína no espectro dos narcóticos, a anfetamina. Eliot Kidd, um amigo músico dos Dolls, vocalista do The Demons, que às vezes tocava com Thunders depois de suas respectivas bandas terminarem de ensaiar, concordava com as tendências químicas de Thunder e de Nolan. Eliot: "De vez em quando Johnny me levava pra jantar na casa da sua mãe. Depois do jantar íamos pro porão e nos injetávamos anfetamina. Ele não usava agulhas na ocasião, pois não sabia como usar sozinho, então eu aplicava nele".

Depois da morte de Billy Murcia, Johnny e Syl se tornaram inseparáveis, unidos pelo luto; porém, quando Jerry Nolan se sentiu confortável na banda, o peso do melhor amigo começou a mudar. Thunders ficou impressionado com a experiência de Nolan e suas sensibilidades urbanas. Jerry Nolan: "Não sei por que eu conseguia compreender Johnny, mas eu conseguia, talvez por causa do bairro onde eu cresci. Por que você acha que ficamos juntos? Não era Syl, Arthur nem David.

Fui eu. Tem um motivo pra isso. Eu ensinei tudo ao Johnny. Ele levou a culpa por tudo, mas na verdade eu que fiz tudo. Eu já tocava há dez anos antes de Johnny começar e conhecia todas as artimanhas".

Nolan conseguia deixar Johnny fazer o que quisesse e era calmo e forte o suficiente para lidar com um pequeno agitador. Jerry: "Johnny sempre tentava ver do que ele poderia se livrar. Na primeira vez que entramos em turnê, tivemos uma grande briga no banco de trás de uma limusine. Eu parti pra cima dele. Desde esse dia, ele era como meu filho e me adorava por isso". Aos poucos Johnny e Jerry se tornaram a versão dos Dolls de Bonnie e Clyde. Aonde Nolan ia, com certeza Thunders ia atrás. Nesse ponto, Jerry Nolan apenas controlava o uso de heroína, nada demais. Não era como se ele fosse o homem com o braço de ouro e tal. Eliot Kidd: "Jerry era o único que usava heroína, e eu sei porque eu usei. Tínhamos uma piscada secreta entre nós. Naquela época você trancava todas as portas, fechava as cortinas e entrava no banheiro, foi o último tabu das drogas. Só anos depois, durante o punk, que as pessoas começaram a usar heroína abertamente. Jerry ficou bem normal durante os Dolls, não acho que ele usasse heroína todos os dias, mas ele usava com regularidade".

O ano de 1973 chegava ao fim, mas o The New York Dolls ainda tinha tempo para se afastar do precipício. Infelizmente, os fatores inconstantes que faziam deles uma das maiores bandas de rock da história não permitiam moderação ou um debate calmo. A paciência da Mercury com eles estava acabando e a única chance de redenção da banda estava em um segundo álbum de sucesso. O LP de estreia dos Dolls se saiu bem, mas a Mercury estava atrás de ouro. Marty Thau: "A Mercury não achava que os Dolls iam bem porque eles venderam apenas 110 mil cópias do primeiro álbum. Fiquei chateado que não chegou ao número um, mas concluí que era um bom começo, considerando todas as coisas. Quando a Mercury me disse que nós vendemos apenas 110 mil cópias, eu retruquei: 'Bem, quantas você esperava vender?'. 'Nós achamos que ganharíamos disco de ouro com ele', eles responderam. 'Quantas outras bandas vocês têm na lista que venderam 110 mil cópias na primeira vez?', eu indaguei. Eles não conseguiram responder. Percebi que a tremenda cobertura da imprensa sobre a banda trabalhava de certo modo contra eles, porque as pessoas esperavam que eles realizassem o impossível".

Os Dolls tocaram no Allen Theater em Cleveland, Ohio, em 30 de dezembro, e apresentaram o Ano-Novo para o Michigan Palace, Detroit. Johansen berrava do palco: "É 74, abra a porta!", para uma multidão enlouquecida de 5 mil pessoas. A apresentação foi transmitida ao vivo na emissora local WABX e chamuscou os ouvidos de todos os ouvintes em casa. Abrindo com "Personality Crisis", "Bad Girl" e "Looking For A Kiss", a banda estava estridente em seu melhor. Uma versão ensurdecedora de "Who Are The Mystery Girls" colou rápido em "Stranded In The Jungle", com Johansen urrando como King Kong e Sylvain fazendo barulhos de macaco.

Se havia conflitos na banda, isso não transpareceu no palco naquela noite. Eles apresentaram "Human Being", "Pills" e "Trash" em uma rajada rápida, antes de David Jo entregar o centro do palco para Johnny T. O guitarrista solo tanto brigou que finalmente conseguiu uma vaga entre as músicas dos Dolls para chamar de sua. Enquanto Johansen pulava com um tamborim na mão, Johnny esmerilhava nos riffs de sua composição solo "The Milk Man". A saga de um fetichista por pés, conhecida como "Puss'n'Boots", veio a seguir. De alguma forma os Dolls conseguiam reunir uma bagunça de tons e deixá-la fabulosa.

Naquela noite os habitantes de Detroit receberam as chaves de Babylon de Johansen: "Essa é sobre a nossa cidade natal, mas quando a escrevemos não sabíamos que Detroit era a capital do assassinato dos Estados Unidos, então vamos dedicar essa música pra vocês hoje... Babylon!". A resposta dos Dolls a "New York New York" não é um lugar para turistas: "I was driving round drunk boys/And I was gone/ The cops asked me where do I come from/One looked at my cards/ Where's my I.D.?/When you can tell by my face/It's so easy to see/I'm from Babylon" ["Eu dirigia bêbado, garotos/E me ferrei/Os policiais me perguntaram de onde vinha/Um deles olhou para minhas cartas/ Onde tá minha identidade?/Quando você consegue perceber pela minha cara/É tão fácil perceber/Sou de Babylon"]. O local muda para "Lone Star Queen", uma rixa barata em R&B com Johansen exortando a banda a "Vibrrar!".

Quando eles terminaram de "Vibrrar" e chegaram ao bis, a banda caiu nos bastidores. Sylvain: "Nós fomos fortes em Detroit. Tínhamos esse som das ruas que realmente agradava esses garotos que esperavam por uma mudança. Todos apareciam nesses shows todo produzidos. Lembro que na véspera de Ano-Novo em Detroit nosso *road manager* contava os 14 mil dólares que ganhamos naquela noite. Era muito dinheiro naquela época".

A casa dos Dolls precisava de um pouco de andaime, mas ainda não estava pronta para ser condenada.

8

Lipstick Killers & as Companheiras dos Dolls

Elas eram o tipo de garotas que nunca tiravam a maquiagem antes de dormir. Saíam com motociclistas com jaqueta de couro e meninos de gangues de rua. Em seus primeiros shows, elas tiravam a roupa até ficarem só de cinta-liga, uma manobra para encher a linguiça em uma apresentação com pouquíssimo material. Elas foram presas 16 vezes durante sua curta carreira e até condenadas por contrabando de armas. Junto com seu produtor e mentor, George "Shadow" Morton, as Shangri-Las deram voz a todas as garotas tristes e más que os outros grupos de garotas da época nem ousavam representar. Tragédias, um toque de drama em toda inflexão, amores infelizes, quartos de motel em vez de suítes de lua de mel, tudo isso foi realçado por Shadow Morton com uma orquestra de efeitos. Ele não só produziu como deu quatro músicas de uma trilha sonora de filme B que ficaram entre as 20 melhores. Entre setembro de 1964 e novembro de 1965, as garotas chegaram ao auge com "Remember (Walking In The Sand)", "Leader Of The Pack", "Give Him A Great Big Kiss" e "I Can Never Go Home Anymore". Em 1966, elas seguiram o caminho de suas músicas, de volta para as ruas. O conjunto, originalmente dois pares de irmãs, começou a mudar. Nenhuma delas ganhou dinheiro. Uma Shangri-La foi para o céu e sem dúvida as outras foram levadas para casamentos infelizes.

As Shangri-Las eram as almas gêmeas do The New York Dolls, e com isso em mente Marty Thau resolveu descobrir o paradeiro de Shadow Morton com a ideia de convidá-lo para produzir o segundo álbum dos Dolls. Infelizmente para a banda, Shadow não ficou trancado em uma cápsula do tempo desde 1965 e o homem que escreveu "Leader Of The Pack" e "Give Him A Great Big Kiss" estava mais velho e esquisito. Paul Nelson: "Shadow Morton... taí um homem misterioso. Não dava pra entrar em contato com Shadow por telefone, exceto nesse barzinho. Ele fedia a Monty Clift e James Dean e tinha essa coisa religiosa filosófica. Ele falava sempre dessa tal panreligião. Não fazia muito sentido, mas era fascinante".

Entre as Shangri-Las e os Dolls, Shadow trabalhou com Vanilla Fudge e Janis Ian antes de largar tudo para seguir um interesse em alta velocidade com carros de corrida. Ele evitou por pouco o tipo de morte em batida de carro sobre o qual as Shangri-Las cantavam, recuperou-se da paralisia e esperava que a sorte lhe sorrisse de novo. Morton não tinha ouvido falar dos Dolls e supôs que fosse um tipo de grupo de garotas até ser convidado por Thau para vê-los ensaiar no Media Sound Studio na Rua 57 Oeste. Depois de uma reunião, Morton concordou com uma remuneração da produção de 10 mil dólares, o suficiente para comprar um trailer Winnebago e viver seu sonho de aposentado de viajar pelos Estados Unidos.

A escolha de Shadow estava longe de ser uma decisão democrática. Sylvain: "Shadow Morton nunca foi minha opção. Ele foi legal nos anos 1960, mas comparado com o que fazíamos era como noite e dia. Nós tínhamos uma lista de produtores possíveis pra escolher. O nome de Todd Rundgren estava lá de novo, e Bob Ezrin. Shadow foi colocado depois como uma nova sugestão, mas é claro que David ficou maluco quando ouviu seu nome. Johnny não estava tomando as decisões certas, estava meio ausente e conseguiu sua grande concessão de cantar uma música. Só que nós saímos dessa reunião com Shadow como uma das várias possibilidades, então Marty o caçou".

Em 28 de janeiro, Morton e o The New York Dolls entraram nos A&R Studios para começar a trabalhar no *Too Much Too Soon*. Tirando o nome do segundo álbum da autobiografia da atriz Diana Barrymore, os Dolls favoreceram o destino. Heroínas trágicas demais podem arrastar um menino, e Barrymore era um clássico. Nascida na famosa dinastia de atores Barrymore, cujos desempenhos dentro e fora do palco ganhavam as manchetes de Hollywood nos anos 1930 e 1940 e continuam hoje com Drew Barrymore, a vida de Diana foi uma história da riqueza aos trapos induzida por bebida, comprimidos e tentativas de suicídio. "Eu engolia os comprimidos com uísque, depois engolia o resto com mais bebida. 'Dane-se', eu pensava. 'Não vou conseguir ler meu obituário. Quem estará no meu velório?', eu perguntava", ela escreveu em *Too Much Too Soon*. Segundo uma entrevista com David Jo na revista *Circus*, não foi o suicídio que levou embora Diana Barrymore, mas um parceiro irado que enfiou uma bola de tênis em sua garganta. Johansen: "*Too Much Too Soon* é um tributo a Diana Barrymore... de qualquer jeito, ela teve uma vida obscena".

Como Johansen e Thunders, a dupla principal de composição da banda, estavam agora cada vez mais distantes um do outro, havia muito pouco material novo para o álbum. "Babylon", a faixa de abertura, nem poderia ser considerada uma contribuição fresca, mas ainda é uma grande jornada para casa, para a Sodoma e Gomorra dos dias atuais, com suas imagens de dançarinas e salões de massagem, impulsionada por um baixo opressivo e guitarras fragmentadas. Antes de os Dolls entrarem em estúdio com Shadow Morton, eles fizeram uma demo, entre outros materiais, com duas composições de Sylvain, "Teenage News" e "Too Much Too Soon". Johnny T. depois usaria "Too Much Too Soon", uma música delirante e hipnótica, durante sua carreira solo. Para espanto de Sylvain, a faixa título potencial nem foi considerada para o álbum, ainda que quatro versões de *covers* – "Stranded In The Jungle", "(There's Gonna Be A) Showdown", "Bad Detective" e "Don't Start Me Talking" – apareceram nele. Sylvain: "Fui conversar com Shadow Morton e perguntei-lhe o que aconteceria, mas ele estava com pressa. Ele foi rápido demais comigo e falou que lhe disseram apenas para ouvir David Johansen e Johnny Thunders. Ele não quis me contar quem tinha dito isso, mas obviamente foram os empresários. Eu só me retirei, tudo isso me deixava maluco".

"Stranded In The Jungle", uma música antes magnífica quando tocada ao vivo pelos Dolls, ficou reduzida pela produção de Morton no meio do caminho entre um *boogaloo caliente* maluco com uma influência de Cab Calloway e um toque de cabaré. Sejam quais forem as fagulhas de inspiração que Shadow já teve, agora o tiro saía pela culatra em todos os tambores. Morton, pelo menos no papel, parecia gostar da banda e contou a Lenny Kaye em um artigo para o *Melody Maker*: "Eles tratam de quebrar o molde com uma convicção severa. Eles atuam em uma realidade em que não há barreiras, velhas barreiras devem ser derrubadas e você deveria ir para qualquer canto que precisar. Adoro isso. Eles me resgataram, espero que eu os ajude".

Por que então Shadow, que gostava de ler filosofia tibetana no estúdio, tentava fazer os Dolls soarem como uma banda de blues convencional em uma casa noturna? Foi só por causa da impetuosidade indomável da banda que o material no álbum conseguiu manter algum caráter. Enquanto a banda cuspia, Morton limpava. "Who Are The Mystery Girls?" combina bem com os vocais de Johansen, mas mantém um freio nas passagens de guitarra normalmente dolorosas. Não era segredo que os Dolls precisavam de um *single* de sucesso e seu atual produtor queria que eles conseguissem isso, mas talvez a única forma de a banda chegar ao topo das paradas na época era pela castração do grupo. A gravação no estúdio de "(There's Gonna Be A) Showdown", a que a banda geralmente recorria quando estourava um tumulto em suas apresentações, não acalmaria uma revolta de crianças de 2 anos de idade, mas é divertida. O lado A de *Too Much Too Soon* chega ao fim com a sublime "It's Too Late", que David Jo descreveu uma vez como "um pouquinho de expressionismo abstrato". Da época dos dias do loft na Rua Chrystie e dedicada a Diana Dors, "It's Too Late" balança o bumbum para todos os cansados e fracos babilônios de Hollywood que não conseguem "Parlez New York Français". O dedilhado firme de Sylvain deixa espaço para alguns *licks* tremidos de guitarra de Thunders, enquanto Johansen interpreta o inocente cínico: "Well you invite us up to that space trip/Well that was nothing new on me/It reminds me of Buck Rogers back in 1933" ["Bem, você nos convida para essa viagem especial/Bem, isso não era novidade para mim/Me lembra Buck Rogers em 1933"].

 Lenny Kaye registrou o progresso de *Too Much Too Soon* para o *Melody Maker*: "O último álbum foi gravado em oito dias, mas eles estão demorando mais com esse, adotando instrumentos de corda e sopro ocasionais, seguindo o conselho de Shadow de não 'se acomodar'. David Johansen gosta de seu novo produtor, acha que ele tem um ouvido bom para o que acontece, aprecia o toque de 'perdedor' que sai de sua música. 'O cara é completamente despretensioso', ele me diz entre olhares de lado para Lesley Gore em uma televisão mostrando o programa TAMI. 'Ele não acha que algum dia fez uma coisa maravilhosa em sua vida.' Lesley Gore aceita os aplausos da plateia e sai correndo. David levanta para fazer uma gravação com a banda em 'It's Too Late'. Shadow pega o microfone, avisa para eles que 'é o número sete da sorte chegando pra eles', então volta para sua cadeira giratória, com as mãos unidas, um papi orgulhoso a caminho de um par de sapatos novinho. Depois, Arthur chega devagar do estúdio. 'Sabe', ele diz naquela voz sussurrada como no *Exorcista*, parecendo meio confuso, 'eu me sinto mesmo um músico sério desta vez'".

 "Puss'n'Boots", a única colaboração de Johansen/Sylvain no álbum, inicia o lado B de *Too Much Too Soon*. Tendo seu nome tirado de uma publicação podoerótica disponível em lojas de livros adultos que contém artigos ilustrados com títulos tentadores como "To Stomp A

Dude" [Pisando em um Cara], "Bitches In Boots" [Vadias de Botas] e "They Suck Shoes Don't They?" [Eles Chupam Sapatos, Né?], a música lida com as tentativas de "Little Rhinestone Target", que precisa mudar de nome para seguir seu fetiche. Infelizmente ele leva um tiro na tentativa: "Don't you know the boots are making him lame?" ["Não sabe que as botas o deixam capenga?"]. O som do baixo de Arthur pula como uma carroça sobre paralelepípedos, acompanhado pelo ruído macho da bateria de Nolan. O vocal agudo fica cercado por um traiçoeiro fogo cruzado de guitarras até "Puss'n'Boots" ser finalmente silenciada com um tiro roubado da faixa "Western Movies" do The Olympic.

Enquanto "Jailbreak Opera" de Johnny Thunders nunca se materializou, "Chatterbox", também conhecida como "The Milk Man" ou "Milk Me", fez sua estreia em vinil. Com raízes plantadas há muito tempo no porão de Billy, "Chatterbox" marca o território conquistado com dificuldade por Thunders. O pequeno, duro e direto rock que levou David Jo a reconhecer que Thunders tinha "uma voz bonita" trata de uma ligação cruzada de telefone: "Say Chatterbox/I said you squawk a lot/C'mon gimme some lips" ["Diga Tagarela/Eu disse que você reclama demais/Vem, me dá um beijinho"]. Se composição nem sempre foi o maior talento de Thunders, o som de sua guitarra falava demais e sua resposta para a srta. Chatterbox é uma sensível evocação de frustração crescente.

O antigo número do Coasters "Bad Detective" leva os Dolls em um barco rápido para a China para um mistério à Charlie Chan. Adornada pelos vocais de fundo mais malucos, "Bad Detective" deixa os Dolls soarem como um coro de geixas bêbadas de saquê. A faixa é uma mistura rouca de besteirol oriental levando a um clímax chop suey com mr. Chan: "So we're trapped up in a warehouse/Much to our surprise/Five big machine guns/Staring in our eyes" ["Então estamos presos em um depósito/Para nossa surpresa/Cinco metralhadoras/Miram em nossos olhos"]. Embora a versão de "Bad Detective" dos Dolls seja uma pantomima fantástica, sua inclusão com outros *covers* no álbum deu a certos críticos a desculpa de rotular a banda como uma banda inovadora. Duas músicas básicas presentes há muito nos shows ao vivo dos Dolls, "Don't Start Me Talking" e "Human Being", conduzem o álbum a uma parada brusca. Para todos que consideravam os Dolls prostitutas indecentes, "Human Being" poderia ser traduzida como uma espécie de apelo. David explicou para a revista *Circus*: "Não queremos que nossos fãs achem que somos estranhos e tal".

Enquanto isso, um pequeno anúncio "blueseiro" completo com uma emocionante gaita e um som de piano de fim de noite tinindo foi transmitido em uma emissora de rádio local de NY para promover a próxima apresentação dos Dolls no Academy of Music. Em sua voz rouca de bar, Johansen anunciava: "Gata, estou cansado disso, de ver seu rosto toda noite no inverno. Tem uma coisa, porém, uma coisa nesse inverno. O The New York Dolls tocará no Academy of Music na sexta à noite, 15 de fevereiro. Vamos ter nosso próprio Massacre do Dia dos Namorados, querida...". A apresentação foi um dos últimos grandes gestos dos Dolls. Prescindindo dos habituais truques cor-de-rosa e bonitinhos do Dia dos Namorados, a banda decidiu pintar o bairro de vermelho e se transformar em gângsteres como The Lipstick Killers.

Com a ajuda de Bob Gruen, eles desenvolveram um roteiro ao redor dos The Lipstick Killers, com "Giovanni" Genzale, "Rocky" Johansen, "Killer" Kane, "Scarface" Nolan e Sylvain como "Legs", a gangue que não fazia um trabalho sem batom. Bob Gruen: "Nós decidimos que faríamos um cinejornal deles como gângsteres dos anos 1930 como parte do show no Academy of Music. O filme termina com todos subindo a Rua 14, atirando com metralhadoras e depois correndo para dentro do teatro. Depois eles de repente apareceriam de verdade, correndo pelos corredores, usando o mesmo figurino de gângsteres e atirando no público. Para alguns que estavam com as drogas certas e tendo o barato na hora certa, isso deu muito certo. Conheço pessoas para quem essa foi a melhor experiência da vida! Teve esse garoto que foi espancado pelos seguranças porque ficou histérico de tão empolgado".

Filmado em um dia e editado em três semanas, "Lipstick Killers" é uma deliciosa paródia em p&b, um meio-termo entre uma genuína filmagem de jornal antiga que segue a gangue enquanto eles fogem dos tiras em uma perseguição no metrô. Bob Gruen: "Conseguimos um cara pra filmá-los em um monte de diferentes cenários de gângsteres. Eles foram ótimos atores, conseguiram entrar no papel na hora certa e eram engraçados. Tem essa cena em especial em que todos estão colocando batom e cada um aplica em seu estilo único, como Johnny, com uma passada e pronto. Arthur precisou segurar a coisa com as duas mãos de tanto que tremia. David faz com charme e acerta. Nós compramos rolos antigos de notícias Movietone e, além disso, escolhemos usar uma filmagem de um concurso de beleza dos anos 1920 com essas mulheres posando com maiôs horrendos. Achamos uma ótima cena de Babe Ruth em Hollywood com uma mulher passando maquiagem nele e um clipe de uma rebelião em uma prisão. O cinejornal abre com Hitler dando tapinhas na cabeça dos menininhos que o cercavam e depois aparecem os alemães invadindo a França. De repente tem uma notícia de última hora com os Dolls subindo a rua atirando na câmera para mostrar ao público que este era um trailer da banda e não só um filme esquisito".

Em uma narração austera, os cidadãos eram alertados a ter cuidado, pois não se sabia onde os Lipstick Killers atacariam de novo. Ninguém, nem mesmo Elliot Ness, poderia salvar o público no Academy of Music, que esperou sentado com muita paciência durante os shows de abertura. Elliot Murphy, um cantor loiro com pretensões dignas de *Great Gatsby*, apresentou-se antes do Kiss, que acabara de assinar com a Casablanca Records de Neil Bogart. Bob Gruen: "O Kiss me disse que foram inspirados pelos Dolls. Tinham ido vê-los tocar no Diplomat Hotel e os acharam fantásticos, além de terem adorado ver todas aquelas garotas na apresentação. Eles disseram que no ensaio seguinte tiveram uma reunião sobre como eles se pareceriam e resolveram que não poderiam competir com os Dolls porque eram maravilhosos, então iriam para o lado oposto e seriam monstros". Com o empreendedor Neil Bogart e um time de empresários rígidos por trás deles, o Kiss seria o primeiro de muitos grupos de sucesso que seguiram as pegadas trôpegas dos Dolls e como tantos outros seriam poupados dos obstáculos que derrubaram os Lipstick Killers.

Nick Kent foi mandado a Nova York para registrar a cena roqueira local para a *New Musical Express* de Londres e conseguiu pegar a apresentação dos Dolls no The Academy. "Sua popularidade (dos Dolls) atingiu uma proporção tamanha em sua cidade natal que a única forma para alguém transar em Nova York hoje em dia parece ser fazer parte de sua comitiva", ele escreveu. "Seu concerto no Academy of Music foi de longe o melhor que eu vi durante minha estadia completamente depressiva na cidade. Só o fato de vários membros masculinos do público terem se produzido de acordo com seu Doll favorito (o que significavam vários cortes de cabelo espetados e bufantes como de Johnny Thunders e cachinhos de Harpo Marx *a la* Sylvain Sylvain) é uma prova de que há algum tipo de retirada de sangue vital em Nova York. Além disso, os Dolls melhoraram demais, com um som, ouso dizer, quase profissional, e as novas faixas como 'Puss'n'Boots' e 'Chatterbox' são joia, cumprindo uma função para os anos 1970 exatamente da mesma forma que músicas como 'Substitute' e 'Pictures Of Lily' fizeram pelos anos 1960".

Logo depois do Dia dos Namorados espetacular dos Dolls, a banda voltou à estrada na esteira do lançamento de *Too Much Too Soon*. Em 16 de fevereiro eles estavam em Bloomington, Indiana, com abertura do Lynyrd Skynyrd, e em seguida em uma apresentação em Cambridge, Massachusetts. Eles voltaram para Passaic, Nova Jersey, para uma data no Capitol Theatre, onde Steve Leber os esperava com um conselho de amigo. Arthur Kane: "Nós passávamos o som quando nossos empresários entraram e disseram: 'Este é Tom O'Horrigan, o famoso coreógrafo da Broadway, ele vai dar uma olhada no que vocês estão fazendo'. Nós todos nos olhamos com aquela cara de 'Essa não!'. Dentre todos no grupo ele me escolheu e disse: 'Tá bom, você vai pra lá, fica em cima deste bloco'. Então ele me coloca de pé nesse pequeno pedestal de menos de um metro quadrado. A questão é que eu sempre bebia e tropeçava e usava botas de plataforma, então ele pegou a pessoa menos provável pra pôr em um pedestal e me pedir pra ficar lá. Eu disse que ele tava maluco e não faria isso. Ele ficou puto e saiu espumando do teatro. Era muito absurdo nossos empresários mandarem um coreógrafo". Naquela noite a apresentação no Capitol Theatre foi interrompida, mas não por causa da tentativa dos Dolls em apresentar uma versão coreografada de "Puss'n'Boots'n'Swan Lake", mas por um bando de caras nus que invadiram o palco, fazendo Johansen chamar o evento de "Streaker's Festival" [Festival do Nudismo].

Com uma apresentação em 16 de março no Santa Monica Civic Center em LA se aproximando rápido, Sabel Starr acompanhou a banda rumo à sua cidade natal. Quando os Dolls chegaram a Vancouver e Seattle, a srta. Starr ficou feliz em descobrir que agora tinha o perfil de uma namorada do rock cuja reputação picante era reconhecida até além de NY e LA, e não eram apenas os meninos da banda que davam autógrafos. Para seus fãs, Johnny Thunders e Sabel Starr ficaram imbuídos de um glamour defeituoso, como a resposta dos anos 1970 a Keith Richards e Anita Pallenberg. Como uma companheira "oficial" de um Doll, Cyrinda Foxe também recebia sua cota justa de atenção e, como seu parceiro, parecia uma pessoa forte e atrevida, sem sinal da fragilidade que afligia Thunders e Starr. A revista *Rock Scene* mostrava frequentemente fotos de David Jo e Cyrinda, dando-lhes o status de Mick e Marianne nativos, mas com um toque mais divertido. Cyrinda: "Foi muito divertido, a garotada de todo o país comprava a *Rock Scene* pra ver o que acontecia em Nova York, da mesma forma que adorávamos ver as fotos do que acontecia em Londres. Nós éramos fotografados pra *Rock Scene* fazendo essas coisas engraçadas... 'Cyrinda vai ao cabeleireiro', 'Cyrinda e David fazem churrasco na escada de emergência', 'Cyrinda e David fazem compras'".

Os Dolls não retornariam a LA antes do lançamento de seu segundo álbum se não fosse pelo designer de animação Ralph Bashki. Mais conhecido por seu longa-metragem pornográfico em desenho animado *Fritz The Cat*, Bashki adorava os Dolls e queria incluí-los em sua última aventura animada *Hey Good Looking*. Peter Jordan: "O filme se passa nos anos 1950 e os Dolls ficavam de alguma forma parados no tempo e acabavam tocando em um baile de colégio. A única coisa que me lembro dele é que eu recebi várias ligações do departamento de contrarregra reclamando que alguém, mais especificamente Johnny e Syl, tinha roubado canivetes, jaquetas de couro e várias outras coisas". Embora os Dolls tenham sido filmado para *Hey Good Looking* com a condição de que a animação seria adaptada depois ao redor deles, Ralph Bashki teve problemas financeiros com seus patrocinadores. O filme foi engavetado e, quando enfim foi lançado por outra companhia, a banda foi cortada da história.

Desde o impacto dos "Lipstick Killers" no público do Academy of Music, outros locais exigiam a exibição do curta-metragem antes de a banda subir ao palco. A princípio, Bob Gruen ficou inseguro, presumindo que não funcionaria fora do contexto. Ele mudou de ideia com a apresentação dos Dolls no Santa Monica Civic Center. Bob Gruen: "Eu estava lá quando eles exibiram o filme e as pessoas adoraram, todos aplaudiram e depois a banda apareceu e tocou. Não tinha nada a ver com correr pelos corredores ou o roteiro da apresentação, e eu não consegui entender. Depois do show eu conversava com Sabel Starr e perguntei pra ela sobre isso. Ela disse: 'Ah, o filme é ótimo, os Dolls são astros do cinema!'. Eu disse: 'Sim, mas nós fizemos esse filme especialmente pro show no Academy, não faz sentido quando é exibido em outras apresentações'. Sabel responde: 'Se você está em um filme, é uma estrela'".

Sabel estava radiante de orgulho quando saiu do Santa Monica Civic Center de braços dados com seu ídolo das matinês, mal percebendo que sua lua de mel com Thunders estava prestes a perder sua doçura. Sabel: "No dia seguinte da apresentação, meus pais foram ao Beverly Hills Hotel e conheceram Johnny. Eles ficaram bem impressionados, a banda começava a ficar famosa. Depois fomos a uma grande festa em um clube, Iggy estava lá com Corel, todos os meus amigos apareceram, quando Johnny me arrastou pro banheiro. Ele achava que eu estava flertando com Arthur, *justamente* Arthur Kane. Ele bateu minha cabeça tão forte contra a parede que quebrou o espelho. Eu pirei. Minha cabeça sangrava, eu estava com um corte profundo nela. Corel gritava: 'O que tá acontecendo?'. Eu respondi: 'Não sei'. Essa foi a primeira vez que ele me bateu. Foi o início da tortura e do pesadelo para mim".

Depois de apresentações em San Diego e Providence, Rhode Island, a banda voltou para Nova York, onde uma semana de shows em Manhattan os aguardava. Anunciada como sua turnê mundial, foi uma jogada esperta, mas na maior parte levou-os de volta aos pequenos clubes nos quais eles lançaram sua carreira e mascarou o fato de que alguns dos maiores promotores viraram as costas à banda. O influente Howard Stein, que colocou os Dolls no Waldorf Astoria, excomungou a banda depois do show no Halloween. Em parte foi por causa do vandalismo trivial e do bom humor do público, mas os próprios Dolls ficavam cada vez mais instáveis e não eram nada pontuais. Bob Gruen: "Os shows dos Dolls eram muito divertidos, eles vendiam ingressos a mais e havia todas essas pessoas bêbadas e chapadas quebrando os assentos, tentando derrubar as portas pra entrar. Rolava uma destruição geral em todos os lugares onde os Dolls tocavam. Conforme ficavam cada vez mais populares, tornava-se mais difícil arrumar lugares pra eles tocarem. Eles também se atrasavam cada vez mais nas apresentações; até apareciam, mas, quanto mais atrasados ficavam, mais bêbados estavam. As drogas também eram uma parte maior da cena. Vi vários shows em que traficantes apareciam e Johnny e Jerry só acenavam com a cabeça do palco, olhando pra parede. Nos bastidores eles estavam mais distantes e era menos divertido ficar com eles quando ficavam acabados".

A primeira data da turnê mundial de Manhattan, no domingo, dia 14 de abril, no My Father's Place em Long Island, foi vendida como uma festa de Páscoa. Transmitida ao vivo na WBAB, a apresentação começou com uma versão lenta e pesada de "Babylon", mas como Mohammed Ali se soltando das cordas, o resto do desempenho é uma luta rápida com alguma resposta tipicamente espirituosa. Johansen fala para o público: "Sabe, minha mãe acha que eu sou um cara difícil", apenas para Sylvain retrucar brincando: "Ela está certa". "It's Too Late" perde momentaneamente seu ponto de apoio antes de voltar com velocidade total e um *cover* rústico de "Hoochie Coochie Man" de Willie Dixon é um destaque de combustão lenta. Nos dias 15 e 16 de abril, os Dolls voltaram a tocar no Max's Kansas City, mas a grande data em sua miniturnê mundial foi um show de drag queen no 82 Club em 17 de abril.

Situado perto da 2ª Avenida no número 82 da Rua 4 Leste, o 82 Club era um local influente para drag queens desde sua abertura em 1953. Quem quisesse ter sucesso como uma drag queen se apresentava lá, e no meio dos anos 1960 era um grande atrativo para as celebridades que quisessem dar uma voltinha ao lado da peruca. Na década seguinte, porém, o clube perdeu seu apelo clandestino e a maioria de seus clientes. A Rebelião de Stonewall levou as drags dos bares esfumaçados secretos para as ruas. David Jo: "Nós sempre íamos lá e falávamos pra Tommy, esse sapatão que pegava os ingressos: 'Vocês deveriam ter rock aqui'. O lugar estava morrendo, todo aquele elemento clandestino tinha acabado porque tudo estava aberto. As pessoas não precisavam ir lá e esconder o que faziam, mas Tommy não entendia: 'Pra onde todos vão?'. 'Eles estão fazendo isso na rua, Tommy'".

Os Dolls levaram o rock para o 82 Club e, para ser fiel à diretriz de subverter todos os gêneros, Cyrinda Foxe usou um terno enquanto seu namorado pegou emprestado um de seus vestidos. Cyrinda: "David usou meu vestido decotado de paetês vermelho e branco. Johnny não usou, ele não usaria um vestido, e eu o achava o único descolado de lá. Sylvain usou calções de couro com o bumbum de fora, o que estava bom. Ora, Arthur conseguia usar um vestido e não parecer um bicha, ele parecia o precursor de todos aqueles garotos que usam coturnos, mas com grandes vestidos e *dreadlocks*, mas David parecia uma drag queen extravagante. Ele soltou a franga como uma drag extravagante. Na verdade, quem sabe? Você ouve cada coisa...". Jerry Nolan, depois de cortar seu cabelo meio na altura dos ombros e colocar para trás com gel recuperando aos poucos sua masculinidade, mais uma vez precisou desistir de tender a seu estado natural de machismo janota e apareceu para a apresentação com um vestido de bolinhas recatado com uma faixa de veludo.

O público dos Dolls também entrou no espírito da ocasião e a apresentação atrasou, não por suas palhaçadas habituais, mas apenas por causa de um mar de fotógrafos tirando fotos de qualquer um de salto alto, que eram todos menos as garotas. David Jo: "O palco ficava atrás do bar, então, quando você cantava, o *bartender* ficava na sua frente. Butchie, a *bartender*, era parceira de Tommy e tinha uma dessas espécies de aparelhos de voz que você segura no pescoço pra falar. Nós gostávamos muito de Butchie, ela era uma figura. Tocamos a primeira música e ela tentava chamar minha atenção do bar, balançando as mãos pra mim e me chutando na perna, então eu me inclino porque não consigo ouvi-la por causa do aparelho que ela coloca no pescoço, e Butchie diz: 'Sempre achei que você fosse bicha'".

Aconteceram depois dois shows à meia-noite no Coventry no Queens, em 19 e 20 de abril, mas a penúltima apresentação da odisseia mundial em miniatura dos Dolls despedaçou no final por causa de Arthur Kane. Eliot Kidd: "Eles tocaram no Bottom Line e Arthur ficou bem bêbado depois do show. No camarim, as paredes tinham espelhos, e Arthur pegou uma garrafa de bebida e jogou na parede. A coisa toda quebrou. Ele se virou e saiu e só David, Frenchy e eu ficamos lá. Esses dois seguranças de dois metros de altura, tão grandes que suas sombras cobriam a porta, entraram querendo saber quem quebrou o espelho. Eu pensava: 'Eu nem sou da banda e vou morrer hoje'. David olhou pra mim e disse: 'Bem, eu brigo se você brigar', quando Marty Thau aparece e se oferece pra pagar pelo prejuízo". Eles literalmente estragaram o último show em seu roteiro de uma semana no Kenny's Castaways. Para uma banda que gostava de chutar amplificadores novinhos para produzir um efeito estridente e tocava tão alto que transcendia a distorção, o sistema de som do clube era fraco demais e quebrou durante a apresentação dos Dolls.

Em maio de 1974, o The New York Dolls conseguiu a honra suprema de ser votado pela revista *Creem* ao mesmo tempo como o melhor e o pior grupo do ano. No aspecto negativo, os Dolls foram considerados ainda piores do que The Osmonds, Grand Funk Railroad, Slade e Dawn. Porém, os Dolls derrotaram Queen, Aerosmith e Lynyrd Skynyrd pela colocação no topo. Uma sensação semelhante de confusão predominou quando *Too Much Too Soon* foi lançado em 10 de maio. Ron Ross, em uma crítica favorável para a *Phonograph Record*, tentou colocar o álbum além da base de fãs dedicada da banda: "É difícil prever, finalmente, quem será o público dos Dolls quando tudo for dito e feito. O elemento do disco é bem mais para Love Unlimited do que *glam* ou a música *popcorn*, e com toda razão, já que Barry White levou o grupo de garotas aos anos 1970 sem qualquer senso de humor para entrar em seu caminho quando você está viajando. O menino e a menina populares na rua estão preocupados demais em parecer o que os Dolls os deixaram parecer para escutar muito bem ao que os Dolls realmente faziam. Garotos demais estão viciados ao 'que acontece' para rir disso, então parece certo e provavelmente melhor que os Dolls ultrapassem sua orientação de cenário inicial. Em uma tentativa de atrair ouvintes que não têm realmente nada a ver com o estilo de vida tão discutido e raramente compreendido dos meninos, *Too Much Too Soon* é o primeiro álbum feito pelos Dolls desde que eles se tornaram propriedade pública; e, embora o álbum possa não ser uma manifestação presunçosa de alguma coisa completa, também não é um cutucão no olho com um aplicador de rímel".

Uma coisa era certa, porém. Exceto por um bando de fortões sempre amorosos, o The New York Dolls perdia terreno como queridinhos da imprensa. A mão direita esperava para chicotar forte na reação. A revista *Circus* malhou o álbum: "O disco novo é mais uma parede de barulho, faixa após faixa de uma gritaria irritante, com a voz insignificante de David afogada em cada uma". Em uma tentativa de ser cruel para ser gentil, Nick Kent da *NME* emitiu um aviso inflexível: "A impressão geral, entretanto, é que esse álbum é confuso e gravado com um potencial não cumprido. É exatamente o tipo de produto errado para lançar ao público, com uma distribuição generosa de folk, só pronto demais para fazer todo o número 'não te disse' à custa dos Dolls. Coisas demais, rápido demais com muito pouco como resultado final é uma má multiplicação e um mau negócio. Se liguem, caras!".

O pequeno Steven Morrissey, que ainda não tinha se recuperado de ver os Dolls no *The Old Grey Whistle Test* e solicitava a Laura Kauffmann, uma simpática funcionária da Mercury Records, permissão para começar um fã-clube da banda no Reino Unido desde então, recebeu a tão aguardada resposta da srta. Kauffmann, na qual se menciona a crítica de Kent: "Vimos aquela crítica de Nick Kent na *NME* e ficamos bem chateados com ela por ele ter passado algum tempo com os Dolls no estúdio e ido ver seus shows aqui quando eles tocaram por uma semana nos clubes pequenos de NY, onde eles começaram. Ficamos mais chateados quando descobrimos que ele não pôde ouvir um produto finalizado a tempo de escrever a crítica, o que é realmente bem injusto para a banda".

O contínuo apoio aos Dolls de Laura Kauffmann era uma raridade na Mercury Recods e sua lealdade acabaria lhe garantindo um emprego na empresa de gestão artística de Leber e Krebs. Paul Nelson foi extraoficialmente congelado pela Mercury e não podia mais mediar a favor dos Dolls. Nelson: "Depois da contratação dos Dolls, durei mais um ano e meio na Mercury, mas não confiavam mais em mim. Acho que não contratei nenhuma outra banda. Ainda estava presente na Mercury, mas tudo que eu dissesse não significaria mais nada pra ninguém".

Quando *Too Much Too Soon* se deparou com um início ainda mais incerto do que o álbum de estreia dos Dolls, a Mercury começou a apertar o botão de pânico na caixa registradora, preocupada em não lucrar com a banda. Os Dolls foram acusados de extravagâncias excessivas, o que Thau contestava calorosamente. "Eles ainda estavam no vermelho, mas isso podia mudar em um minuto só com um disco. O primeiro custou apenas 17 mil dólares, e para fazer o segundo não precisou muito mais do que isso". Cada Doll ainda recebia 200 dólares por semana, mas não era tanto dinheiro. Eles levavam a vida da mesma forma que antes de assinar com a Mercury, dando pequenos golpes para conseguir uns trocados a mais, como cobrar Steve Leber por contas falsas de médico e dentista. Jerry Nolan: "Não tínhamos tanto dinheiro assim. Tentávamos tirar vantagem da situação da melhor forma que podíamos. Claro que tínhamos limusines e comíamos nos melhores restaurantes, mas nunca tínhamos dinheiro no bolso".

Os Dolls eram uma versão atual dos Bowery Boys, também conhecidos como Dead End Kids [Pivetes de Rua], uma criação em celuloide baseada nas aventuras de genuínos pivetes do Bowery. De 1935 a 1958, o público americano curtiu dúzias de comédias B dos Bowery Boys. Em sua memória sobre a vida baixa de Nova York, Luc Sante descreve os Bowery Boys como: "Uma tropa de adolescentes cordiais, mas desordeiros, cujos bons corações eram apenas testados pela tentação do boulevard". Os Dolls sucumbiram à tentação e depois voltaram para mais, tremulando a conta das despesas ocasionais no vento. Eliot Kidd: "Nós todos sentávamos em uma mesa no Max's e os Rolling Stones, o Led Zeppelin, o The Faces ou o Mott estariam sentados nas outras. Era uma época incrível e não importava quem estivesse lá, as pessoas mais populares no salão eram os Dolls, e acho que isso os magoava. As pessoas em Iowa nunca tinham ouvido falar dos Dolls, mas frequentando o Max's era fácil acreditar que eles eram a maior banda do mundo. Eles se consideravam tão grandes quanto Zeppelin ou o Bowie, mas não eram, já que essas pessoas ganhavam milhões de dólares. Os Dolls faziam 200 dólares por semana, mas gastavam bem mais do que isso".

O The New York Dolls também era terrivelmente propenso a incidentes e alguém precisava pagar a conta de todos os espelhos quebrados, dos danos ocorridos durante a turnê, das faturas de canivetes e jaquetas de couro pretas roubadas. Fianças precisavam ser arrecadadas e hospitais pagos. Thau tentou livrar seus protegidos de um destino de pivete. Marty: "Eu disse a eles que via bebedeiras, drogas e bajuladores alimentando seus egos. Disse pra começarem a se comportar e escrever novas músicas, senão se meteriam em uma grave encrenca".

9

Lady Chatterbox's Lover

Em maio de 1974, o The New York Dolls começou uma castigada viagem de três meses pelos Estados Unidos para promover *Too Much Too Soon*. Foi o tipo de agenda que quebraria o espírito de um pelotão de elite, que dirá dos meninos dos Dolls. Peter Jordan: "Nós precisávamos ir longe e rápido, uma reclamação de muitas bandas naquela época. Nós levávamos tudo no voo; como todo passageiro poderia levar seis peças de bagagem, então viajávamos com 12 pessoas e levávamos nosso equipamento de graça. As coisas diminuíram com o tempo, foram de cheias a menores, e depois menores ainda. Depois acabamos voltando pros caminhões".

Ao contrário do Led Zeppelin ou dos Stones, os Dolls não podiam se dar ao luxo de ter um jato particular para transportá-los com estilo, mas eles criavam alguns passatempos divertidos para tirar o tédio da viagem. Sylvain: "Naquela época, Alice Cooper era enorme na América. Ora, se você tivesse um cabelo comprido preto e cacheado como eu e passasse o tempo nos aeroportos, todos pensariam que você fosse Alice Cooper. Eles chegavam em você: 'Você não é o Alice Cooper?', e eu dizia: 'Sim'. 'Você pode me dar um autógrafo?' 'Claro.' Teve um vez em que estávamos em um jumbo e a bordo do avião tinha uma banda de colégio. Um deles veio até mim e perguntou: 'Você é o Alice Cooper?'. 'Sim.' E eu dei um autógrafo pra ele. Eu tava sentado perto de Johansen e até esse ponto já tinha dado cinco ou seis mais autógrafos, então eu disse pro próximo garoto que apareceu: 'A propósito, esse é o Mick Jagger, você não quer o autógrafo dele também?'. Durante a viagem de cinco horas, cada garoto no avião veio pegar os autógrafos do Mick e do Alice".

Com raros dias ou noites de folga, os Dolls percorreram Detroit, Lansing, Columbus, Cleveland, Carolina do Norte, Ohio, Flórida,

Charlotte NC, Washington DC, Connecticut, Baltimore, São Petersburgo e Michigan. Óbvio que quem planejou o roteiro de turnê da banda não percebeu que sem uma folga os Dolls implodiriam depois de dois meses confinados juntos. Arthur foi o primeiro a correr das trincheiras para uma terra de ninguém quando a banda chegou em Cleveland, Ohio. Sylvain: "Nossa carreira tem altos e baixos e é difícil pra nós. Houve um incidente em Cleveland que incentivou ainda mais as opiniões de certas pessoas sobre a banda. Nós estávamos em um quarto de hotel, sendo visitados como sempre por todos os groupies da cidade, homens e mulheres, quando essas duas garotas começam com suas opiniões: 'Na noite passada, ficamos com o Deep Purple; Arthur, você é uma drag de merda, cara. Na noite passada, esses caras destruíram um quarto todo pra nós'. Então sabe o que Arthur faz? Ele abre a janela e começa a jogar a TV e a maior parte da mobília do quarto. No dia seguinte eu vejo todas as coisas que Arthur tinha jogado da janela destruídas em cima de outro telhado. A administração do hotel nos deu uma fatura de 500 dólares que, claro, veio do dinheiro dos Dolls. Agora nossos empresários estão usando o surto de Arthur como uma desculpa pra nos avisar que estamos ferrando com tudo. Quando os empresários veem David, ele é bem firme com eles. Eles não o veem como o traste gritante que nós vemos".

No elegante escritório de Leber e Krebs em um bairro chique, havia uma crença implícita, senão silenciosa, de que até se os Dolls caíssem, Johansen não ia junto. De todos os Dolls, David era o mais capaz de apresentar uma fachada profissional, apoiada em uma personalidade enorme e um trago de Remy Martin. David Johansen: "É engraçado porque, por mais demente e bêbado que eu fosse, ainda era responsável. Eu falava: 'Esse ou aquele cara está fodendo tudo, o que vou fazer?'". Ele era o cocheiro de uma carruagem desgovernada, segurando rápido nas rédeas enquanto os cavalos pulavam no desfiladeiro. Quando os Dolls enfim se quebraram em um milhão de pedaços, Johnny Thunders e Jerry Nolan levaram a culpa por conduzirem a banda além do limite, mas Johansen era um bêbado ao volante. Cyrinda Foxe: "Às vezes ele subia ao palco tão bêbado que não conseguia se apresentar. Ele sentava e conversava com o público, que começava a jogar rolos de papel higiênico, e ele começava a gritar sobre estar sendo jogado aos leões".

Um mês antes de completar 22 anos, Johnny Thunders começou a fritar sua mente em metanfetamina não cortada (também chamada de metedrina) e nunca mais foi o mesmo de novo. Em 15 de junho, a banda chegou ao Canadá, onde algum Hell's Angels prestativo forneceu a Frenchy e Johnny anfetamina pura. Peter Jordan: "Não importa no que Johnny entrasse, ele se dedicava 100%. Ele se dedicou 100% ao baseball quando criança. Ele se dedicava 100% à guitarra. Quando conseguiu metedrina, o tipo mais forte de anfetamina conhecido pelo homem, ele se dedicou 100%".

Jerry Nolan e seu velho amigo saxofonista, Buddy Bowser, que acompanhou os Dolls em sua turnê de 1974, passaram a tarde percorrendo as farmácias de Toronto atrás de um frasco de Robitussin A/C, um xarope para tosse com codeína. Incapaz de encontrar um frasco do remédio legalizado favorito de Nolan, Buddy e Jerry voltaram para o hotel. Buddy Bowser: "Jerry ficou puto, ele estava com dor de cabeça. Estávamos no lobby do hotel quando ele vê uma banca de jornal com uma pequena farmácia anexa a ela. Ele ficou extasiado, eles tinham um balcão inteiro cheio dele". Nolan e Bowser subiram para se arrumar para o show e fizeram uma visitinha ao Johnny, mas acabaram por encontrá-lo tomado por psicose causada por anfetamina e se recusando a subir ao palco a menos que Sabel viajasse para Toronto. Buddy: "Entrei no quarto pra tentar fazê-lo se arrumar pro palco, ele não estava vestido, o quarto estava um rebuliço total e ele repetia: 'Não consigo encontrar, onde eu enfiei?'. Quarenta minutos depois ele encontrou a metanfetamina enrolada em papel higiênico, onde ele tinha escondido. Ele tinha um saquinho cheio, espalhou um pouco e eu viajava como John Coltrane pronto para subir ao palco. Quando eu estava prestes a voar de lá, Johnny pergunta: 'Quero saber se você consegue ver eles', e ele inclina três quartos de seu corpo pra fora da janela e aponta pro telhado ao lado, para um par de tênis que algum cara deve ter jogado quando estava bêbado ou algo assim. Johnny achava que eles pertenciam ao FBI, que estava em cima do telhado e o tinha descoberto. Jerry e eu rachamos o bico. Johnny falava: 'De jeito nenhum eu vou sair com aqueles tênis lá'". O ativo sr. Bowser ligou para Sabel em Nova York e a aconselhou a acalmar Thunders. Sabel: "Ele chorava e chamava por mim. Então seu *road manager* me ligou e disse: 'Vem pra cá, alguém precisa cuidar dele'". A apresentação seguiu em frente como combinado, mas o surto de metanfetamina de Thunders ainda não tinha acabado.

Sabel chegou a Montreal para encontrar seu antes lindo Romeu subindo pelas paredes e em qualquer um que chegasse perto dele. Ele tinha certeza de que o FBI ainda estava na sua cola, podia se imaginar preso na Riker's Island, cercado de assassinos e estupradores. A srta. Starr pouco podia fazer para dissipar seus medos. Sabel: "Ele estava na pior viagem de anfetamina, precisei tomar um pouco pra ficar acordada com ele. Ele ficou doidão por dias. Ele ligou pra recepção do hotel pra perguntar sobre o FBI e eu tinha certeza de que a polícia chegaria a qualquer minuto de tão fora de controle que ele estava. No dia seguinte saímos pra almoçar e esse cara negro passou por nós e Johnny gritou: 'Eu acabo com você por olhar pra minha namorada'. Juro por Deus, eu fiquei com tanto medo que o cara aceitasse o desafio, pois seria como assistir a um cachorro sendo atropelado se o cara pegasse o Johnny. Nós fomos a esse restaurante italiano e eles tinham garrafas de vinho na parede, e ele pergunta pro garçom: 'Quanto custam as bolsas?'. Ai, meu Deus, eu tive de levá-lo de volta pro hotel. No dia seguinte eles tinham uma apresentação em Syracuse e ele não queria entrar na limusine. Ele estava tão teimoso que não fazia nada que eu mandasse. Foi uma surpresa ele ter chegado ao aeroporto. Então, boom, ele apagou, não conseguia andar, estava em coma. Nós o colocamos dentro do avião em uma cadeira de rodas. Então ele acordou e me esmurrou. Foi a pior viagem da minha vida".

Poderia ser uma boa ideia ter os paramédicos de prontidão enquanto a turnê dos feridos ambulantes cruzava Tennessee, Nova Jersey, Boston e Baton Rouge na Louisiana. Uma viagem para a Inglaterra agendada para a primeira semana de julho, na qual os Dolls tocariam no Olympia em Londres, e o Buxton Festival foram cancelados, assim como uma única apresentação na Escócia. Foram tempos difíceis para todos os fãs britânicos da banda, principalmente Steven Morrissey, que escreveu para Laura Kauffmann na Mercury Records após a banda cancelar seus compromissos ingleses. A srta. Kauffmann respondeu em 30 de julho de 1974: "Caro Steve: fico feliz em saber que você descobriu a tempo que os Dolls não vão para Londres. Eles ficaram muito chateados, mas tivemos muito pouco tempo para preparar tudo para a viagem. Espero que não demore muito para eles irem mesmo para aí. É claro que depende muito de como o álbum se sai, então conto com você para deixar todo mundo animado. Todos os fãs daí deverão escrever para os jornais, as estações de rádio e comprar discos".

Os Dolls chegaram a Nova Orleans em 17 de julho só para descobrir as ruínas chamuscadas do local onde tocariam. Um incêndio destruiu o clube Warehouse de Nova Orleans e a banda ficou com alguns dias de folga para se divertir, até 19 de julho, quando deveria aparecer em Fayetteville. Ainda sob efeito da metedrina, Thunders entrou no espírito jazzístico de Nova Orleans. Peter Jordan: "Ele ficou acordado por dias, saiu e comprou um trompete e um contrabaixo acústico. Ele acabou ficando doidão com o cara que lhe vendeu os instrumentos e depois teve de devolver tudo".

De Fayetteville, os Dolls viajaram para Los Angeles, onde tinham quatro shows de 23 a 26 de julho, agendados no Roxy Theater. Pertencente ao influente empresário do mercado musical, Lou Adler, o Roxy também recebia apresentações do The Rocky Horror Show. Escrito por Richard O'Brien e depois levado às telas dos cinemas como um longa-metragem, The Rocky Horror Show é uma cornucópia musical de travestismo e heterossexualidade torta que se tornou um grande sucesso com aqueles que não ousariam assistir a um genuíno teatro de revista com travestis, mas em vez disso se animavam na segurança de ser uma ficção, com atores interpretando um papel, em vez de uma realidade. Os membros de couro e espartilho do elenco se ofenderam na hora com a equipe de *roadies* dos Dolls quando eles começaram a preparar o equipamento da banda. Peter Jordan: "Nós chegamos lá e o lugar estava cheio de atores e eles colocaram fita-crepe no palco todo e tinha toda essa porcaria em todo o lugar que precisava ser retirada. No dia seguinte soubemos que os atores reclamaram. 'Eles arrancaram toda nossa fita do chão!'. 'Vão se foder', foi a primeira coisa que dissemos. Nós criamos caso com a comunidade teatral e fomos banidos do Roxy. Era pra fazermos quatro shows, mas levamos um pé na bunda depois de só um. Disseram-nos que não só nunca mais tocaríamos no Roxy como também teríamos sorte se conseguíssemos tocar em LA de novo".

O cancelamento de sua temporada no Roxy, cujos ingressos foram todos vendidos antecipadamente, fez da banda o alvo de alguns comentários depreciativos da imprensa local. Uma publicação colocou como subtítulo em um pedaço de fofoca mal informada "The Roxy Theatre Told The Gotham Grotesques To Pack Up And Go" [O Roxy Theatre disse para os grotescos de Gotham pegarem suas coisas e sumirem] e afirmou que a banda chegou tão tarde ao teatro que os proprietários não tiveram escolha a não ser mandá-los embora e cancelar o restante dos shows. Era fácil demais condenar os Dolls sem levar a evidência em consideração. Eles fizeram sua cama e ela estava ficando meio quente e pegajosa. Em um jantar para a banda organizado pela filial de LA da Mercury Records, os Dolls apareceram três horas depois do combinado. Em vez de desculpas, Johansen declarou que "Los Angeles é uma merda", antes de se sentar para jantar.

A única nota positiva durante sua estadia fracassada na Califórnia foi uma apresentação ao vivo no *Don Kirshner Rock Show*. O programa de concertos vendido nacionalmente foi filmado diante de um público no auditório de Long Beach, ao sul de LA, e transmitido por todo o país em uma noite de sexta-feira. Kirshner, outro bambambã do showbiz, que pareceria mais confortável apresentando Burt Bacharach do que os Dolls, falou deles em seu show como "um dos grupos mais controversos da cena atual" antes de deixar a plateia julgar por si. Apesar de tudo o que aconteceu com eles, os Dolls estavam em ótima forma durante sua apresentação de meia hora com material dos dois álbuns, incluindo "Showdown", "Stranded In The Jungle", "Trash", "Chatterbox", "Don't Start Me Talking" e "Personality Crisis".

O espaço dos Dolls no *Don Kirshner Show* foi uma vitória em vão. Quando eles voltaram para Nova York no fim de julho, depois de mais duas apresentações em Ohio e Cleveland, estavam tão em apuros como moscas na sopa na mesa de jantar de um homem rico. Embora Marty Thau ainda fosse o papai amoroso dos Dolls, Steve Leber se aperfeiçoou em seu papel de tio bravo. Marty: "O roteiro invisível criado pela indústria musical pra manter os Dolls por baixo deu as caras de novo. Eu fiquei furioso com o cancelamento de suas apresentações em LA, mas o que podia fazer? Quando voltei, fui ao escritório de Steve Leber e ele me recebeu com o comentário: 'Bem, os Dolls estão mortos em LA agora'. Eu disse: 'Na verdade, um dos maiores promotores de LA os viu na primeira noite no Roxy, achou-os incríveis e está preparado para agendar shows em LA'. Steve Leber disse que isso era mentira e telefonou pra ele. Chamamos o promotor na linha e ele contou a Steve quanto tinha adorado os Dolls e que estava pronto pra agendar um show no The Palladium, que era um lugar grande. O queixo de Leber caiu, mas essa conversa foi o início das brigas entre Leber e mim".

Enquanto a estrela dos Dolls se incendiava na atmosfera predominante, o sol espalhafatoso do Aerosmith estava em alta. Embora David Krebs fosse a terceira ponta da trindade empresarial dos Dolls, ele ficava quietinho, passando a maior parte de seu tempo com o Aerosmith. Marty Thau: "Krebs lidava com seu rol de clientes bem quietinho. Mais tarde me pareceu que ele observava toda a coisa dos Dolls, e quando ele ou o Aerosmith viam algo que pudessem pegar dos Dolls em termos de estilo, show e riffs, eles pegavam. Eu suspeitava que Leber e Krebs quisessem manter os Dolls por baixo porque o Aerosmith crescia e a CBS os apoiava".

Marty Thau discordou com veemência da decisão de Steve Leber de colocar os Dolls de volta ao circuito de clubes. Foi uma jogada punitiva que corroeria ainda mais o moral baixo da banda. Não só os Dolls se dividiram em facções separadas, como seus empresários tinham agora sérios desentendimentos. Thau: "Leber me disse que os Dolls fracassaram e teriam de voltar a tocar em clubes. Sempre insisti que nunca faríamos um show onde a banda não fosse a principal ou não abrisse pra uma grande banda. Abordei o assunto assim porque a banda era tão boa e essa era a forma de firmá-los. Então ele me disse que tinha um show pra eles em Michigan. Ora, em Detroit eles conseguiam arrastar 5.800 pessoas e ele queria colocá-los em um clube com capacidade para 900? Eu reclamei: 'Você não pode fazer isso, está errado'. Então ele disse: 'Estamos em um buraco por causa de certa quantia de dinheiro'. Eu retruquei: 'Se você fizer eles tocarem em clubes menores, vai terminar de enterrá-los'".

Ainda não era um caso de luzes apagadas para os Dolls, mas já ficava escuro ao redor deles. Principalmente para Johnny Thunders. Sabel: "Era horrível ver uma pessoa enlouquecer completamente. Ele ficava cada vez mais maluco todo dia e as surras saíam do controle". De alguma forma Frenchy e Johnny conseguiram trazer a metanfetamina de volta para Nova York e Thunders chegou ao *grand finale* de seus delírios movidos a anfetamina. Sylvain estava em uma boa no seu apartamento em um porão no Greenwich Village que dividia com a namorada, Janet Planet, quando a irmã de Thunders, Mariann, telefonou. Sylvain: "Ela estava muito preocupada, chorando, querendo saber o que tinha de errado com Johnny. Aconteceu que alguém teve de ir consertar sua casa no Queens e Johnny trancou o cara da manutenção no porão e fugiu, então eu disse que ficaria alerta por causa dele. Mais ou menos uma hora se passou e não é que Johnny aparece na minha porta com aqueles OLHOS. Digo, eles estavam quase pra fora de suas órbitas, e ele tremia muito. Ele também estava bem paranoico e com essa conversa maluca: 'Tá vendo aquele táxi? Viu quem tá naquele táxi? David Johansen, ele trabalha pra CIA e pro FBI, é ele lá'. Eu tentei acalmá-lo, peguei alguma coisa pra ele beber, algo que não fosse água, quando ele saiu onde estava minha bicicleta e começou a cortar os fios do freio, falando o tempo todo: 'Tá vendo quem acabou de passar por lá, foi o David'. Tudo era o David, David era da CIA, ele trabalha pro Nixon, toda essa doideira. Consegui pegar uns valiums e dei uns quatro ou cinco pra ele, porque ele tava doidão. Aparentemente ele usou uns 30 gramas de metanfetamina. Qualquer outra pessoa eles teriam prendido. Depois disso, alguma coisa se quebrou nele. Ele nunca mais foi o mesmo, é como se ele pegasse esquizofrenia instantânea".

Logo depois, Sabel Starr tentou o suicídio cortando os pulsos e foi levada ao hospital Bellevue por Sylvain. Após o médico pedir-lhe para escolher entre a ala psiquiátrica ou ir morar com sua mãe, Sabel voltou para LA deixando um Thunders devastado começar uma campanha de longa distância para tê-la de volta.

É muito comum usuários de anfetamina exaustos recorrerem à heroína pelo abraço tranquilo da droga. Johnny Thunders não era exceção; se antes ele usava de vez em quando, a heroína se tornou sua principal escolha entre as drogas. Não ajudava os Dolls agora ter um *road manager* traficante, que também entregava direto em seus apartamentos. Sylvain: "Eu odiava aquele cara porque ele deixava tudo tão mais fácil, ele praticamente servia heroína pra nós".

O jovem guitarrista afiado que ensaiou sozinho, até tarde da noite, por vontade própria e foi brevemente cortejado por Jimmy Page, que achava que Thunders estava à beira da fama internacional, escolheu a autodestruição. Se ele não podia ser o maior guitarrista do mundo, então seria o maior viciado. 100%. Eliot Kidd: "Teve um ponto em que o Led Zeppelin ficava em Nova York e Jimmy Page oferecia uma limusine pra pegar Johnny. Nós tínhamos três ou quatro semanas de grandes festas porque Jimmy Page adorava Johnny, achando que ele seria o próximo guitarrista especial. Se Johnny tivesse disciplina, poderia ser. Foi apenas uma questão de virar à esquerda quando deveria ter virado à direita. Ele gritava sobre isso algumas vezes. Pôs sua imagem de guitarrista acima da sua técnica. Infelizmente sua imagem se tornou autodestrutiva e aí que tudo desmoronou".

Em duas segundas-feiras consecutivas no meio de agosto, os Dolls voltaram ao 82 Club, sem estar montados. O coração de neon de Nova York ainda batia sempre que os Dolls faziam um show, e o pequeno local estava lotado até o teto, horas antes do programado para os Lipstick Killers subirem ao palco. Até o Max's abandonou a banda, quando David Jo se tornou o terceiro Doll banido do recinto após destruir a sala dos fundos e ir atrás de um bando de *roadies* do Eagles que tinham feito comentários pejorativos sobre Cyrinda. "Não temos sido tão inventivos ultimamente", comentou o vocalista dos Dolls enquanto entrava no 82. Chris Charlesworth, escrevendo para o *Melody Maker*, tomou o pulso da banda e viu que nem tudo estava bem: "Nas duas últimas segundas, os Dolls apareceram no 82 Club em Nova York, lugar ideal para apresentar um novo talento cheio de *glitter* em Nova York, mas não o tipo de local para uma banda com duas turnês britânicas e dois álbuns nas costas. Um rebaixamento óbvio, na verdade, e um claro indicativo de que nem tudo estava bem no grupo. Alguns observadores chegaram a dizer que o fim dos Dolls é uma cópia da história do The Velvet Underground em Nova York. Talvez em cinco anos seus álbuns sejam aclamados obras de arte e David Johansen, Johnny Thunders e companhia ressuscitem da mesma forma que Lou Reed fez seu recente retorno...".

No 82, os Dolls estavam em plena atividade por volta da meia-noite. Apesar de um catálogo crescente de problemas, eles sempre souberam dar uma grande festa de rock. Arthur assumiu o vocal para uma versão de "Poor Little Fool" de Rick Nelson e uma longa e barulhenta sessão de blues contou com o reforço de Buddy Bowser e um membro do Television, uma banda alternativa nova em ascensão. Chris Charlesworth anunciou para o *Melody Maker*: "Em um clube, um porão pequeno, cheio de suor, barulhento e lotado como o 82, os Dolls são perfeitos. Em uma grande arena, expostos diante dos olhos de alguns milhares, suas imperfeições chamam muito a atenção. Talvez por isso eu tenha finalmente compreendido os Dolls na segunda". Seu segundo show no 82, em 19 de agosto, foi interrompido pela chegada de policiais que puniram a administração do clube por superlotação, e os chateados Dolls foram enxotados de lá para a noite como entulho.

A oportunidade nos vocais de Arthur em "Poor Little Fool", como seu apelo oculto antes em "Private World", foi um comentário raro do homem já descrito por David Johansen como "A única estátua viva do rock". Embora Kane fosse quase uma obra de arte roqueira inanimada, era uma estátua com limitações e estava quebrando. Elda Gentile: "Arthur ficou totalmente vulnerável e, depois do incidente com Connie, pegava qualquer groupie que se aproximasse dele. O relacionamento com Connie foi devastador e ele bebia cada vez mais". Ele não só sentia falta de uma companhia fixa fora da banda, como não tinha mais uma ligação próxima com nenhum Doll. Arthur: "O grupo se dividiu no meio. De um lado ficavam David e Syl, prontos pra se vender e fazer qualquer coisa pra ficar no mercado, e do outro tinha o lado rebelde da família, Johnny e Jerry, os valentões adolescentes... 'Não estamos nem aí. Usamos heroína e chutamos a tua cara'. Eu estava lá desde o início da coisa toda e me magoava ficar no meio dessas duas facções que seguiam em direções opostas. David e Syl tinham um ao outro, Johnny e Jerry tinham um ao outro, e eu não tinha nada mesmo. Eu só tentava me manter tranquilo, mas eu desabei".

Quando os Dolls começaram a última parte de sua turnê americana, Kane não estava a bordo. Em vez disso, ficou em Nova York em uma tentativa de recuperação. Mais uma vez, Peter Jordan o substituiu. "Deixamos Arthur pra trás, ele ficou em um lugar pra reabilitação. Nunca o demitimos nem reduzimos seu salário. Ele sempre recebeu e, se foi deixado pra trás, era bem cuidado".

Steve Leber realizou seu plano de colocar os Dolls em locais pequenos e seu roteiro de outono foi esporádico e calmo, com propaganda ou apoio financeiro mínimos. Em 17 de agosto, a banda tocou no Joint In The Woods, em Nova Jersey, antes de viajar para os recantos distantes de Dakota, onde se apresentaram em Minot e Fargo. Eles chegaram a Detroit em 26 de agosto, mas o exterior do Michigan Palace não ostentava mais seu nome, em vez disso Leber agendou o Trading Post para a banda por três noites. Peter Jordan: "Percebemos que daria merda, mas pensamos que as coisas poderiam ser salvas. Ainda estávamos trabalhando e viáveis. Os Dolls não eram uma banda de arenas, mas uma das melhores bandas de bar que se poderia ver em qualquer lugar. Não importava se fosse um bar caipira cheio de motoqueiros ou veados em Paris, eles entravam no lugar e ganhavam o público, mas custava muito dinheiro pra manter a organização na estrada. Você precisa pagar salários e trabalhar bastante pra justificar isso, e deveria vender discos. Muito dinheiro foi despejado no Alice Cooper e no Kiss antes que eles ganhassem um tostão. Leber e Krebs não quiseram apoiar os Dolls, eles começaram a ganhar dinheiro com o Aerosmith, e a Mercury foi cachorra, eles não faziam nada em termos de promoção".

Para tranquilizar os Dolls em seu caminho para o esquecimento, seu amigável *road manager* estava sempre à disposição. Colocado na equipe dos Dolls por sugestão de Steve Leber e depois de receber a aprovação do resto do time de empresários, ele serviu um ano com os Dolls. Sylvain: "Ele era um cara legal e tal, mas era útil pra fazer a coisa mais sórdida que poderia acontecer. Quando estávamos na estrada, ele ia aos nossos quartos e nos vendia heroína. Isso podia não parecer muito, mas imagina com Johnny já doente daquele jeito. Normalmente ele teria de se comportar, porque teria de arranjar em cidades diferentes do roteiro e não era assim tão fácil. Esse cara chamava Johnny em seu quarto, e Johnny nunca tinha dinheiro porque sempre devia pra esse cara. Uma vez eu ouvi um papo entre ele e Marty. Marty disse: 'Como Johnny vai pra estrada?'. E o *road manager* dizia: 'Não se preocupe. Eu cuido dele, não vai ter problema'. Claro que ele tomava conta de Johnny. Johnny ficou tão mal que ficou nojento, e Jerry ficou tão confuso. Jerry costumava se gabar pra mim: 'Ah, cara, quando você usa heroína, nunca fica doente'".

Mesmo quando a banda não estava em turnê, seu *road manager* se mostrava indispensável. Claro, é bem fácil comprar drogas em Manhattan, mas com alguém disposto a fornecer de bandeja para você, direto na sua porta, não há incentivo para se limpar. Sylvain: "Não sei se ele recebia tão mal que tinha de fazer um bico ou se havia um acordo pra providenciar pra quem quisesse. Até David começou com isso, ele fazia essa coisa chamada injeção subcutânea, você enfia a agulha na sua bunda, bem no músculo, e não era uma coisa muito bonita de se ver também. Então, quando Johansen culpa o Johnny, não foi só ele. Tenho de admitir que também usava, mas não usava agulha. Comecei a cheirar, e assim fiquei sabendo que esse cara vendia de porta em porta, porque ele foi na minha casa também".

Depois de uma apresentação no Minneapolis State Fair, em 1º de setembro, os Dolls voltaram para Manhattan. O que eles mais precisavam era a estabilidade de uma assessoria unida, mas em vez disso ficaram em meio a um fogo cruzado de alegações e recriminações entre Steve Leber e Marty Thau. "Leber punha-os em todos os lugares errados", diz Thau. "Eles ficaram desmoralizados demais e sua carreira ficou mais devagar. Fiquei muito triste ao ver isso. Disse a eles o que deveria ser feito, a Mercury disse que eles lançariam outro disco. Eu disse: 'Ao trabalho e vamos parar de festinhas de rock e começar a fazer uma carreira no rock'". *Too Much Too Soon* chegou ao lugar 167 nas paradas da Billboard e vendeu 100 mil cópias, um pouco menos do que o álbum de estreia da banda. Embora a Mercury tenha deixado a banda de lado e fizesse cada vez menos por sua carreira, eles ainda estavam dispostos a deixá-los fazer um terceiro álbum, desde que os Dolls gravassem uma demo com algum material novo.

Infelizmente, o The New York Dolls não era mais uma unidade coesa e não havia uma solução de conserto rápida para uma banda cujos membros nunca se comprometeram e não poderiam mais se comprometer uns com os outros. Depois que a Mercury concordou com um terceiro álbum, começou uma enxurrada de reuniões. Sylvain: "Basicamente havia um grande vazio. Nossas apresentações ficavam cada vez mais estranhas, não ganhávamos muito dinheiro e os empresários brigavam entre si. Então eles começaram a se reunir com a gente individualmente e como uma banda. Em uma das últimas reuniões, Johnny abordou as bebedeiras de David. David, claro, não achava que tinha um problema e seu ego era devastador. Ele não mudaria, mas Johnny lhe deu essa chance e disse a ele: 'Eu mudo se você mudar'. Não era segredo pra ninguém que todos nós tínhamos problemas. Vi muitos viciados, inclusive eu, recaírem, mas, se você não quiser mudar como pessoa, não consegue fazer nada".

Embora os Dolls continuassem a ensaiar quando não estavam na estrada, as composições eram feitas individualmente. Johnny Thunders apareceu com "Pirate Love" e Sylvain, que esperava desesperadamente por um perdão para a banda e se agarrou à esperança de um novo álbum, apresentou "Teenage News", sobra do *Too Much Too Soon*, e "The Kids Are Back", uma faixa em forma de hino da história dos Dolls. Ainda que as composições de Syl fossem mais frívolas e galanteadoras do que os antigos números de Johansen/Thunders, suporte principal do repertório da banda, elas ainda representavam os Dolls. Peter Jordan: "Eu acabaria ensaiando todo esse material com Johnny, um pouco do qual iria para o The Heartbreakers, como 'Pirate Love', mas muito dele desapareceu. Enquanto isso, todos tinham sua programação, suas vidas. David e Johnny ficaram tão alienados que não trabalhariam juntos, mas o saco mesmo era David não trabalhar com Jerry nem se fosse por 1 milhão de dólares. A outra coisa era que Johnny tinha músicas que queria fazer e David me disse certa vez: 'O que eu devo fazer enquanto ele fizer suas músicas, tocar tamborim? Não vou fazer isso'".

Steve Leber começou a dar ideias para a banda, prometendo uma viagem ao Japão se eles se comportassem e chutassem Marty Thau. Foi como pedir a um bando de crianças disfuncionais para escolher entre mãe e pai. Eles não podiam. O torpor quente da heroína e a segurança de mamar uma garrafa de bebida os isolaram da realidade da situação e os deixaram confusos demais para agir. Cyrinda Foxe: "Lembro de Steve Leber vir aqui, bater na porta e David me implorar para dizer que ele não estava em casa. David era muito imaturo e virou um bêbado, um chato. Ele não tinha mais incentivo. Quando as coisas ficaram ruins com Johnny, ele pôs a culpa no Jerry, porque ele era bem mais forte do que Johnny. Era ele quem instigava e tinha mais controle sobre a situação e Johnny ia atrás".

Jerry Nolan não queria ver os Dolls caírem lutando. Ele ficou supercontente quando conseguiu a vaga e era muito próximo de Johansen, mas "David tinha o péssimo hábito de mandar em coisas sobre as quais ele não sabia de nada". Nolan foi duramente testado pela escolha de produtores feita pelo vocalista e como resultado o equilíbrio nas lealdades pessoais mudaram. A banda agora estava em um beco sem saída e com os reflexos emocionais provocadores de conflito exarcebados por quantidades copiosas de bebida e drogas, um cessar-fogo parecia bem improvável. Jerry Nolan disse ao *Village Voice*: "Johnny e eu gostamos dessa ideia de ir ao Japão e fazer um terceiro álbum. Nós dissemos: 'Olha, David, essa oferta não é tão ruim. Se fecharmos a mão juntos, venceremos. Se abrirmos nossos dedos, perderemos'. Foi isso. Bum! David se ofendeu".

Todas as lindas limusines alugadas foram retiradas, obrigando-os a usar o metrô de novo, e, como na letra da música, eles não entendiam por que suas vidas foram amaldiçoadas, envenenadas e condenadas. Sua comitiva brilhante diminuiu, assim como o interesse da imprensa, e a propaganda das próximas apresentações agora vinha em modestos folhetinhos em vez dos lindos pôsteres promocionais brilhantes que já anunciaram suas apresentações ao vivo. Em 13 de setembro, eles fizeram dois shows no Jimmy's na Rua 52. Não havia muitas atrações para o público, apenas um bufê gratuito para petiscar antes de os Dolls aparecerem e fazerem o show. Eles tocaram no Ebbet's Field em Denver, depois voltaram para Toronto em 21 de setembro. Quando voltaram para Manhattan, Steve Leber convocou outra reunião para lembrar os Dolls do terceiro álbum. Só David e Sylvain apareceram. "Steve Leber começou a falar desses produtores de Long Island que escreveram montes de músicas popzinhas, chamados Kastenetz e Katz. David e eu fomos ao estúdio e eles tocaram essa gravação, era popzinha, estilo la la la. A música termina e eles anunciam: 'Tudo bem, esse vai ser seu próximo álbum. Vocês só precisam estar na capa e eu lhes garanto vendas de milhões de dólares'. Nós ficamos putos, óbvio, porque era estúpido demais, e demos o fora dali".

Marty Thau, que não aguentava ver suas estrelas tropeçando pela rua, fez uma última tentativa para colocá-los de volta aos trilhos. Depois de convidar Steve Leber, David Krebs e a banda toda para um barzinho, Thau viu o último de seus sonhos sobre os Dolls se apagar. Marty: "A confusão era geral e surgiu uma inimizade entre Leber e mim. Senti que precisava fazer alguma coisa. O que mais me incomodava era colocá-los de volta no circuito de clubes. Eu disse a eles: 'Vocês estão vendendo a alma por 200 dólares e essa coisa vai por água abaixo', e eu disse ao Steve: 'Você não pode vendê-los. Suas noções sobre isso estão erradas. Você deveria tentar lembrar como se comportou quando começamos, quando você fazia o negócio, as programações, e ir por essa rota de novo. Sua interpretação do progresso ou fracasso deles está errada. Precisamos readaptar nossa sociedade e ter alguma clareza'. Ele disse que eu era uma Pollyanna, ou seja, que era duas caras, e eu lhe disse que ele era certinho e moralista demais, então me acusou de tirar dinheiro dele pra comprar drogas pra banda, o que era um absurdo. Leber criou uma confusão tão grande. Ou o navio afundaria ou deslizaria, mas eu não seria o motivo de seu naufrágio. Eu disse: 'Tá, você acha que sabe o que fazer. Não vou ficar sentado aqui e brigar com você. Minha vida continua e eu tenho contas pra pagar. Vejamos o que você pode fazer'". Com isso, Marty e sua esposa saíram do barzinho seguidos pelos Dolls.

Marty Thau representava a face humana da assessoria do The New York Dolls. A princípio ele ainda era um homem de negócios, mas também se importava com a banda no âmbito pessoal. Sylvain: "Não importava quanto Marty poderia ser mau, ele foi o único cara que segurou minha mão quando eu chorava sobre tudo".

Enquanto isso, Malcolm McLaren estava de volta à cidade a negócios. Naturalmente ele procurou os Dolls. Sylvain: "Nós saímos com ele algumas noites e ele não podia acreditar que a banda tinha tantos problemas e estava prestes a se separar". Ainda triste por causa da banda e mortificado por essa situação desagradável, Malcolm decidiu prolongar sua estadia em Manhattan.

10

Trailer Trash

O ano de 1974 desvanecia, assim como as esperanças do The New York Dolls de fazer um terceiro álbum. Depois da malandragem com Kastenetz e Katz, Sylvain, sempre o animador, tentou reunir a banda propondo que eles gravassem uma demo de "Teenage News". Algo bem mais radiante como perspectiva do que as dores de cabeça por frustração comuns dos Dolls, a demo pula em vez de esfolar os dois joelhos na calçada, tropeçando pelos riffs provocadores erráticos de Thunders, e a banda já tinha ensaiado e tocado a composição alegre de Syl. Jack Douglas, engenheiro de estúdio no álbum de estreia dos Dolls que ganhava notoriedade agora como um produtor, concordou em trabalhar com a banda na demo.

Eles reservaram um estúdio no Record Plant, mas, tirando David e Sylvain, o restante da banda não estava em forma para se dedicar a outra coisa senão manter seus hábitos individuais. Jerry Nolan, até então um defensor do profissionalismo, apareceu, mas ficou com fissura de heroína e saiu para comprar droga. Johnny nem conseguiu chegar à sessão. Arthur chegou tremendo por causa do DT e não conseguiu tocar. E nenhuma "Teenage News" foi uma notícia muito ruim para os Dolls, pelo menos no que diz respeito à Mercury Records.

Desanimado por causa do fracasso da demo no Record Plant, Sylvain deixou de tentar fazer todo mundo se beijar e fazer as pazes. Syl: "Pra mim chega. Não havia nada de errado com os Dolls que não pudesse ser consertado, mas todos defendiam seu ponto de vista. Johansen culpava Johnny, que dizia: 'Vai se foder, você tem um ego enorme', e Jerry ficava na retaguarda, mas incitando Johnny: 'Isso aí, fala tudo pra ele'".

Em 5 de outubro, os Dolls tocaram no Liberty Bell em Nova Jersey, e depois, pela última vez em sua carreira, eles seguiram para

Los Angeles, onde tiveram uma apresentação no Hollywood Palladium na sexta-feira, dia 11 de outubro. Anunciado como o Hollywood Street Revival & Dance, o show no Palladium também tinha Iggy Pop, Flo & Eddie e reuniu alguns remanescentes do rock'n'roll, incluindo Michael Des Barres, vocalista do Silverhead, que agora era noivo da srta. Pamela. O restante dos The GTOs prometeu dar uma palhinha, assim como os locais Rodney Bingenheimer e Kim Fowley. Até Sabel Starr saiu do esconderijo. As feridas e seu coração cicatrizaram. Sabel: "Johnny e eu mantivemos contato por três meses e eu ainda estava perdidamente apaixonada por ele".

As cicatrizes apareceram por baixo dos paetês no Hollywood Street Revival. Embora a noite fosse feita para evocar um pequeno romance decadente, ficou no meio do caminho entre o *glitter* e a sarjeta. Richard Cromelin, escrevendo para a *NME*, sentiu os tremores por baixo do chiffon: "Acabou sendo quase um velório, embora o comparecimento tenha sido melhor do que o esperado e não tenha tido muitos desastres no show (além de vários músicos ausentes no apertado corredor dos bastidores). Foi uma chance para declarar sobrevivência ou ser ridículo sob os holofotes mais uma vez ou ainda se agarrar firme, com uma tolice nobre, em um navio afundando. Foi uma reunião de cúpula de progenitores, lendas, aspirantes e sucessores". Cromelin reagiu ao evento como um repórter em uma reunião de reformatório, tomando notas e regalando seus leitores com petiscos em questões como o próximo casamento da srta. Pamela e um papel em uma novela a rumores de que Iggy Pop trabalharia com o ex-ás dos teclados dos Doors, Ray Manzarek. Mas, em se tratando do futuro dos Dolls, Cromelin remexeu nas cinzas e previu o pior: "O The New York Dolls tocou em LA três vezes antes e cada apresentação foi decepcionante, mas agressiva o bastante para fazer você pensar e esperar que eles acertem da próxima vez. Mas não vale a pena desperdiçar mais tempo. É realmente um lixo de banda, com um som ruim e sentimental, e agora uma imagem definitivamente cansativa que não pode mais sustentá-los. Mais do que qualquer outra banda no Trash Dance, os Dolls estão enganchados em um tempo que passa implacavelmente e sua única característica redentora é o modo perversamente fascinante como eles se agarram como suicidas a seu caminho para o esquecimento".

Quando os Dolls voltaram para Nova York, Sabel foi junto. Mais uma vez a srta. Starr e o sr. Thunders eram um só.

Era inverno em Manhattan e os Dolls ficaram lá fora no frio. A banda não conseguiu entregar nenhuma demo e Irwin Steinberg, o chefão da Mercury, exigiu reembolso por perdas e pelos empréstimos que eles fizeram. Paul Nelson: "Havia uma guerra bem constante rolando entre os Dolls e a Mercury e eu sabia disso porque fiquei preso no meio. O dinheiro estava no cerne da situação. Tive mais dó da banda do que sempre tive da gravadora, que não entendia de verdade. A confusão sempre pareceu ser sobre dinheiro e eu não queria me envolver nisso, porque não podia tomar nenhuma decisão; então não conheço os números ou os detalhes, mas suportei a força do furacão porque eu os tinha trazido para a Mercury. A gravadora nunca teve um grupo como esse antes e eles eram uma empresa que não queria nenhuma onda feita em qualquer nível". Não havia mais nada que Paul Nelson pudesse fazer pelos Dolls. Quando a crise piorou, ele deixou seu cargo na Mercury e voltou ao jornalismo, arrumando um emprego no *Village Voice*.

Embora a Mercury só tenha desistido dos Dolls no ano seguinte, eles retiraram todo o apoio até o fim de 1974. Donna L. Halper, diretora de A&R da Costa Leste da Mercury, em resposta a uma carta de Steven Morrissey questionando sobre o bem-estar de seus queridinhos Dolls, declarou o seguinte: "Como eu sei que gosta deles, com certeza não concorda com nosso raciocínio, mas a realidade é que nenhum dos seus dois discos vendeu muito bem. Não só isso, eles nos custavam enormes quantias de dinheiro por causa de sua tendência em destruir propriedade em hotéis. Acredito mesmo que a empresa tentou ser justa e paciente com os Dolls, mas, por mais talentosos que fossem, eles eram uma fonte constante de aborrecimento para nós".

Quando a Mercury se retirou, a Leber & Krebs também cortou o dinheiro, mas não seus laços contratuais com os Dolls, colocando a banda em uma posição insustentável. David Johansen: "Estávamos cansados desses caras e sei que eles sentiam o mesmo sobre nós. É engraçado porque ainda tenho afeto por eles, mas, naquela época, éramos nós contra eles. Olha, Marty Thau estava com problemas em seu casamento e recorreu a Leber e Krebs por dinheiro e ele não podia pagar de volta, então eles tomaram a banda. Como um membro da banda, isso te faz sentir como: 'Eu amarrei meu cavalo na sua carroça e agora você vai nos soltar e basicamente nos vender', o que não era muito humano".

Os Dolls angariaram um dinheiro para o Natal fazendo alguns shows pequenos, incluindo o Mr. D's em Nova Jersey em 2 de novembro. A seguir teve uma apresentação em Cleveland na véspera das festas. Não havia resoluções de Ano-Novo, lutar pela sobrevivência era o suficiente. Peter Jordan: "A Mercury saiu de cena entre o fim de 1974 e o início de 1975. Eles não fariam mais nada pela banda. Nesse ponto a Leber & Krebs disse: 'Dane-se. Não vamos pôr mais dinheiro também. Não vamos mais pagar por horas de ensaio ou equipamento, além de vocês nos deverem'. Por causa do contrato original dos Dolls, a Leber & Krebs acabou detendo os direitos de publicação da banda. Não só isso, eles detinham o nome da banda. Eles detinham tudo o que você podia ter, até os direitos autorais".

Para Johnny Thunders, que dava um comentário público apenas raramente desde que sentiu que os acontecimentos falavam por si, o tratamento dado aos Dolls por Leber e Krebs foi apenas a primeira de várias traições. Johnny: "Eu comecei os Dolls com empresários que não davam a mínima pra nós ou nossos interesses. Eles só estavam lá por dinheiro. Eles me mostraram como as pessoas podem ser frias e sórdidas, e eu não conseguia ver o que isso tinha a ver com rock'n'roll".

O único meio de salvação da banda estava agora nos braços improváveis do estilista radicado em Londres que se tornara seu maior fã. Ao testemunhar o The New York Dolls agonizando, Malcolm McLaren se interessou em oferecer respiração boca a boca e deixá-los de pé novamente. Porém, além de todos os seus problemas pessoais, financeiros e contratuais, os Dolls importunados se viam agora em um vazio cultural. McLaren: "Embora ainda houvesse potencial, eles estavam um pouco acabados. Acabados no sentido de já terem tido seu momento, mas ele não aconteceu. Eles estragaram. Seus empresários não queriam saber, ninguém queria saber, havia uma grande debandada. A indústria fonográfica não sabia em que direção ia o rock. Eles ainda tentavam vender todos esses grandes grupos que fizeram fortunas nos anos 1960. Creio que os Dolls entraram no rótulo de rock de garagem de aluguel baixo junto com Iggy Pop e o MC5, que não eram levados a sério. Eles não eram grupos rentáveis, eram de excessos, mas os Dolls puseram fogo e tinham seguidores".

Os Dolls empacaram entre uma rocha e um lugar duro. Eles eram vistos como a realeza das ruas por aqueles envolvidos na próspera cena punk de Nova York reunida ao redor do CBGBs no Bowery, mas por mais influentes que os Dolls fossem, não tinham uma função além de serem astros convidados na nova e austera ascensão artística. A fotógrafa Roberta Bayley, que conheceu Malcolm McLaren depois de trabalhar em sua loja enquanto ficava em Londres, era a *hostess* do CBGBs e entendia o dilema dos Dolls: "Eles eram os superastros da cena do centro, mas não faziam parte da coisa nova. Eles eram muito inovadores e inspiraram muitos daqueles grupos. Para muitos deles, o objetivo era ser tão grande quanto os Dolls. Parecia que eles eram realmente grandes e naquele pequeno cenário eram mesmo famosos e adulados. Musicalmente, baseavam-se mais em R&B e rock do que os punks, mas em Nova York o punk não era uma coisa só, tinha espaço para Blondie e Talking Heads".

No início da carreira do Blondie, Johnny Thunders e Eliot Kidd se reuniam com eles no pequeno palco no CBGBs, aquecendo a plateia durante seus primeiros números. Sabel Starr ficou amiga íntima de Debbie Harry e conheceu outros da cena punk. Sabel: "Johnny e eu tivemos um período de lua de mel quando ele era muito gentil comigo. Durante essa época, víamos muito Deborah Harry, e os Ramones também começaram a aparecer. Debbie era ótima, ela tingia meu cabelo e eu, o dela. Então as surras recomeçaram quando os Dolls se separaram".

Dessa vez, Sabel deixou Johnny de vez. "Ainda o amava, mas ele pirava cada vez mais. Era totalmente imprevisível. Acordei um dia e pensei: 'Gosto de mim, estou cansada de apanhar. Isso não é vida'. Era tão jovem e ingênua... é uma forma dura de crescer, sabe?". Mesmo com o fracasso do relacionamento de Sabel e Johnny, a srta. Starr foi idealizada por alguns como a namorada roqueira contemporânea suprema. Uma garota da Filadélfia chamada Nancy Spungen tentou imitar o estilo de Sabel descolorindo seu cabelo igual e usando-o com cachos soltos.

Em janeiro de 1975, enquanto Malcolm trabalhava em um pacote para a ressurreição dos Dolls, a banda continuava a fazer apresentações casuais. O Coventry no Queens e o My Father's Place em Nova Jersey os mantiveram funcionando financeiramente, assim como a descoberta de que eles poderiam reivindicar seguro-desemprego. Os garotos mais rápidos do quarteirão foram reduzidos a ficar na fila esperando pela Previdência. McLaren colocou o pouco dinheiro que tinha em um loft na Rua 23 onde a banda poderia trabalhar em novas músicas e guardar seu equipamento. Os Dolls dividiam seu recém-encontrado espaço para ensaio com a banda de Eliot Kidd, The Demons, enquanto Frenchy usava o loft como residência.

Embora Malcolm McLaren fosse chamado de empresário dos Dolls durante seus últimos dias, seria mais próximo da verdade sugerir que ele era seu colaborador disposto. Sylvain: "Nunca tivemos nenhum papel com Malcolm, nenhuma assinatura, nada, mas ele sempre afirmou ser nosso empresário. Basicamente ele era nosso amigo e começou a tomar conta de um pouco de nossos negócios". Os Dolls tinham poucas opções. Ninguém da instituição do mercado musical consumidor de charutos os tocaria ou chegaria a 45 metros deles, mas McLaren era otimista e se importava. Ele também forneceu um novo guarda-roupa. David Johansen: "Sei que ele diz que era nosso empresário, mas ele não era na verdade. Ele era nosso alfaiate".

No que diz respeito a Sylvain, essa era uma chance de colocar os Dolls na ativa. Ele podia sentir a energia saindo da cena punk e queria que os Dolls a acompanhassem. Mesmo vindo de uma perspectiva diferente das bandas do CBGBs, eles tinham a mesma idade. Syl: "Todas essas bandas começavam a tomar forma, como Television, The Ramones e Patti Smith. Acontecia uma mudança, mas ainda fazíamos a mesma coisa. Nós excursionamos com o material do segundo álbum, algumas músicas de 1971... estávamos em 1975 agora. Eu dizia a Johnny: 'Vamos acordar, vamos!'. Ele dizia sonolento: 'Ah, caralho, o David'. 'Esquece o David. Se arruma. Vamos, nunca ficamos assim'. Só ficou pior, todos os seus casos de amor deram errado, Sabel se foi, ele paquerava, corria de uma pra outra. Quanto a Arthur, digo, eu amo Arthur e odeio dizer qualquer coisa sobre ele, mas sua vida era realmente uma merda. Ele bebia, bebia e bebia. Então bebia mais".

De todos os parcos compromissos dos Dolls, um pedido de uma emissora de TV canadense para filmar a banda sentada em latas de lixo tocando "Trash" foi o mais comovente: Mandachuva e os gatinhos vestindo modelos em vinil vermelho de McLaren, cantando em troca de comida. O minifilme 3-D que eles fizeram, assim como muito do legado dos Dolls, desapareceu em um redemoinho de arquivos e ninguém conseguia localizá-lo. Bob Gruen: "Foi uma das últimas coisas que eles fizeram juntos como uma banda em Nova York e Arthur estava amarrotado em um canto com esse casaco de cinco dólares, como um mendigo sem-teto usaria. Ele parecia um mendigo, tinha vômito em seu casaco, e ele ficou enrolado em posição fetal e Johnny dizia a ele: 'Arthur, você tá caído feito um mendigo'. Uma coisa sobre Malcolm, ele realmente gostava dos Dolls, queria mesmo trabalhar com eles, mas na última vez que os vira eles eram populares em Londres e Paris, tudo era fabuloso e agora eles estavam arruinados. Ele não os empresariava, apenas supervisionava seu fim para que eles usassem suas roupas algumas vezes. O que ele fez na verdade, por isso merece crédito, foi salvar suas vidas e lhes dar uma chance de continuar e viver".

Depois de acertar o seguro-saúde de Arthur, McLaren acompanhou um trêmulo Killer Kane ao Smithers, uma excelente clínica de reabilitação de álcool. Durante a estadia do baixista, Malcolm o visitou todo dia e encorajou o restante da banda a fazer o mesmo. McLaren:

"Foi espantoso. Eu era tão ingênuo. Não sabia o que fazer. Sim, eu poderia vesti-los e ajudá-los, mas como lido com Arthur e seus problemas? Como lido com Johnny e seu problema com as drogas? Como lido com David, que não era o astro que deveria ser e estava puto por isso. Com quem ele estava puto? O restante da banda, claro. Eu pensava: 'O que vou fazer com essa multidão?'. Então eu entrei na sala de ensaio como um professor com uma vara e disse: 'Certo, acho que precisamos de uma reavaliação completa de toda a banda. Vocês precisam mudar tudo. Não só seus hábitos, como também as músicas e seu visual. Vamos combinar, vocês estão meio fora de moda'".

Como o professor Higgins em *My Fair Lady*, McLaren começou a reabilitar os Dolls. Mas, embora Johnny Thunders tivesse lindos olhos inocentes, ele não tinha nada de Audrey Hepburn e Jerry Nolan era de outro filme, *Sementes da Violência*, no qual o professor é expulso. Jerry Nolan: "Malcolm foi apenas um parasita. Ele nos observava e o que íamos fazer e era esperto o suficiente para saber o que a banda tinha, o que vendia, que tipo de potencial tínhamos, e ele usava tudo o que aprendeu conosco pra montar seu próprio grupo". McLaren tinha o coração no lugar certo, mas também tinha sua mente engrenada e Nolan sentia isso. Nem precisa dizer que Jerry e Johnny resistiram a qualquer tentativa de McLaren de intervir em seus hábitos pessoais, embora eles tenham ido ao médico.

Apesar de todas as adversidades, os Dolls ensaiaram duro e trabalharam em material suficiente para voltar à estrada com um material novinho. A maioria das músicas, como "Funky But Chic", "Girls", "It's On Fire" e "Red Patent Leather", era colaboração de Johansen/Sylvain, mas David e Johnny conseguiram apresentar uma musiquinha desprezível chamada "Down Town". No desespero houve democracia, e proezas solo como "Pirate Love" de Johnny e "Teenage News" e "The Kids Are Back" de Syl foram incluídas na lista de músicas. "Daddy Rollin' Stone" de Otis Blackwell também foi adotada como a última escolha de *cover* dos Dolls. Se a Mercury Records não tivesse se precipitado tanto em retirar sua oferta de um terceiro álbum, a banda, com o cuidado certo e atenção, teria sobrevivido.

David e Sylvain já tinham composto "Red Patent Leather" quando Malcolm decidiu vestir os Dolls como a divisão de michês da Guarda Chinesa. A inspiração de McLaren não veio assim do nada, veio do vermelho. Johansen: "Como 'Red Patent Leather' era uma boa música, pensamos em usá-la como nosso teatrinho, sabe, 'Red, you're the judge/Red, you're the jury' ['Camarada, você é o juiz/Camarada, você é o júri']. Tínhamos isso e pensamos: 'Ei, vamos nos vestir de couro vermelho'. Não foi ideia do Malcolm, foi nossa".

Malcolm McLaren então mandou para Vivienne Westwood em Londres alguns croquis junto com as medidas dos Dolls. Embora o novo guarda-roupa da banda fosse todo feito no mesmo tom ardente de vermelho, cada roupa era única, até os sapatos vermelhos. Em vez de apenas usar couro, Westwood incorporou vinil e borracha na coleção, tirando inspiração das cenas gay e S&M. Zíperes foram costurados em blusas de vinil coladas e acessórios como colares de corrente com garrafinhas de nitrato de amilo completavam o visual. Talvez, se Malcolm parasse por aí e não politizasse o tema do vermelho, os Dolls fossem poupados, mas a banda era especialista em destruir pontes. Peter Jordan: "Você já assistiu *Papai é Nudista*, com Peter Sellers? Malcolm era um tipo de remanescente trabalhista. Tinha uma coisa meio Partido Trabalhista, meio poder para o povo nele, mas você não poderia conhecer um filho da puta mais capitalista em sua vida. Mesmo assim, ele amava a ideia do Comunismo. Ele gostava dos pôsteres e do realismo gráfico do movimento socialista. Ele gostava da superfície do Comunismo, mas Deus me livre se você tentasse tirar uma grana dele".

A próxima etapa do plano era colocar os Dolls na estrada de novo. Eles se relançariam em Nova York antes de seguir a trilha da volta. Malcolm tomou a situação nas mãos quando assegurou para a banda quatro datas entre 28 de fevereiro e 2 de março no Little Hippodrome. Situado na Rua 56 Leste, o teatro tinha capacidade para 2 mil pessoas e estava mais acostumado a shows de drag queens e de comédia do que a grupos de rock, embora o The New York Dolls combinasse todos os três elementos. O Little Hippodrome estava fora do circuito habitual de locais dos Dolls, mas McLaren estava satisfeito com isso, mesmo que tenha sido meio desconcertante para seus antigos fãs. Malcolm: "Eu encontrei um cara que parecia um jovem hippie de Harvard, nada a ver com a cena de drogas do centro. Ele era um garoto da classe média americana completamente gentil que achava que seria muito legal fazer algo criativo no rock e tinha um clube grande legal no bairro da classe alta. Não queria os Dolls tocando no CBGBs, não parecia muito comercial e não estava a fim de falar com as pessoas que o administravam. Eles pareciam meio brutos".

Enquanto isso, Sylvain começou a organizar o restante da campanha dos Dolls. Ele levou para McLaren um mapa dos Estados Unidos e contatou seu primo Roger. Sylvain: "Tinha um primo meu, Roger Mansoeur, que era do The Vagrants, e ele marcou pra nós uma turnê na

Flórida, de Tampa a Miami. Ao longo da costa. A Flórida é outra coisa, é um lugar enorme. Primeiro nós abrimos com o Little Hippodrome, depois fomos à Flórida, ficamos bons com as músicas novas, tocamos em todos os clubes e ficamos bem afiados pra não estragarmos mais nada quando voltássemos a Nova York".

Depois de ouvir falar da atividade renovada na trupe dos Dolls, Leber e Krebs se interessaram de novo pela banda e chamaram McLaren para seu escritório, aparentemente para discutir detalhes contratuais, mas também para aproveitar a oportunidade e avisar que os ex-empresários dos Dolls ainda detinham a propriedade completa. Sem recuar, Malcolm ficou ocupado finalizando o renascimento do The New York Dolls e emitiu um comunicado à imprensa: QUAL É A POLÍTICA DO ABORRECIMENTO? MELHOR NO VERMELHO DO QUE MORTOS. Embaixo estava escrito: "Ao contrário das mentiras malévolas dos escritórios de Leber, Krebs e Thau, nossos ex-empresários 'fanfarrões', o The New York Dolls não se desfez, e depois de completar o primeiro filme em 3-D vermelho do rock chamado *Trash*, assumiu, de fato, o papel de 'Sistema Coletivo de Informações do Povo' em associação direta com a Guarda Vermelha. Essa encarnação chamada 'Red Patent Leather' [Couro Vermelho Envernizado] começará na sexta-feira, 28 de fevereiro, às 22h, continuando no sábado, às 21h e às 23h, seguidos de uma matinê no domingo, às 17h, para nossos amigos escolares do Little Hippodrome. Esse show está em coordenação com a 'aliança cordial' muito especial dos Dolls com a República Popular da China. New York Dolls, produzidos pela Sex Originals of London, aos cuidados de Malcolm McLaren".

Malcolm levou a imagem do Partido Comunista além ao insistir que todas as mesas no Little Hippodrome fossem cobertas de tecido vermelho e sugerir que todos os drinques vendidos enquanto os Dolls tocassem recebessem uma dose de corante vermelho. O maior gesto teatral, além da banda, foi uma enorme bandeira vermelha com a foice e o martelo que ficaria pendurada como cortina de fundo atrás do grupo. Não havia uma empatia real entre McLaren e Johansen até o conceito da bandeira. Sylvain: "Johansen e McLaren nunca se deram bem até terem a ideia da criação da bandeira. Os dois tinham inclinações políticas". Cyrinda Foxe pegou seu kit de costura: "Eu costurei aquela bandeira no apartamento na Rua 17 Leste. Quis fazer isso porque ela parecia tão estranha e eu não tinha nada pra fazer, mas, cara, foi um pesadelo. Eu achei as roupas ótimas, mas um pouco berrantes demais, e não achei que a bandeira comunista fosse uma boa coisa pra pôr atrás deles; eles poderiam ter feito algum tipo de símbolo chinês em vez disso, mas sempre pegavam o caminho mais destrutivo. Este país não estava pronto pra declaração que eles faziam".

Assim como a capa do álbum de estreia dos Dolls foi julgada pelo valor nominal, sem humor ou percepção, o Partido Vermelho também foi, e a banda de novo se alinhou para enfrentar o pelotão de fuzilamento moral. Como Paul Nelson comentou depois em um artigo no *Village Voice*: "De certa forma, muitas pessoas não conseguiram reconhecer de novo o senso de humor niilista e inútil dos Dolls...".

Para abrir os shows no Little Hippodrome, chamaram Pure Hell, uma banda punk negra, e o inovador Television. A pedido dos Dolls, Wayne County concordou em ser o DJ convidado. Wayne: "Sua verdadeira decadência foi com Malcolm McLaren. Ele fez deles horríveis caricaturas, vestidos de couro vermelho. Quando eles estrearam o visual comunista, eu discotecava. Sempre que eu tocava algo como 'Psychotic Reaction' (do Count Five) ou 'Liar Liar' (do The Castaways), o público gritava 'Eba!'. Eu colocava The Seeds e gritavam animados 'Eba', então David chega pra mim com um álbum dos Trabalhadores Comunistas e me pede pra tocar antes do show. Não sabia que eles fariam algo assim e não queria tocar, as pessoas achariam que era eu, mas eu tinha de colocar. 'Power to the workers, power to the people. The workers will not bow to the capitalists...' ['Poder para os trabalhadores, poder para o povo. Os trabalhadores não se curvarão diante dos capitalistas...']. O público todo gritou 'Ecaaa' e eu fiquei sentado lá fazendo sinais explicando que eles me obrigavam a fazer isso. Então as cortinas se abriram. Todos queriam adorá-los porque eram os Dolls, mas não havia animação. Todos achavam aquilo estúpido, não real".

Peter Jordan de novo substituiu Arthur, que teve uma recaída. Usando uma roupa feita para Kane, Jordan suava em calças de borracha três vezes maiores do que seu tamanho. Arthur só tocou no último show do Little Hippodrome e Jerry Nolan desabou depois do segundo show. Enquanto Nolan era levado para a reabilitação, Spider, baterista do Pure Hell, fez as honras. David Johansen agarrava uma cópia do guia maoísta como uma Bíblia e se perguntava quem seria o próximo a cair. Na presença da adversidade, o único rosto que conhecia na verdade, os Dolls tocavam sempre com a mesma determinação. Infelizmente, a banda não soava totalmente à vontade com os novos números, assim como o público, que se animou só quando os Dolls tocaram as faixas favoritas. Até sua escolha de *covers*, "Daddy Rollin' Stone", com seu tratamento de chamado e resposta, e "Something Else", de Eddie Cochran, não estava completamente integrada. Sylvain tocou o hino de Clarence "Frogman"

Henry sobre os exilados, "Ain't Got No Home", com grande estusiasmo, e o tratado de Johnny sobre as necessidades do sexo oposto, "Pirate Love", foi um monte de energia crua, mas os shows não conseguiram levar o público a lugar nenhum perto do clímax do antigo. Como aconteceu com suas roupas novas, os Dolls não se acostumaram com o material. Paul Nelson: "Foi um desastre. Todos esperavam que eles tocassem algo que conhecessem. As músicas não eram tão boas e eles só tocaram uma das antigas. Eu vi só um dos shows. Foi muito estranho, você não sabia se era pra ser engraçado ou não. Eles tocaram só seis ou sete músicas, foi um show bem curto".

As duas adolescentes que apoiaram calorosamente os Dolls desde o Mercer Arts Center e trabalharam duro fundando um fã-clube para a banda em NY, administrado independentemente da Mercury Records, saíram do Little Hippodrome de cabeça baixa. Se McLaren arranjou a revolta vermelha dos Dolls na Europa, as sensibilidades do público não deveriam ficar tão perturbadas, mas 56.555 soldados americanos morreram no Vietnã tentando impedir a dominação comunista. Era um ponto doloroso demais para a maioria compreender a ironia intencional do figurino dos Dolls. Lisa Robinson, uma jornalista que defendeu ferozmente a banda, deu um conselho a eles. Sylvain: "Ela disse que na América você pode ser gay, pode ser um viciado; mas, de todos os tabus, você não pode ser comunista. O erro de Malcolm foi pendurar a bandeira. Ainda podíamos ter as roupas e as músicas, porém, se ele realmente tivesse talento pra empresário, teria visto o que aconteceria. Foi algo camicase. Nós passamos do limite muitas vezes".

Os Dolls tinham acabado de sobreviver ao rótulo de travestis e havia as contusões para provar. Se eles fossem seguir a viagem comunista sob o regime de Malcolm, Vivienne teria de produzir coletes à prova de balas combinando. Bob Gruen: "Malcolm gostava do jeito que os Dolls agitavam as coisas com sua arrogância gay, mas a forma de atacar mesmo a América é fingir que vocês são comunistas e depois ver o que acontece. Tentar incitar a raiva comunista era perigoso porque as pessoas que não gostavam dos comunistas não gostavam de mais ninguém e ficavam violentas com isso. Na Inglaterra, quando alguém fica violento, eles te dão um soco na cara. Aqui é bem mais perigoso, você pode levar um tiro".

O The New York Dolls se tornou assim o protótipo de Malcolm McLaren para testar a reação do público. Depois ele passou a considerá-los mercadoria defeituosa, estragados demais para se trabalhar, mas eles teriam sido dizimados se continuassem com o tema comunista nos Estados Unidos. McLaren não conseguiu estimar direito as atitudes americanas. Quando ele lançou seu próximo grupo, os Sex Pistols, sob a bandeira do anarquismo, estava em um terreno razoavelmente seguro com os ingleses de sangue-frio. Não houve uma guerra terrível em nome da anarquia.

Nos bastidores da noite de abertura no Little Hippodrome, o pelo falso dos boás vermelhos dos Dolls começou a voar. Malcolm McLaren: "Lisa Robinson ficou bem chateada. Eu ouvi uma conversa dela com Lenny Kaye, que era da banda de Patti Smith. Ela dizia: 'O que acontece com esse grupo é nojento. Seu empresário é um comunista, ele vai mudar tudo'. Enquanto isso, algum cara perguntou pro Johnny Thunders: 'Bom, então você é comunista?', e Johnny respondeu: 'Sim, você tem algum problema com isso?'. O que me mostrou a diferença entre Johnny e David foi que Johansen fugiu e se escondeu no banheiro antes de correr até Lisa Robinson, dizendo: 'Você não entende, foi só uma grande diversão'. Ele despejou água no vinho até você não conseguir sentir mais o gosto. O que ele disse era imperdoável de onde venho, mas não sou americano. De repente eu vi as diferenças entre o povo americano e o inglês. Na Inglaterra as pessoas veem o comunismo como uma ideologia, na América eles morrem de medo".

No início de março, os Dolls içaram suas velas vermelhas ao pôr do sol e rumaram para a Flórida. Por falta de capital, Peter Jordan foi demitido e ficou em Nova York, mas após apenas 24 horas na estrada Kane ficou incapacitado de novo e Jordan foi chamado para substituí-lo. Depois de uma semana de shows em Tampa, usando as mesmas roupas vermelhas de vinil com borracha noite após noite, eles seguiram para Hollywood, perto de West Palm Beach, para uma apresentação em um clube chamado The Flying Machine. Com uma entrada construída a partir de um avião de bombardeio B52, o show foi um pequeno alívio graças a um grupo de projetos de Sharon Stone. Sylvain: "Era um clube grande, com um lugar para sentar com assentos na frente e uma pista de dança atrás. A fileira da frente estava repleta de todas essas garotinhas de minissaia e, quando começamos a tocar, todas levantaram a saia. Nós olhamos pra elas e elas não usavam nada por baixo. Frenchy, claro, começou a apitar: 'Tá bom, você, você e você, já pros bastidores'. Essas garotas sabiam como fazer uma festa. Era sempre divertido conosco, nunca insultante".

Mantendo a nova imagem política, os Dolls passaram a usar peças de roupas do exército durante o dia. Dava para ter uma insolação usando roupas coladas de vinil no clima úmido da Flórida. Para

McLaren, a turnê foi uma aventura grande demais. Para a banda, principalmente Johnny e Jerry, matar mosquitos e tocar em espeluncas não era divertido. Porém, houve momentos rumo às apresentações quando, unidos contra as ameaças dos locais, Malcolm sentiu que seu pequeno pelotão daria certo. McLaren: "Nós viajávamos de carro e eles eram bem caipiras lá no sul. Era a terra da KKK, e quando chegávamos a uma cidade, éramos parados por um grupo de caras que ameaçavam chamar o xerife se não saíssemos do carro. Obviamente que você não queria sair do carro, você só pisava fundo no acelerador e saía correndo da cidade o mais rápido possível direto pra autoestrada sem parar. Essas pessoas eram malucas. Você não sabia o que ia acontecer. Podia levar uma surra ou acabar a três metros de profundidade em um brejo, e era naquela época, só nela, em que você se sentia parte de uma gangue, porque, se um de nós se rendesse, todos nos renderíamos, então vocês ficavam juntos".

O quartel-general era o pátio de trailers da mãe de Nolan em Crystal Springs, fora de Tampa. Peter Jordan: "Quando digo um pátio de trailers, você ficaria sobrecarregado ao visualizar isso na Inglaterra, mas era definitivamente do filme *noir* de fantasia mais selvagem. A mãe e o padrasto de Jerry viviam em uma casa de madeira e eles têm um estacionamento de trailers com uns oito desses trailers pequenos que parecem gafanhotos sem pernas espalhados em um pátio, e era isso". Jordan, que dividia um com Arthur, foi resgatado por uma hospitaleira garota local. "Depois de ficar lá alguns dias, não aguentava mais. Tinha conhecido uma garota. Queria ficar em uma casa com ar-condicionado. Não queria dormir perto do Arthur – ele era um alcoolista em recuperação – em um trailer sem ar-condicionado e ter de jantar na casa da mãe do Jerry Nolan. Quis ficar com essa garota em sua casa com ar-condicionado, fumar maconha e encontrá-los depois no clube, quando tínhamos um show".

Ao contrário de Jordan, os Dolls não tinham outra opção, a não ser aguentar firme nos trailers quebrados, ouvindo os sons da vida selvagem subtropical à meia-noite na selva descuidada no lado de fora de suas portas. Sylvain: "A mãe de Jerry tinha acabado de casar com esse marido ianque bem caipira e violento, sabe: 'Ocêis do New York Dolls, por que ocêis tão usando maquiagem, seus bichas?', e ele tem um motel feito de trailers onde os Dolls ficam, sem heroína e precisando de bebida e não se davam bem em um clima de 40 graus. Era horrível e nós tocávamos nesses clubinhos de merda. É como no *The Blues Brothers* quando eles iam e tocavam na frente de velhos caipiras com tela de arame de galinheiro no palco, essas eram as bostas de lugares em que tocávamos. Malcolm também não suportava, mas ficava: 'Vamos, meninos, vamos, porrr favor', como um professorzinho inglês".

Thunders e Nolan conseguiram adiar a crise de abstinência, principalmente pelos esforços de um jovem fã chamado Jim Marshall, que comprava drogas para eles. O tráfico deu errado quando o amigo e conexão de Marshall foi preso. Como se o cenário já não fosse ruim o suficiente, Johnny e Jerry começaram a ter fissura. Nem toda a comida caseira da mãe de Nolan fornecida para a banda, da grande tigela de milho ao frango frito e purê de batatas com molho, parava com as cólicas e fungadas de seus meninos. David Johansen: "Ela era uma verdadeira mulher irlandesa tradicional adorável, como a mãe de Jimmy Cagney em *Inimigo Público*. 'Não existe isso de garoto mau'".

A infame última refeição do The New York Dolls aconteceu ao redor da mesa da mãe de Nolan. Sylvain: "Estávamos sentados comendo, graças à mãe de Jerry. Não conseguíamos comprar nada porque ganhávamos só cem dólares por apresentação e Johnny e Jerry estavam bem mal. Aqueles pobres, eles estavam doentes e ficavam cada vez pior porque não tinham nada e eu também estava meio impaciente, quando Johansen surta. Na frente da mãe do Jerry, ele começa com: 'Tô de saco cheio disso, todo mundo pode ser trocado, tô de saco cheio de tentar'. Ele começa a agredi-los e era a última agressão verbal que eles suportariam". Enquanto Johansen continuava a morder seu frango, Nolan afastou sua cadeira. Jerry: "Levantei e disse: 'Tô fora'. Então Johnny levantou e disse: 'Se Jerry sair, eu também saio'". Nolan e Thunders voltaram na hora para o inferno de lata de seu trailer para pensar em seu próximo passo.

Não importava quanto o restante da banda ficasse mexido, David Jo era sempre duro. "Eles estavam com fissura, mas tínhamos essas apresentações que queríamos fazer. Não eram grandes, mas era pra ganhar a vida, e eles diziam: 'Não queremos fazer essas apresentações, queremos voltar pra Nova York e ensaiar'. Eu perguntava: 'Ensaiar o quê? Nós tocamos todos os dias'. Chegou a um ponto, se vocês vão se separar, então foda-se, sabe. Era o fim da linha. Se fôssemos um grande sucesso e ganhássemos rios de dinheiro, as coisas ficariam bem, mas estávamos sozinhos naquele ponto".

David já sabia que não ficaria perdido. Ser um Dolls virou uma dor de cabeça permanente. Por que se importar se bastasse uma ligação para conseguir uma apresentação novinha? David Krebs deixou claro que, se Johansen quisesse seguir carreira solo, cuidariam dele, enquanto Steve Paul, empresário do guitarrista Rick Derringer, era um bom companheiro.

Para Arthur, que observava tudo com olhos vidrados e tristes, a saída repentina de Nolan e Thunders ainda veio como um golpe. Kane: "Fiquei chocado quando Johnny e Jerry abandonaram, mas, pra falar a verdade, se eu estivesse mais interessado em heroína, iria com eles. Johnny e Jerry tinham essa panelinha junto com Richard Hell, baixista do Television, que sempre contava pra eles como o uso de heroína era maravilhoso e influente: 'Vocês podem até passar um tempo no apartamento de Edgar Allen Poe com heroína'".

Enquanto a mãe de Jerry tirava a mesa, seu filho ligava para o aeroporto para marcar dois voos de volta para Nova York. Jerry e Johnny fizeram suas malas e as jogaram na traseira da perua alugada pela banda. Sylvain pisou fundo no acelerador e Malcolm os acompanhou ao aeroporto. McLaren: "Foi tudo um pouco triste. Só o nobre Sylvain ainda queria seguir em frente e o querido Arthur, que estava no inferno".

Era tarde da noite quando eles chegaram ao aeroporto. Abrindo passagem em meio a turistas apressados, Sylvain e Malcolm levaram Johnny e Jerry até o balcão de check-in. Foi uma partida quieta com pouco a se comentar. Sylvain: "Eu enfim disse: 'E o The New York Dolls?', e Jerry se virou e disse: 'Foda-se o The New York Dolls', mas ele não quis dizer: 'Fodam-se vocês'... isso foi mal interpretado, o que ele quis dizer foi: 'Olha o que nos afastou da banda. A voz de David na mesa de jantar... Ei, cara, não preciso de vocês. Posso seguir sozinho'". O que Jerry quis dizer era que todas essas coisas levaram à saída dele e de Johnny, que não disse uma palavra. Tudo tem sempre seu lado bom e ruim. Nesse momento específico, não tinha nada de bom. O que foi bom ficou pra trás nas memórias das pessoas. Não tinha como pensar melhor na situação e se reunir de novo em três semanas, porque agora Johansen tinha a chance de sair por aí e conseguir a banda que sempre quis".

Consequências–Dolls Dilacerados

Quando Johnny Thunders e Jerry Nolan voltaram para Nova York, deixando o restante dos Dolls na Flórida, carregaram consigo a vaga esperança de uma reconciliação. Jamais aconteceria. Os Dolls restantes fizeram as últimas três apresentações em seu roteiro pela Flórida contratando o guitarrista local Blackie Goozeman e um baterista para cumprir com os compromissos. Goozeman, que depois mudou seu sobrenome para Lawless e encontrou a infâmia do heavy metal com o Wasp, tirou vantagem de suas únicas três noites com os Dolls dilacerados. "Por conhecer os membros da banda, encarei a situação brincando, 20 aninhos, novinho. Completamente inexperiente, mas não demorou muito. Batismo de fogo. Quando eu entrei no The New York Dolls, a banda estava mal. Eles lutavam pela existência. Estava praticamente acabada quando eu entrei. Eu só completei uma formalidade", contou à revista *Sounds* em junho de 1983.

Quando as apresentações terminaram, os Dolls remanescentes se espalharam. Arthur Kane recebeu os amplificadores da banda como pagamento final. Incapaz de encarar um retorno a Nova York, ele se juntou com Goozeman e eles formaram o Killer Kane. Arthur: "Não quis voltar para Nova York depois do fracasso dos Dolls. É engraçado como as coisas mudam, você pode estar no topo do mundo e 30 segundos depois outra pessoa é a próxima grande coisa e você é varrido do mapa. A música disco também cresceu, o que piorava as coisas. Fiquei em LA por um ano e tive um grupo chamado Killer Kane, então voltei pra Nova York".

Peter Jordan trocou sua passagem por dinheiro e passou mais duas semanas na Flórida antes de pegar carona para casa. De volta à cidade, arrumou um emprego fazendo som para Wayne County. Depois de uma das apresentações de County no Little Hippodrome, Jordan quase morreu esfaqueado enquanto tentava proteger sua esposa durante um assalto brutal.

David Johansen voltou na hora para Nova York. Estava incerto quanto ao futuro, mas sabia que ele não incluiria Johnny Thunders ou Jerry Nolan. Cyrinda Foxe: "David voltou de repente. Ele bebia o tempo todo e reclamava que todo mundo queria pegá-lo. Os Dolls foram uma família pra mim, era muito bom, mas David não queria mais ficar nos Dolls. Ele não faria as pazes com Johnny e Jerry. Syl e Steve Leber queriam que eles voltassem, mas David não quis".

Sylvain e Malcolm McLaren dirigiram até Nova Orleans na perua alugada pela banda. McLaren: "Foi maravilhoso. Vimos todos esses velhos roqueiros cantando em bares, como Clarence 'Frogman' Henry e The Coasters. Me diverti muito, mas peguei uma doença venérea terrível. Essas garotas só pegavam seu braço e fodiam com seu cérebro em Nova Orleans. Foi a primeira vez que eu peguei um troço desses, senti-me horrível e envergonhado, mas nem liguei, pois tudo fazia parte da viagem e do estilo de vida roqueiro e eu estava muito feliz de viajar por todo o caminho de volta pra Nova York com Sylvain".

Durante suas férias forçadas, McLaren assegurou a Sylvain que, se os Dolls não pudessem ser remendados, ele tinha algo esperando em Londres. Sylvain: "Enquanto rodávamos por Nova Orleans, ele me disse pra não me preocupar com as coisas. Contou que conhecia esses garotos frequentadores de sua loja e que eu poderia formar uma banda com eles, ensiná-los. Não partindo dos Dolls, mas começando algo novo. Fiquei interessado a ponto de lhe dar minha guitarra Les Paul e meu piano elétrico e depois ele me enviaria uma passagem pra Londres. Eu até fiz uma nota fiscal falsa pra ele não ser preso pela alfândega".

Quando Johnny e Jerry chegaram de volta a Manhattan, os sinos tocavam pelos Dolls. A separação da banda afetou poucos: apenas os fãs ficaram de luto. Até os membros da banda não sabiam o que tinham perdido. Em uma comovente elegia ao grupo que apareceu no *Village Voice*, escrita por Paul Nelson só algumas semanas depois de seu fim, seu valente protetor comentou: "Os Dolls se separaram nas últimas semanas de abril, iludidos para sempre pelas delícias lendárias. Verdade seja dita, a notícia de sua morte mal produziu um sussurro pela nação que eles tentaram conquistar. Seu fim era considerado inevitável. Os sonhos dos pivetes do rock se apagaram como uma luz de neon verde na marquise de alguém e ninguém percebeu nenhuma falta de iluminação".

Como se precisasse, Sylvain recebeu um lembrete nada sutil da separação quando deixou Malcolm em seu apartamento na Rua 20. Sylvain: "Lembro disso como se fosse ontem. Tinha esse garoto estúpido chamado Elwood, ele era o último cara que queria trabalhar pros Dolls, Malcolm o achou e ele dirigia pra nós. Elwood era o garoto que tinha a tatuagem de uma garota no braço dizendo 'New York Dolls – Rock'n'Roll'. Ele alugou um quarto do outro lado da rua de onde Malcolm ficava. Eu entregava a mala pro Malcolm quando Elwood aparece na janela e grita para nós: 'Vocês se separaram, seus cuzões!'".

A primeira banda a surgir das cinzas dos Dolls foi The Heartbreakers. Formada por Thunders e Nolan, a banda era uma combinação malvada e melancólica que via o aspecto negativo da vida. A celebração aberta dos Dolls agora se traduzia em golpes indiretos. A primeira foto de divulgação da banda tirada por Roberta Bayley mostrava os integrantes com feridas sangrentas ao redor de seus corações com a legenda "Pegue-os enquanto ainda vivem". O namorado de Bayley, Richard Hell, juntou-se ao The Heartbreakers no baixo depois de largar o Television. Por ironia, Hell também foi chamado por David Johansen, que tentava montar uma nova formação dos Dolls. Roberta Bayley: "Richard tinha acabado de sair do Television e estava à toa quando David lhe perguntou se queria entrar pros Dolls. Fomos a esse clube chamado Ashleys pra tomar um drinque com ele, mas então Johnny e Jerry também chamaram Richard. Ele não quis entrar pra outra banda na qual seria apenas um coadjuvante sem poder de decisão nenhum, que acabou sendo o conflito no The Heartbreakers afinal".

O The New York Dolls ficou no epicentro da visão de McLaren que seria projetada nos Sex Pistols. Outra fonte importante de inspiração que Malcolm levaria de volta para Londres com ele foi um visual de rua bagunçado, como exemplificado por Richard Hell, um estilo criado a partir de uma pobreza teimosa e poética. Até a atitude de niilismo juvenil, que Hell resumiu na música "Blank Generation", inspirou a música inferior "Pretty Vacant", dos Pistols. Sylvain: "Quando voltamos pra Nova York, Malcolm se apaixonou pelo movimento punk. Ele o estudou. Conheceu pessoas oferecendo coisas a elas. Ele deu pro Richard Hell um lindo terno de duas peças *teddy boy* azul, mas, pra ser sincero, não acho que ele o usou alguma vez. Não porque não fosse bonito, mas Richard gostava de suas camisetinhas rasgadas, e Malcolm levou essa ideia pra Londres com ele. Em Londres você poderia realmente fazer algo com isso, mas aqui não ia mais longe do que Nova York. Você acha que os garotos de Nova Jersey usariam camisetas rasgadas? É um país enorme. Na América daquela época o país tinha acabado de sair do Vietnã e as pessoas estavam felizes com seu governo, enquanto a Inglaterra entrava em depressão".

Entre pegar gonorreia e ficar sem dinheiro, McLaren estava louco para voltar para casa. Vendendo amostras de roupas no porta-malas da perua e cobrando o dinheiro de dois meses de aluguel de Frenchy para sublocar seu apartamento, ele juntou dinheiro para a passagem aérea pra Londres. Quando Frenchy descobriu que foi enganado por McLaren e o senhorio já tinha arrumado novos inquilinos, Eliot Kidd e alguns amigos armados de bastões de baseball foram ensinar ao inglesinho calculista etiqueta das ruas nova-iorquinas, mas McLaren já tinha apertado seu cinto. Quando ele pousou no Heathrow, teve uma recepção ansiosa. Malcolm: "Steve Jones e Paul Cook me esperavam no Heathrow e lá estava eu com a guitarra Les Paul creme de Sylvain Sylvain com todas essas pequenas pin-ups nela. Como um louco, eu a dei para Steve Jones e disse: 'Aprende como tocar e, se não conseguir, talvez possamos pegar uns caras de Nova York pra te ajudar'". Jones teria um bico lucrativo vendendo várias guitarras creme, jurando como um ambulante que a guitarra que ele vendia era uma oferta única, para não ser repetida, pois era do The New York Dolls.

O próximo projeto a emergir da sombra dos Dolls foi o novo New York Dolls, também conhecido como The Dollettes. Essa reforma parcial foi causada inicialmente por um amigo japonês de Bob Gruen chamado Yuya, que apareceu ansioso em Manhattan para oferecer à banda algumas datas rentáveis no Japão. David e Sylvain visitaram Peter Jordan, que ainda se recuperava no hospital, e lhe ofereceram a apresentação. Jordan: "David e Syl vieram me ver e disseram: 'Nós vamos pro Japão em agosto e você vai com a gente, vamos começar uma banda e chamá-la de The New York Dolls de novo'. Tivemos de manter o nome pra fazer o show no Japão. Quando eu saí do hospital, contratamos Tony Machine. Tony tinha sido demitido da Leber & Krebs depois de suas tentativas ineptas de ser nosso *road manager*, mas ele era um bom baterista e até hoje ainda trabalha com David. Contratamos também um tecladista, Chris Robison, que era de uma banda chamada Elephant's Memory".

Sylvain resolveu ir ao Japão em vez de Londres, apesar dos frequentes conselhos de McLaren. Syl já tinha falado com Johnny Rotten, Glen Matlock e Steve Jones pelo telefone e recebido uma carta de sete páginas de Malcolm, que agora está em exibição no Hall da Fama do Rock and Roll em Cleveland. Sylvain: "Quando Malcolm voltou pra

Londres, ele vendeu meu piano elétrico e assim eles conseguiram dinheiro pra alugar seu espaço de ensaios na Rua Denmark. Ele ficava me amolando pra ir pra lá e eu falava: 'Malcolm, eu não tenho dinheiro, por que você não me manda uma passagem?'. 'Sylvain, você pode vender outra de suas guitarras'. Tudo o que tinha sobrado era minha guitarra White Falcon. Na carta ele incluiu fotos 3x4 e escreveu coisas atrás delas... 'Este é Johnny Rotten, ele pode ser o vocalista...', 'Este é o guitarrista, Steve Jones...'. Eles usavam chapéus e pareciam legais, nada como os Sex Pistols. Johnny Rotten parecia no máximo uma Patti Smith com o corte de cabelo do início de sua carreira. Eles pareciam um bando de garotos da escola que roubariam sua carteira. Essa foi minha impressão deles e eu achei que teria de ensinar tudo a eles".

Usando a maioria dos números de Johansen/Sylvain que fez parte da lista dos shows no Little Hippodrome, o New Dolls saiu em uma turnê de 10 dias no Japão que incluía uma apresentação no Korakuen Stadium de Tóquio, abrindo para Jeff Beck. David Johansen: "Fizemos muito dinheiro. Bem, não foi bem muito dinheiro, mas pra nós era; eu recebi talvez uns 20 paus e, em vez de pagar o empresário, eles deram o dinheiro pra nós".

Enquanto o New Dolls estava no Japão, o contrato dos antigos Dolls com a Mercury expirava discretamente. Johansen e companhia voltaram revigorados para NY. David Jo repreendeu Paul Nelson por escrever o obituário no *Village Voice* e comentou na imprensa inglesa que: "Os Dolls nunca se separaram. Nós só nos livramos de... hã... alguns só saíram, é isso, e eu tive de passar os três meses seguintes contando pra todo mundo que não era verdade. O que foi uma grande perda de tempo". Além de se apresentar por Manhattan regularmente por um ano, o New Dolls não foi muito longe. Peter Jordan: "Chris Robison saiu, então contratamos Bobby Blaine e tocamos com ele até a banda se separar de vez. Ninguém nos tocaria nem com uma vara de três metros e o The Heartbreakers ficou muito popular. Todos sabiam que Johnny e Jerry eram totalmente viciados e, se dois dos maiores viciados do mundo largassem sua banda, então como isso te deixa? Além disso, David sofria pressão de sua panelinha de amigos que sugeria que ele fizesse trabalho solo, o que ele fez. Depois Chris Robison e eu começamos uma banda chamada Stumblebunny, fizemos um álbum para a Phonogram e Syl e Tony Machine começaram o The Criminals com Bobby Blaine".

O New Dolls não atraiu nem a maioria da base de fãs original da banda nem um público novo, enquanto o The Heartbreakers se tornou líder do bando do circuito Max's/CBGBs. A princípio, Johnny Thunders ofereceu a Eliott Kidd o posto de segundo guitarrista no The Heartbreakers, mas Kidd recusou, sobrando para Walter Lure abandonar o The Demons. Eliott Kidd: "Quando formou o The Heartbreakers, Johnny imaginava que eu seria o quarto cara, mas eu rejeitei. Cara, essa foi a coisa mais estúpida que eu fiz na música, na minha vida. Walter tocava na minha banda, mas seu estilo não combinava com a nossa música. Nós conversamos sobre isso uma noite e ele entrou para o The Heartbreakers".

Orientado por Leee Black Childers, o The Heartbreakers continuou a conquistar seu terreno, mas Richard Hell ficou nervoso. Johnny Thunders: "Richard tinha essa coisa... essa coisa de ego, eu acho. Ele queria cantar todas as músicas sozinho. Acabou que eu cantava uma música por noite, Walter também e Richard fazia todo o resto. Eu estava por aqui com aquele número. Já tinha sido *backing vocal* tempo demais".

O conflito no The Heartbreakers não diminuiu com o início do relacionamento de Hell com Sabel Starr, que começou a dividir seu tempo entre LA e NY. Sabel: "Quando eu comecei a namorar Richard Hell, ficava com Nancy (Spungen). Ela era um projeto de Sabel, todos a odiavam, ela era tão detestável, mas eu não ligava, afinal eu tinha um lugar pra ficar. Eu a tolerava e até gostava dela. Ela disse que ia pra Londres conquistar um Sex Pistol. Johnny e eu tínhamos uma coisa amor/ódio. Quando Richard não estava por perto, Johnny e eu conversávamos. Eu sempre o provocava sobre sexo e ele dizia que eu só pensava nisso. Eu lhe disse que esse seria um bom assunto pra uma música. Todos usavam heroína, todos ficavam doidões".

Em abril de 1976, Richard Hell largou o The Heartbreakers para ser vocalista de sua própria banda, The Voidoids. Seu substituto foi o bostoniano Billy Rath. Sabel Starr deixou Nova York de vez e, embora ainda mantivesse relações com muitos de seus amigos do rock, ficou mais quieta. Sabel: "Lembro de ter ficado com um nojo total da cena. O punk chegava de vez e eu não gostava disso, embora eu gostasse dos Sex Pistols. Quando saí de Nova York com 19, jurei que nunca mais voltaria e não voltei. Fui pra casa, de volta ao lugar exclusivo onde cresci, voltei pra escola, entrei pro time de tênis e voltei ao normal".

Ao contrário da srta. Starr, Cyrinda Foxe se virou para os holofotes e floresceu, conseguindo um papel importante em *Bad*, um dos últimos filmes a ter o nome de Andy Warhol nos créditos. Depois de se casar com David em 1977, a sra. Johansen caiu nos braços de Steven Tyler, com quem se casou no ano seguinte. Cyrinda: "Fiquei empacada atrás de David o máximo que consegui, mas tudo se acabou, então Steven Tyler me conquistou, o que posso dizer? Steven sempre declarou que me roubou do David. Ele dizia: 'Eu te vi com David, quis você e consegui'. Uh, *mucho macho!*".

Cyrinda não foi o único item que Tyler afanou de Johansen. O vocalista do Aerosmith também surrupiou elementos do inimitável estilo de Doll de David. Cyrinda: "Os Dolls ficaram famosos por seu visual, eles tinham uns figurinos bem teatrais e divertidos. Eles tocavam todos montados e Steven Tyler viu isso. Tem uma capa de um álbum do Aerosmith que mostra Steven Tyler em uma roupa com *glitter* que é uma cópia completa de David Johansen". Como diria uma música do Aerosmith: *Dude looks like a Doll*.

Arthur Kane também ouvia sinos de casamento. Depois da dissolução do Killer Kane, ele voltou para Nova York e se casou com sua namorada, Babs. Depois de um tempo no L.O.K, montou o Corpse Grinders com Rick Rivets em 1977. Rick Rivets: "Arthur sugeriu o nome, era de um filme terrível de Herschell Gordon Lewis. Não conseguíamos achar um vocalista até Arthur vir com esse cara, Stuie Wylder, que estudou no colégio com a gente. Stuie vivia na frente do CBGBs e era vizinho dos Ramones. Nós ensaiávamos em seu apartamento e podíamos ouvir, pela parede, os Ramones tocando. Tínhamos um tecladista, mas ele acabou sendo morto pelos tiras. Ele vendia armas em seu apartamento, os tiras entraram e eles tiveram um tiroteio".

O Corpse Grinders circulou pelo Max's e o CBGBs por dois anos, mas não tiveram força fora da cena alternativa. Aparecer como uma tropa de soldados zumbis de maquiagem branca e com braçadeiras pretas, que alguns interpretaram como um símbolo fascista, não ajudou sua causa, embora eles tenham gravado um álbum com Kane na formação para a pequena gravadora francesa Fan Club. Arthur ficou arrasado com o fim dos Dolls e achava difícil confiar em alguém no mercado musical, até em seus velhos amigos. Rivets: "Não sei por que Arthur não estava satisfeito com a banda. Fizemos várias apresentações, acho que era por ter de começar do zero de novo. Tínhamos de reservar nossos quartos em motéis e carregar nosso equipamento, toda essa besteira. Ele ficava amuado por causa dos Dolls, achava que todos queriam roubá-lo, mas sempre fomos honestos com ele".

Se a imagem do Corpse Grinder era considerada desagradável, foi por causa da reputação de *bad boy* que o The Heartbreakers não conseguiu um contrato nos Estados Unidos. A banda projetava uma visão de vida poderosíssima e arriscada e nenhuma gravadora queria fazer negócio com eles com medo de se queimar. A opinião pública culpava Thunders e Nolan pelo colapso dos Dolls, e isso, combinado com seu caso de amor declarado com a heroína, fez com que Johnny jamais conseguisse de novo o apoio de uma grande gravadora americana. Foi a intervenção de Malcolm McLaren que salvou o The Heartbreakers de ficar perseguindo seu próprio rabo em círculos cada vez menores por Manhattan. Thunders e companhia conheciam pouco dos Sex Pistols, mas aceitaram o convite de McLaren para entrar para sua Anarchy Tour. O The Heartbreakers viajou para Londres no mesmo dia em que os Pistols fizeram sua infame apresentação no programa *Today* da Thames Television e travaram com Bill Grundy uma rodada de agressões verbais.

Nenhum punk britânico de respeito ignorava o lendário legado do The New York Dolls, e em muitas jaquetas de couro pretas estava impresso seu logo de batom. Em 1977, a Mercury Records até lançou uma reedição em álbum duplo de *New York Dolls/Too Much Too Soon* na esperança de faturar com o ressurgimento do interesse. Johnny Rotten tentou castigar os Dolls quando compôs o discurso irado "New York": "Pills/cheap thrills/Anadins/Aspros anything/You're condemned to eternal bullshit/You're sealed with a kiss" ["Pílulas/emoções baratas/Anadins/Aspros nada/Está condenado à besteira eterna/Está vedado com um beijo"], mas não passava de um acesso de raiva sobre uma mitologia que permeava o grupo dos Pistols.

Quando Thunders e Nolan chegaram a Londres, eles receberam status de celebridade do underground por bandas e fãs. O The Heartbreakers teve um impacto enorme nos punks ingleses, mas depois foram acusados, ao lado de Nancy Spungen, de introduzir a heroína na cena. Mas não era culpa do The Heartbreakers a srta. Spungen segui-los pelo Atlântico em uma caça ardente por Jerry Nolan. Repelida pelo The Heartbreakers, Nancy recorreu a Sid Vicious, o Pistol que queria ser um Doll.

O The Heartbreakers acabou conseguindo um contrato com a Track Records, concluindo o interesse original de Kit Lambert e Chris Stamp tragicamente malogrado pela morte repentina de Billy Murcia. O álbum de estreia do The Heartbreakers, *L.A.M.F. (Like A Mother Fucker)*, foi bem recebido, mas a produção confusa afligiu a natureza já volátil da banda.

De todos os galhos dos Dolls, a carreira solo de David Johansen teve maior aceitação pública. Exceto por um lampejo curioso da velha bizarrice, Johansen veio com um trabalho bem convencional. Depois de assinar com o selo Blue Sky, de Steve Paul, com quem ele lançaria cinco álbuns, David caiu na estrada com Sylvain e The Staten Island Band. Sylvain continuou sua aliança musical com Johansen com a compreensão de que Steve Paul financiaria depois algumas demos do Criminal. O The Criminal já tinha gravado um 45, "The Kids Are Back"/"The Cops Are Coming", em seu selo Sing Sing, mas a banda foi para a geladeira quando Sylvain se feriu em um acidente de carro. Quando ele se recuperou, assinou um contrato solo com a RCA em 1979.

O The Heartbreakers passou por uma separação conturbada no fim de 1977, entre brigas e a falência da Track depois de o Who ter enterrado seus antigos empresários *e* gravadora. Embora o The Heartbreakers tenha se separado, eles nunca finalizaram o divórcio e se reuniam sempre que chegava o dia de pagar o aluguel. Em 1978, Johnny Thunders assinou para um trabalho solo com a Real Records, que também demonstrou interesse no The Criminals. Com o lançamento do trabalho solo de Thunders, *So Alone*, parecia por um breve momento que o sucesso comercial no Reino Unido estava ao alcance. Infelizmente a tiragem do *single* "You Can't Put Your Arms Around A Memory"/"Hurtin'" não foi muito grande e o álbum perdeu a força. Além da inclusão de duas faixas dos Dolls, "Subway Train" e "Down Town", *So Alone* continha "London Boys", a resposta de Johnny a "New York" de Rotten. Acompanhado de Steve Jones e Paul Cook, Thunders mostra sarcasmo: "You telling me to shut my mouth/If I wasn't kissin'/You wouldn't be around/You talk about faggots/Little momma's boys/You still at home/You got your chaperone" ["Você me diz pra calar a boca/Se não beijasse/Você não estaria por aí/Você fala de bichas/Garotinhos da mamãe/Você ainda tá em casa/Tem sua companheira"].

Com certeza seria mais inteligente Sid Vicious ter ficado em casa, mas, quando *So Alone* foi lançado, ele estava em Nova York enfrentando uma condenação pelo homicídio de sua amada Nancy depois do infame show no Max's, onde Vicious foi acompanhado pela banda de Jerry Nolan e Arthur Kane, The Idols. Nolan tentou manter um olho paternal no casal e até os apresentou a seu programa de metadona, mas ninguém conseguiu livrá-los de seu terrível ato final. Quando Malcolm McLaren usou os Dolls como protótipos para os Sex Pistols, ele se esqueceu de apagar sua propensão à desgraça.

Em 1977, a revista americana *Punk* decidiu publicar uma reportagem especial sobre o The New York Dolls. Para coincidir com a edição, Roberta Bayley quis reunir a banda para uma sessão de fotos no mesmo ponto na frente do Gem Spa, onde eles posaram para a contracapa de seu álbum de estreia. Depois de várias tentativas malsucedidas de reunir todos os ex-membros da banda no mesmo lugar ao mesmo tempo, Bayley conseguiu. Enquanto ela preparava sua câmera, Johansen falava sem parar. Roberta Bayley: "Lembro de ter perguntado a David se ele e Johnny ainda eram amigos e ele disse: 'Ah, vá, nós fomos juntos pra guerra'".

Vida Após a Separação
O Elo Mítico

Hoje em dia a Times Square é uma área propícia ao turismo. Todos os prostíbulos e *peep shows* foram fechados e lacrados por oficiais da justiça sob as ordens dos guardiões da moral da cidade. Depois vieram os incorporadores imobiliários com mais cobiça do que qualquer fulano que já cruzou a Times Square em busca de uma satisfação barata. É um tipo diferente de Nova York do que aquela na qual os Dolls atingiram a maioridade. Max's Kansas City agora é uma delicatéssen e, embora o Gem Spa no St. Mark's Place ainda exista, não há nenhuma placa celebrando a banda que o tornou um marco para seus fãs. Atrás do balcão de um sebo de discos próximo, há uma foto pequena e rasgada dos Dolls que alguém colou na parede. Um Billy Doll agora é um boneco loiro e fortão estilo Barbie de 25 centímetros de plástico de puro músculo direcionado aos consumidores gays. As drag queens fazem parte da cultura popular, Ru Paul tem seu programa de TV e Wigstock, uma grande parada de fabulosas drags, acontece todo Dia do Trabalho em Nova York, atraindo atenção da mídia e dezenas de milhares de espectadores.

O mundo ainda gira, mas o The New York Dolls caiu há muito tempo. Ao contrário do The Velvet Underground, não houve grandes elogios póstumos para os Dolls, provavelmente porque eles tinham atitudes extravagantes e irreverentes demais para os chamados historiadores sérios do rock ou da cultura se concentrarem neles por mais de um ou dois parágrafos. Eles se tornaram o grande ponto de partida do rock, pois suas contribuições não podem ser ignoradas, mas eles são ignorados muitas vezes na ânsia de chegar aos Sex Pistols. Em seu livro *Fashion + Perversity*, Fred Vermorel mal reconhece os Dolls em relação ao desenvolvimento criativo de McLaren e Westwood, comentando apenas que: "Ele (McLaren) tinha uma vaga ideia de que poderia empresariar o The New York Dolls e transformá-los em algo especial". Mas ainda há aqueles para quem a memória dos Lipstick Killers é indelével. Em 1984, Tony Parsons entregou um lamento tardio à *New Musical Express*: "Eles pareciam saídos das ruínas no fim do mundo. Eles foram meus primeiros, meus últimos, meu tudo. Muitas pessoas, quase todo mundo, os achavam ridículos. Ninguém apareceu e disse isso, mas insinuavam que os Dolls eram heréticos, perversores da Verdadeira Fé do rock. Por que, se eles agiam como se ninguém conseguisse subir lá e fazer o mesmo?'".

Steven Morrissey cresceu e com o advento do The Smiths esqueceu os Dolls: "Há cinco anos eu deitaria nos trilhos por eles, agora eu jamais conseguiria ouvir um de seus discos. Foi só um fascínio adolescente e eu era um garoto ridículo na época. Sempre gostei dos Dolls porque eles pareciam o tipo de grupo de que a indústria mal podia esperar pra se livrar. Isso me agradava demais, digo, não tinha mais ninguém com nenhuma qualidade perigosa, então eu os acolhi completamente. Infelizmente, suas transformações solo acabaram com qualquer imagem que eu tinha deles como indivíduos".

A probabilidade de um final feliz para a história do The New York Dolls era tão escassa quanto a compreensão deles sobre as tramas da indústria musical. Em sua vida após a separação, apenas David Johansen conseguiu algum sucesso comercial real, que começou no meio dos anos 1980 quando ele se transformou em um descendente mais suave do cabaré de Cab Calloway, conhecido como Buster Poindexter. David Johansen: "Por seis anos eu realmente trabalhei, apresentando-me todas as noites. De repente eu estava sentado atrás da van, bebendo uma garrafa de gim às 4h, pensando: 'Isso não é vida', e aí eu comecei a coisa do Buster. Toquei para multidões de garotos com os punhos cerrados para o ar como em um comício da Juventude Hitlerista, gritando por 'Funky But Chic' por seis anos, então usei o nome Buster Poindexter e dessa forma percebi que as pessoas não gritariam mais por 'Funky But Chic'". Johansen também abriu caminho no cinema e na televisão, cavando um nicho como um ator excêntrico com um toque cômico. Desde que largou a bebida, parecia que a única área de sua vida com a qual ele ainda não se reconciliara totalmente era seu papel no The New York Dolls. Ele não perde tempo com o assunto: "Me diverti muito e amei esses caras. O que mais posso dizer? Era mais ou menos como um tipo de projeto e nós nos dedicamos muito. Foi mesmo o maior barato".

Antes de sua metamorfose em Poindexter, Johansen tocou em um grande festival ao ar livre na Bélgica com participações de Chrissie Hynde e Simple Minds. Para animar, ele entrou em contato com dois velhos amigos. Sylvain: "Eu saí em turnê com Johnny em 1984 e ainda via Johansen às vezes, quando ele pegava uma ou duas músicas novas de mim. Ele me ligou em Paris e disse que adoraria se Johnny e eu fizéssemos os shows. Ele fazia dois shows em duas noites. Johnny e eu viajamos nesse maldito trem para a apresentação e Johnny estava bem doente. Ele poderia morrer a qualquer momento a partir de 1981, é incrível termos tido ele até 1991. Então chegamos ao festival e naquela primeira noite no palco Johansen nem nos apresentou, nós só tocamos no finzinho da apresentação. Não sei o que raios aconteceu com o cara, ele deu uma volta de 180 graus. Ele é uma pessoa muito talentosa e teve também muita sorte e sucesso. Eu o ajudei a chegar lá. Johnny o ajudou a chegar lá. Todos nos Dolls o ajudaram a chegar lá. Sabe lá o que aconteceria se ele não tivesse os Dolls como seu primeiro veículo, se quiser chamar assim. Embora ele tenha feito várias coisas boas, a melhor coisa que ele fez foi o The New York Dolls, e isso não se repete".

Enquanto promovia um novo álbum no início dos anos 1990, David Johansen foi filmado pela MTV jogando cópias dos discos dos Dolls em um rio. Com um boá de penas murcho da era dos Dolls enrolado em seu pescoço como um manto fantasma, que ele não conseguia tirar, por mais que quisesse.

Depois de Sylvain ser abandonado pela RCA em 1984, ele assumiu o papel de pai solteiro em tempo integral de seu filho de 3 anos, O'dell. Syl: "Eu dirigi um táxi em Nova York por três anos e meio. Enquanto David Johansen interpretava um motorista de táxi em *Os Fantasmas Contra-Atacam*, eu era assaltado na rua".

David Jo foi o único Doll que recebeu a oportunidade de sair da geladeira, mas, mesmo se a porta para a aceitação pelo compromisso se mantivesse aberta para Johnny Thunders e Jerry Nolan, eles provavelmente a teriam fechado a pontapés. Marty Thau: "Johnny e Jerry não conseguiram ter sucesso com o The Heartbreakers com o mesmo entusiasmo dos Dolls. Eles eram uma banda boa, mas acabaram em meio a nenhum show marcado e histórias ridículas na imprensa. Quando eles formaram o The Heartbreakers, estavam cheios de confiança de que continuariam até algo melhor, mas não entendiam o que tinha de ser feito pelos outros por eles pra isso acontecer. Eles se tornaram só mais uma banda punk tocando em clubes de Londres e Nova York. Depois eles se arrependeram, porque em 1983 ou 1984 Jerry veio me ver e começou a falar em conseguir alguma ajuda pra reunir os Dolls, mas eu sabia que David não queria fazer isso e, com a evolução do Buster Poindexter, ele nem precisava se aborrecer".

Johnny Thunders não tinha opção a não ser continuar posando como um completo fora da lei do rock. Ele não tinha mais aonde ir. Um brilhante estilista da guitarra do mesmo calibre de Keith Richards ou Wayne Kramer, a má reputação de Johnny precede seus atributos. Depois de Billy Murcia, Thunders foi a segunda vítima dos Dolls. Ele nunca se recuperou de fato e o declínio do The Heartbreakers de gangue de rock suprema para um bando de viciados fissurados selou seu destino. Cyrinda Foxe-Tyler: "Eu amava Johnny. Sempre o adorei, e, quando eu tinha um problema na minha vida, ele me apoiava. Nós éramos velhos amigos e saíamos juntos nos anos 1980. Eu ia a seus shows e uma vez disse que o encontraria no Mudd Club. Cheguei lá e perguntei para alguém onde Johnny estava... 'Ah, ele está no banheiro, se picando'. Ele deveria subir ao palco em 45 minutos. O lugar estava quente, sujo e eu não gostava de nenhuma das pessoas de lá. Finalmente ele saiu do banheiro e estava chapado, fez uma apresentação horrível. Percebi como seus seguidores viraram uma 'multidão do Johnny Thunders' e ele abastecia pra eles. Fiquei brava com ele por deixá-los fazer isso. Às vezes ele chorava e me dizia que queria sua vida de volta, então mudava de atitude e usava drogas. Nós íamos para algum lugar e essa garota corria até ele e tentava colocar umas pílulas em sua boca, estava na moda fazer isso. Enfiar drogas em sua garganta".

Por baixo da estética urbana, Johnny Thunders tinha um coração cheio de sentimento que ele amortecia com automedicação. Ele estava sempre em turnê, não porque quisesse, mas não tinha escolha na falta de um contrato com uma grande gravadora. Ficar doidão com Johnny virou um rito de passagem patético para qualquer músico principiante ganhar credibilidade por associação. Em 1986 ele confessou: "Nunca aconselharia ninguém a começar a usar heroína. Tudo o que ela faz é foder com você, sabe? Mas ao mesmo tempo também não vou dar uma porra de um sermão. Não vou ensinar as pessoas a como viver suas vidas. Olha, eu era muito novo quando comecei a usar heroína. Novo, inocente e achava que sabia tudo, certo? Mas não sabia e não me conformaria com isso mesmo se soubesse. Não tinha ninguém pra me dar bronca, pra me dizer que não estava certo. Acho que tinha uns 18 quando comecei com a heroína. Experimentei, gostei e de certa forma não me arrependo de ter usado. Eu... eu amava usar drogas, tá? Eu achava que me divertia muito, usando drogas e tocando rock... mas não. Só percebi isso quando comecei a tocar sem drogas. Olha, pra mim acaba sendo a mesma coisa de qualquer forma. Consigo tocar muito bem sem drogas, mas também consigo com drogas. É muito fácil começar. Quando você para é que descobre ter problemas. Tipo, eu tive de passar por todos os tipos de programas com metadona e é, bem, é horrível. Você descobre que depende das drogas em certas situações e é muito mais difícil lidar com elas limpo, mas as drogas realmente te colocam em um casulo".

Apesar das várias tentativas, Thunders nunca conseguiu se limpar; era melhor ficar entorpecido do que lúcido. Sylvain: "O vício dele era esmagador. Uma vez ele fazia um show quando teve fissura nos bastidores e uma agulha quebrou em seu braço, mas o promotor estava pouco se lixando. Tinha uma multidão lá que foi ver Johnny Thunders se matar em pleno palco. O promotor arrastou-o pelo cabelo e o jogou no palco. Johnny ficou lá por meia hora segurando seu braço. Essa foi a apresentação, uma sangueira em toda a sua manga".

Todas as histórias com as drogas encobriram a contribuição imensa de Thunders ao rock e sua influência não recebe crédito. Bob Gruen: "Johnny Thunders agora é um dos guitarristas mais imitados. Pessoas que nem sabem quem ele é copiam alguém que o copiou. Não tem nota que Steve Jones tocou que Johnny não tenha tocado primeiro. Com todo o respeito, Steve Jones toca bem, é como Eric Clapton tocando Robert Johnson. Uma vez disse a Johnny que o considerava o Chuck Berry de sua geração. Ele estava acabado um dia e eu lhe dizia que ele devia ficar limpo e que era uma inspiração para tantas pessoas. Levei-o para o clube Tattoo no lado leste de Nova York, onde eles têm noites de rock, e Johnny me pediu para apresentá-lo ao dono; então eu lhe disse que Johnny era um grande guitarrista, era o Chuck Berry de sua geração, e Johnny disse: 'Eu também faço apresentação acústica, também posso ser o Bob Dylan!'".

Mesmo se Johnny T. nunca tocasse uma nota, sua juba bufante foi tão imitada ao longo dos anos que só isso valeria uma decoração póstuma. Sylvain: "Eu disse ao Johnny: 'Se você ganhasse um níquel por cada vez que alguém copiasse seu corte de cabelo nos Dolls, ficaria rico'".

O The New York Dolls cresceu em alto risco, viveu em um ambiente rápido e muitos de seus protagonistas continuaram suas vidas varrendo tudo a caminho da autodestruição, um legado que continuou com o movimento punk. A ex-namorada de Arthur Kane, Connie Gripp, que começou um relacionamento igualmente explosivo com Dee Dee Ramone, morreu na rua enquanto trabalhava como prostituta em 1990.

Cyrinda Foxe-Tyler: "Ela teve uma overdose, foi horrível. Eu gritei com ela uma vez quando descobrimos que ela chifrava Arthur com Steven Tyler. Lembro que ela usava um vestido de chiffon de seda verde e salto alto e, achando-me muito nobre, disse algo a ela como: 'Como você tem coragem, sua vadia'. Ela me colocou em meu lugar na hora, dizendo: 'Você não tem noção de como é a vida'. Ela me disse que eu era uma garota linda e como eu poderia saber. Do jeito que ela disse isso foi como um tapa na cara. Eu quase pedi desculpas. Ela me deu uma lição. Foi um despertar terrível, nunca achei que ninguém fosse diferente de ninguém, nunca pensei que alguém não estivesse nas mesmas condições".

Arthur Kane teve uma vida em pedaços, colados com uma esperança frágil. Em 1989, ele caiu de uma janela e quebrou os dois joelhos. Sylvain tentou consertar a situação negociando com um promotor que prometera duas apresentações, uma na Califórnia, outra em Nova York, por 25 mil dólares por show, anunciadas como The New York Dolls sem Johansen. Sylvain: "Arthur estava todo enfaixado, estava horrível. Pensei que fosse uma tentativa de suicídio, porque ele ficou muito deprimido, mas ele queria fazer as apresentações. Então eu chamei Jerry, que morava na Suécia, e ele definitivamente gostou da ideia, e falei com Johnny. Tudo estava pronto. Eu vivia em Toronto, então voltei pra Nova York. Daí vi Johnny fora do Pyramid Club e disse a ele: 'Você não lembra por que eu estou aqui? Nós conversamos por telefone'. Ele estava tão fora de si. Parecia que estava usando as mesmas roupas por sabe lá quantos dias, ele parecia Ratso Rizzo em *Perdidos na Noite*, tão mau... e ele carregava todas as suas roupas em um saco de lixo preto. Ele não se lembrava de nada do que eu tinha dito sobre tocarmos juntos de novo, não sabia do que eu estava falando".

Depois da tentativa malsucedida de reunir os Dolls, Sylvain e Jerry Nolan formaram a banda The Ugly Americans. Johnny e Jerry não tocavam juntos há algum tempo e Nolan estava a fim de arranjar um novo projeto em andamento. Jerry era um personagem corajoso e um baterista de rock incomparável, mas sua força diminuía. Jerry: "Houve um tempo em que eu era um bom lutador em minha alma e em meu coração. Eu ganhava minhas batalhas. Essa é a primeira vez que perdi uma. Tive um tempo muito difícil perdendo a batalha contra as drogas. Foi difícil aceitar, mas também descobri muito sobre mim mesmo".

Depois de vários shows lotados no Continental Divide em Nova York, o The Ugly Americans agendou um show em Connecticut. Sylvain: "Nós tocávamos em um bar cheio de pessoas que iam nos ver. Dávamos ao público um bom show e, se Jerry tivesse a energia, teríamos ficado juntos. Ele achava que conseguiríamos um contrato em duas ou três semanas, mas, querida, isso nunca acontece. Ele estava muito doente e nós estávamos no palco no dia em que ele não conseguiu nada. Estávamos no meio do show e eu via o traficante do Jerry indicando-lhe da frente do público que não conseguiu nada pra ele. Jerry nem terminou a música. Ele tentou a faixa seguinte, mas não conseguiu manter o ritmo, então simplesmente saiu no meio da apresentação. Fiquei doido, talvez tenha dito algumas coisas, mas, imagine, o pobre não conseguia fazer nada. Seu coração estava lá, mas estava 20 anos atrasado".

Os The New York Dolls foram os pioneiros da imagem sedutora de vadios na ruína glamorosa do rock, mas a realidade é arriscada e não contribui com finais felizes quando você é forçado a ganhar a vida à margem no mercado do rock. O Guns N'Roses tentou adotar uma pose semelhante, mas, com a proteção de uma gravadora compreensiva e eficiente, não demorou muito para eles caírem. Exceto por David Johansen, que foi absolvido, os outros membros dos Dolls passaram o resto de suas vidas pagando caro por três anos de glória.

Depois de ser agredido por trás e atacado com um bastão de baseball a caminho de casa durante as revoltas em LA, Arthur Kane foi deixado para morrer na rua. Ele ficou no hospital por quase um ano e recebeu uma placa de metal na cabeça.

Johnny Thunders morreu sozinho e sem atendimento em Nova Orleans em 23 de abril de 1991. Ele esperava formar uma nova banda com Jerry Nolan e o guitarrista sueco Stevie Klasson, mas seu organismo fraco, combinado a um conjunto de circunstâncias que contribuíram cruelmente, enfim sucumbiu. A conclusão óbvia era que ele teve uma overdose e, embora o laudo do legista dissesse que havia metadona e cocaína em seu organismo, o ex-guitarrita do The New York Dolls sofria de uma forma de leucemia linfoide. Antes de partir para uma curta turnê no Japão um mês antes de sua morte, Jerry Nolan tentou convencer Johnny a ir ao hospital. Nolan: "Foi no dia anterior à ida dele ao Japão. Tinha algumas coisas que não sabia o que significavam, hematomas em lugares estranhos, nas costas e no peito. Só descobri que era leucemia semanas depois. Tentei convencê-lo a esquecer a apresentação, tentei dizer que precisávamos ir ao hospital. Disse que ficaria com ele. Nós ficaríamos em um quarto particular, que eu ficaria no quarto com ele ou ficaria sentado à porta. Quase consegui, mas ele ficou com medo. Ele ficou com medo de agulhas, médicos, hospitais, a coisa toda. Você pode não perceber isso, mas muitos viciados têm medo de agulha. Eu disse que ele ia morrer". A última vez que os dois amigos se viram foi na Rua 14 com a 3ª Avenida, a mesma esquina em Nova York onde Jerry conheceu Johnny em 1972, quando ele foi pegar seu figurino de Doll um dia depois de entrar para a banda.

A vida para Clyde era dura sem Bonnie Thunders. Cyrinda Foxe-Tyler: "No velório de Johnny, Jerry chorava no meu ombro: 'O que vou fazer? Meu melhor amigo morreu. Minha alma gêmea se foi', e eu o consolava: 'Jerry, você precisa sobreviver por você'". Com a ajuda de sua namorada, Phyllis Stein, Jerry quase conseguiu. Ele teve grande prazer restaurando uma moto Triumph de 1972 e ficou contente com a publicação de suas memórias, *My Life As A Doll*, que aparecem na edição de 16 de julho de 1991 do *Village Voice*. Ele esperava conseguir um contrato para um livro. Jerry Nolan morreu em Nova York em 14 de janeiro de 1992. Depois de ficar gravemente doente com pneumonia e meningite, ele teve um derrame. Depois do falecimento de Thunders, Jerry perguntou para a irmã de Johnny se ele poderia ser enterrado ao lado do amigo. Seu pedido foi concedido. Eles estão enterrados no cemitério de St. Mary em Flushing, com suas lápides repletas de recortes de jornal e lembrancinhas deixadas por fãs.

Os Dolls morreram há muito tempo, é seguro segui-los. Eles foram carregados em uma maca em 1975, com suas botas de plataforma aparecendo embaixo dos lençóis brancos. Eles enfeitaram sua cova suja com cetim rosa e não podiam sair de novo, mesmo quando a festa tinha acabado. O mercado fonográfico nunca perdoou seu descaramento. Marty Thau: "Agora estamos em 1997 e toda a poeira abaixou. Sim, eu odeio Steve Leber e ele me odeia, mas nós fizemos nosso melhor, tentamos. Quem foram os Dolls? Um bando de bêbados e viciados em drogas, foram garotos selvagens, mas não viraram bêbados ou viciados de propósito. Eles achavam que tudo isso fosse o fluxo e o jogo da coisa toda. Infelizmente, eles foram vítimas e, por isso hoje, por mais liberal, democrático e esquerdista que eu seja, sou igualmente conservador em relação a drogas e álcool, eles te arruínam. A parte mais importante de sua história é que eles foram pioneiros do punk. A diferença entre o que os Sex Pistols faziam e o que os Dolls fizeram não era tão grande. Por causa dos Dolls, a grande imprensa se aclimatou para os Sex Pistols".

O The New York Dolls foi um cometa autodestrutivo, hedonista e rápido, uma visão causticante maravilhosa que liberava rock. Os Rolling Stones conseguiram escapar das mesquinhas amarras sociais alcançando o tipo de sucesso que os elevou acima das leis e normas cotidianas. Os Sex Pistols, exceto por Sid Vicious, foram remunerados financeiramente e são vistos agora como instigadores vanguardistas com muita documentação confirmando sua história. O The New York Dolls só definhou. Quando Johnny Thunders morreu, sua irmã tentou desfazer os laços contratuais dos Dolls. Apesar dos vários relançamentos dos álbuns, ninguém da banda recebeu seus direitos desde a separação até a irmã de Johnny começar a investigar. Mariann Bracken: "Acho que se aproveitaram dos Dolls. Na opinião deles, eles faziam música, eram astros e nenhum deles tinha advogado ou qualquer senso do que assinavam ou faziam. Faço isso por Johnny e o que acontecer servirá pra todos, pois eles eram um grupo e o que acontece com um afeta os outros; então, se eu resolver isso, espero que todos recebam uma parte do que é seu por direito".

Sylvain: "Descobri que os direitos de publicação do The New York Dolls foram vendidos para a Chappell Music, que depois os venderam para os Warners. Havia uma oferta pelos royalties, mas alguém nos ligou pra avisar?".

Em um álbum tributo a Johnny Thunders, *I Only Wrote This Song For You*, lançado em 1994, um limpo e sóbrio Arthur Kane gravou sua versão da história do The New York Dolls, adaptando uma composição solo de Thunders, "In Cold Blood": "They say our story will never fade/I just wanna know if we'll ever get paid/After our assassins are dead and gone/The New York Dolls will live on and on" ["Eles dizem que nossa história jamais desaparecerá/Só quero saber se seremos pagos/Depois que nossos assassinos tiverem morrido e sumido/O The New York Dolls viverá para sempre"]. Arthur: "Depois de 20 anos ou mais de espera, sentia que todos tiveram milhares de mortes. Tem uns 20 anos de fitas cassete, vinis, *singles*, tudo que você possa imaginar, que não foi catalogado corretamente".

Marty Thau: "Os Dolls receberam mais de 300 mil dólares de direitos autorais pela versão do Guns N'Roses de 'Human Being'. A Warner Chappell só coletou os lucros de publicação para a Leber & Krebs, minha editora e a dos Dolls. A banda recebeu 75% de todos os direitos de publicação e a Leber & Krebs e eu dividimos os 25% restantes. A Leber & Krebs e eu perdemos muito dinheiro com o fiasco dos Dolls... perto de 150 mil dólares que nunca reaveremos, mas a que temos direito legalmente pelas somas de dinheiro do GNR; escolhemos não cobrar para que Arthur Kane, a mãe de Jerry Nolan, os filhos de Johnny e Sylvain conseguissem alguma coisa. Os Dolls foram uma vítima trágica da ocasião, ingênuos, viciados/bêbados, uma grande banda de rock com caras selvagens e loucos, idiotas tolos e os principais culpados por tudo que explodiu em suas caras".

Sylvain Sylvain ainda está bravo com o estado do catálogo do The New York Dolls. Eles não receberam nada quando "Personality Crisis" foi usada em uma propaganda de carro. A coletânea *Rock'n'Roll* foi lançada em 1994, mas mal divulgada. No mercado pirata, o negócio se expande como sempre e alguns dos melhores produtos dos Dolls não são exatamente legais. Sylvain: "A carreira do The New York Dolls está viva, mas poderia estar um bilhão de vezes melhor. Deveria ter virado uma mercadoria, mas perdemos todos os dias. Não tem ninguém atrás da caixa registradora, não tem nenhum vendedor na frente e não tem ninguém lá atrás no estoque. Por mais que eu odeie pirataria, agradeço a Deus por isso manter as coisas rolando".

Apesar da falta de uma estratégia de mercado coesa em seu catálogo, as referências aos Dolls e o uso de seu material são mantidos, principalmente por memórias e mitologia. O filme *Postcards From America*, de 1994, um relato biográfico do artista multimídia e ativista gay de Nova York David Wojnarowicz, usa três faixas dos Dolls: "Looking For A Kiss", "Trash" e "Lonely Planet Boy", com grande efeito. O filme inglês *Velvet Goldmine* tem uma versão de "Personality Crisis" gravada pelo Teenage Fanclub.

Os Dolls influenciaram uma legião de bandas e artistas em termos de estilo, atitude e sua abordagem à música, entre eles: Aerosmith, Kiss, David Bowie, The Sex Pistols, The Clash, Japan, The Cramps, Hanoi Rocks, Guns N'Roses, The Smiths e D-Generation.

O The New York Dolls faz parte da cultura moderna, mas eles permanecem obscuros. Tornaram-se o elo mítico, as garotas misteriosas. Sylvain Sylvain: "Não houve nada como aqueles seis caras que foram os Dolls, cinco em uma ocasião, outros cinco em outra, quando eles se juntavam pra fazer essa coisa simples, rock'n'roll. Mudou nossas vidas. A melhor coisa que pode acontecer é o The New York Dolls continuar a empolgar as pessoas, como fizemos no passado. Eu só continuei seguindo em frente quando tinha de dirigir uma porra de táxi com um babaca no banco de trás me enchendo o saco porque lembrava que tive algo e as pessoas me amavam por isso".

Mais Tarde – Está Tudo Acabado Agora, Bonequinha

Em 1975, bem longe de casa ou da sanidade, o The New York Dolls estava em frangalhos em um estacionamento de trailers desativados em Tampa. Em um drama digno de Tennessee Williams e com um elenco vestido de vinil vermelho, toda a cena aconteceu no jantar, David Johansen concluindo que todos na banda eram *substituíveis*. Embora a banda tenha parado de existir logo depois, eles continuaram a resistir em uma eternidade paralela de música e memória. (Sabe aquele lugar mágico, o mesmo onde Elvis, intocado por idade ou calorias, se apresenta em um auditório onírico.)

Porém ninguém ainda testou a teoria de substituição de David Johansen que permanece adormecida como um gênio em uma garrafa por 29 anos. Então, no início de 2004, rumores de uma reunião do New York Dolls a pedido de Morrissey começaram a ricochetear pelo ciberespaço. A ausência de Johnny Thunders atrapalhava muito a possibilidade, embora, segundo a fábrica de fofocas, se tenha convocado um exército de guitarristas, incluindo Steve Jones, Izzy Stradling e Andy McCoy, à espera de tomar seu lugar. Por que isso soava como os Rolling Stones tentando uma nova formação sem Keith? Inconcebível. E Jerry Nolan?

Na busca pela verdade, havia apenas uma opção, pôr os pingos nos is e perguntar a um dos sobreviventes. Por mais suspeito que possa parecer, o sempre comunicativo Sylvain Sylvain não foi encontrado. Era hora de contatar o destemido Arthur Kane, que zelou com fé a chama eterna dos Dolls por quase três décadas e cujos e-mails honestos incluíam pedidos de clemência pelos saudosos Johnny Thunders, Jerry Nolan e Billy Murcia. Eles flutuavam como anjos negros ao redor de Kane, que, adiando a pobreza e a solidão em LA, começou a escrever sua autobiografia *I, Doll*, um relato apaixonado, às vezes controverso e frequentemente espirituoso, de sua alegre juventude. Seu outro suporte principal era Deus na forma de uma conversão à religião mórmon, enquanto seus amados gatos, Alta e Contessa, eram seus companheiros mais próximos. Em um e-mail de 23 de setembro de 2003, ele comentou: "(...) Como não tenho dinheiro, transportes, amigos nem nada mais, só me resta escrever em minha pobreza e celibato! Todo o meu dinheiro se foi em comida para os meus gatos, para mim e nada mais. Tenho aguentado firme durante esse último período maluco de mercúrio retrógrado, e tudo que for imaginável como inacreditável deu completamente errado...".

Ser um New York Doll não garantiu provisão para o futuro, e Arthur Kane levou uma vida de angústias com cada relançamento e camiseta com o logo de batom e/ou imagens dos Dolls, mas a banda era raramente remunerada. Enquanto agora ficou um pouco menos nebuloso de se obterem os lançamentos musicais (legais), a pirataria cresceu em grande escala, principalmente na moda. De Nova York a Londres, do St. Mark's Place ao Portobello Market e Notting Hill, os Dolls eram pirateado abertamente. Teve um verão em que todos estavam usando uma camiseta do The New York Dolls, até sem nunca terem ouvido falar da banda, incluindo os membros do The Corrs e a herdeira Paris Hilton. Até certo ponto, isso ajudou a manter a memória da banda viva, embora não os sustentasse. Como uma relíquia brilhante, o nome dos Dolls ainda mantém um ar indefinível de insolência ordinária.

Isso não ajudava Arthur Kane em nada, claro, pois ele provavelmente nem poderia comprar uma camiseta de uma butique chique nem a edição da *Vogue* com a atriz Sarah Jessica Parker, de *Sex And The City*, na capa sob a manchete "New York Doll". Em um nível subliminar, os Dolls eram influente como nunca, mas haveria alguma verdade nos burburinhos de uma reunião? Kane continuou perdido até ouvir do diretor de turnê de David Johansen, confirmando que o The New York Dolls *tocaria* no "Meltdown" de Morrissey no Royal Festival Hall em Londres. Em um e-mail de 24 de março de 2004, Arthur concluiu: "Rezo sinceramente para que tudo dê certo, até um passarinho me contou que todos os Dolls no céu adorariam ver esse show em Londres! A Universal do Reino Unido deve relançar nossos CDs este ano. Estou duro ao mesmo tempo! Bem! Tocar de novo pode ser nosso novo futuro, principalmente para três caras com passados maravilhosos, mas nenhum futuro real, a menos que nos juntemos de novo! A Esperança Sempre Se Renova".

Eliminando as suspeitas de que o rock é a música do Diabo, a Igreja mórmon deu dinheiro para Arthur tirar seu baixo do prego. No início de maio, confirmou-se que o ex-guitarrista do Guns N'Roses, Izzy Stradlin, se juntaria aos Dolls, mas a ação parou, provocando em Killer Kane uma preocupação momentânea, como ele comentou em outro e-mail: "Tudo está ótimo, mas eu já deveria estar ensaiando com Izzy. Nós precisamos ensaiar algum dia e não ficar cada um estudando os discos sozinho em sua casa. Tenho certeza de que tudo vai dar certo de algum jeito. É incrível, mas verdade, e tudo vai ser ótimo. Tentar resolver o que vestir, porém, é ainda outro agradável desafio. Está chegando cada dia mais perto. Eba!".

Ainda capaz de grande extravagância, Arthur era um Doll eterno e saiu para os ensaios em Nova York cogitando usar um traje de *bondage* em borracha no Royal Festival Hall. Quando ele se encontrou com David Johansen e Sylvain Sylvain em Gotham, Izzy Stradlin era história, alegando ter outros compromissos, e Arthur desistiu da ideia da borracha, o que talvez fosse melhor, pois os Dolls não se deram bem de vinil, um parente próximo na família de tecidos do fetiche. O aspecto mais surreal da reunião, além de Arthur, foi a decisão de David Johansen de reclamar o boá de penas murcho da era dos Dolls. Ele não deu pistas de suas motivações, mas, enquanto Sylvain e Arthur permaneceram os mesmos da época dos Dolls, Johansen revisitou David Doll como um ator repetindo um velho papel. Mais uma vez ele assumiu a máscara e tentou reunir as respostas teatrais loquazes, espirituosas, esplêndidas e fabulosas e as roupas brilhantes que compunham o David Doll.

Do começo ao fim, Morrissey ficou distante, mas fundamental aos progressos que se desenrolavam. Evidentemente ele perdoou os delitos solo do The New York Dolls e seu coração pulava de novo como uma agulha em um disco riscado quando ouvia seu nome. Mas isso não foi uma anistia particular, pois o "Meltdown" foi um dos destaques culturais do calendário londrino. Todo ano um artista importante apresentava uma semana de eventos com apresentações de suas principais influências e bandas favoritas. Além dos Dolls, outros artistas renomados de Morrissey eram Nancy Sinatra, James Maker, Sparks e uma noite sobre Oscar Wilde. A princípio os Dolls deveriam fazer um show apenas na sexta-feira, dia 18 de junho, mas a demanda por ingressos foi tanta que uma segunda apresentação na quarta, 16 de junho, foi agendada.

Colocados entre a realidade de Nancy Sinatra e Sparks e a fantasia de uma noite com o tempestuoso Oscar, o The New York Dolls não estava completamente presente nem totalmente ausente, apesar do crescente furor da mídia. Em contrapartida, havia o grande enigma: como seria uma reunião verdadeira sem a banda completa? Juntar membros remanescentes e músicos convidados era algo mais objetivo, mas bem menos vigoroso para relatar.

O Royal Festival Hall não era um Max's Kansas City, mas nem o Max's é hoje em dia, pois nada mais é o que parece. Pequena em relação ao ambiente, uma galeria temporária com uma seleção das fotos dos Dolls feitas por Bob Gruen foi montada no grande salão do Royal Festival Hall, e o papel de Bob como um porta-estandarte dos Dolls foi enfatizado pela exibição de seus filmes no adjacente Queen Elizabeth Hall. Reacendendo uma faísca da delinquência antes associada ao The New York Dolls, várias das fotos foram roubadas, e, depois disso, seguranças encabulados cercaram a área, protegendo as imagens substitutas. A maioria das fotos capturava o louco êxtase do caso de amor dos Dolls com o figurino e o rock, conservando para sempre o descaramento travesso de Sylvain, a entrega tola de Arthur aos amargos prazeres da vida, o cabaré de um homem só exuberante de David Jo, o sempre provocador Nolan e o fundamental Johnny Thunders, que, ligado no último volume e nas drogas, era tão desalinhado quanto seu cabelo. O fantasma de Billy Murcia também estava lá, nas sombras dos olhos de Johnny, que pareciam ficar mais escuros à medida que a exposição prosseguia. Acompanhando os eventos recentes, a galeria também continha as imagens chocantes da lápide de Thunder e do túmulo de Jerry Nolan, bem ao lado de um retrato atual de David Johansen, com suas feições antes animadas agora marcadas pela gravidade, e Arthur, cuja juba leonina ficou tão fina como fumaça, e Sylvain Sylvain, que envelheceu esperando pelas desculpas do mercado fonográfico. Os ladrões não tocaram no último lote de fotos e os seguranças se perguntavam para que todo esse fuzuê. O local está repleto de camisetas do New York Dolls, as oficiais em liquidação e as piratas em uso, enquanto alguns caras exibiam com orgulho a imagem de Thunders em blusas desbotadas. A noite de quarta foi para os fãs, as pessoas que aguardaram décadas para essa ocasião e os seguidores leais que os viam pela primeira vez, nós todos estamos apaixonados por uma memória e você sabe o que alguém certa vez cantou sobre colocar os braços ao redor de uma. Nem tente.

Com ar-condicionado e tranquila, a área dos bastidores parece ficar a quilômetros da multidão que se espremia no salão. Os camarins são impessoais e grandes o bastante para um banquete. Há seguranças patrulhando um labirinto de corredores, além de duas equipes de câmeras, uma representando a divisão de DVD da Sanctuary e a outra é uma equipe americana que trabalhava em um documentário sobre Arthur Kane. Em uma pequena antessala em um canto afastado, Sylvain e Arthur conversam com um cara de cabelo preto. Seu nome é Steve Conte e ele tocava guitarra em uma banda chamada The Contes até David Johansen o convidar para entrar para o The New York Dolls. Sylvain ainda é tão pequeno e jovial que poderia ser vendido por uma fábrica de brinquedos, enquanto Arthur, que esperou quase 30 anos por essa noite, transcendia todas as fronteiras conhecidas da felicidade e parecia abençoado em sua alegria. Deus o ama, assim como o rock.

Enquanto o evento acontece, o público sua. É esse amor e a dignidade de Kane que tornam os shows da reunião dos Dolls tão especiais. Se o local é um tanto formal, a segurança não se importa nenhum tiquinho quando a maioria do público corre para a frente quando a banda aparece. David Johansen e Sylvain Sylvain estão ligadíssimos e dão o máximo em uma apresentação composta principalmente de clássicos dos Dolls, incluindo "Looking For A Kiss", "Bad Girl", "Jet Boy", "Personality Crisis" e "Trash", intercalados com "In My Girlish Ways", de Memphis Minnie, e "Piece Of My Heart", famosa na voz de Janis Joplin. Nessa noite David Jo tinha uma coisa de Joplin, reafirmada pelas miçangas e lenços que usava na ocasião. Ele está no personagem o tempo todo, David Johansen interpretando David Doll com um quê de Janis, tentando uma brincadeira entre as músicas com Sylvain, sua mão colada no quadril como uma piranha bêbada, embora ele não botasse uma gota de álcool na boca em anos. O bate-papo parece forçado e obrigatório, mas Johansen continua, como sempre, um grande vocalista com uma personalidade enorme. Ele saiu do personagem só uma vez, parou de repente, claramente comovido com o afeto do público.

Sylvain também se comoveu, foi melhor do que teria imaginado. Exceto que Johnny Thunders deveria estar no palco com eles. Enquanto David sai do palco para cair em alguém ou algo mais confortável, Sylvain puxa um tributo musical a Johnny Thunders, juntando "You Can't Put Your Arms Around A Memory" e "Lonely Planet Boy". O vazio deixado por Johnny Thunders é imenso como a eternidade. Nada, nem ninguém, pode substituí-lo. O espírito de Jerry Nolan também está perceptivelmente ausente do processo. Para seu lugar eles pegaram Gary Powell emprestado do The Libertines. Apesar de uma tentativa honesta, Powell está com os nervos lesionados e não conseguiu tocar as batidas pesadas que a música dos Dolls exige. Sem Thunders e Nolan não há rebelião e tensão, mas, se eles ainda estivessem vivos, qualquer tipo de nova formação seria improvável. Como Bonnie e Clyde, Johnny e Jerry partiram do jeito mais duro, da mesma forma que viveram. Mas seja qual for o filme de memórias que passa pelos olhos de Kane naquela noite, na maior parte ele era feliz, levando-o de volta a como era antes de tudo dar errado, nos dias em que Connie Gripp e Cyrinda Foxe ainda estavam ao seu redor para animá-los. No fim, Arthur ficou feliz por nunca ter usado roupa de borracha, escolhendo em vez disso uma blusa rosa brilhante com bolinhas vermelhas em homenagem a Johnny Thunders e Jerry Nolan. É um tributo silencioso de um homem quieto com um gosto espalhafatoso por roupas.

O show de sexta-feira é a festa das celebridades e da indústria. Todos estão lá em peso: Mick Jones do The Clash, Tony James, antes do Generation X, Chrissie Hynde, Bob Geldof, o Pistol Glen Matlock. É uma reunião da escola das antigas. Pai da psicodelia do The Seeds e do Sixties, Sky Saxon faz a noite de Arthur Kane só por estar lá. Nos bastidores, as câmeras zumbem como olhos sem piscar capturando cada movimento e sentimento, enquanto os famosos divulgam suas opiniões e prestam homenagem ao The New York Dolls. Morrissey, porém, fica na dele; embora esteja longe dos olhos, nunca está fora da cabeça. Há flores por todo o palco: é um velório, uma festa ou uma convenção de floristas? Não, é um evento do Morrissey.

Essa segunda apresentação segue um pouco mais suave, não que o The New York Dolls em qualquer maneira ou circunstâncias possa ser considerado agradável. Exceto por Arthur, que usa uma blusa de babados branca e longas botas de couro, Sylvain e David Jo usam o mesmo figurino da primeira apresentação. O The New York Dolls nunca usava fantasia, agora usam. Mas eles não deveriam envelhecer, viciar-se ou morrer, ninguém deveria. As respostas espirituosas do grupo são as mesmas da noite de abertura, assim como o tributo a Johnny Thunders. Os sobreviventes têm direito a um final feliz, mas a que preço? Como Arthur comentou em *I, Doll*: "Quantas vidas são necessárias para manter a Chama do Rock Ardendo? Conte os corpos! O Fogo da Tocha está extinto para sempre! Graças a uma Indústria que explora e brinca com seus jovens talentosos antes de matá-los e comê-los, isso é tudo que ela escreveu por ora, *baby blue*!!!".

Fora do local, camelôs vendendo camisetas piratas negociam com a multidão que vai embora, é a última noite e sabe Deus quando os Dolls vão passar por aqui de novo. Arthur Kane não quer ir para casa, voltar para Los Angeles e para a solidão, mas se consola sabendo que há mais um monte de outras apresentações agendadas nos meses seguintes. Ele também tem dinheiro pela primeira vez em muito tempo e não se lembra de ter recebido tanto por um show. Em 25 de junho, faltando cinco minutos para a meia-noite, Arthur me manda um e-mail: "Cara Nina, o Move Festival em Manchester no dia 11 é o único show que eu saiba até agora. Dia 14 de agosto é em Nova York e na Irlanda é no fim de agosto (28 ou 29). Devo viajar de volta a Londres com Syl em 9 de julho para um ensaio rápido antes da nossa apresentação em Manchester. Podemos ter algum tempo livre depois do show para sair e nos divertirmos na Inglaterra! Estou emocionado com os Dolls juntos de novo, e continuará assim com a ajuda de meu conhecimento espiritual para manter tudo certo e sob a orientação das Mãos do Senhor. Nosso vínculo de amizade (e de alma) está ainda mais forte do que antes, e eu ajudarei a orientar os Dolls a ficar no caminho espiritual CERTO para um sucesso constante por mais anos e anos (e com muita ajuda Angelical lá de Cima!). Com amor, ak.".

Em julho, já raiara o tempo instável do verão, o que não foi um bom presságio, principalmente para o Move Festival ao ar livre no campo de críquete Old Trafford em Manchester. O comparecimento foi razoável, mas nada excelente, e os Dolls tocam antes de Morrissey. Umas 30 pessoas na frente do palco piram completamente quando Johansen e companhia aparecem, deixando a maioria do público ansioso pelo artista principal. O local é tão grande que é difícil distinguir alguém do palco. O Royal Festival Hall tinha uma capacidade agradavelmente moderada, mas no Old Trafford a intimidade se dissipou na tarde fresca. Syl e David Jo repetem sua rotina, mas algo está errado. Nada de Arthur. Em seu lugar está um baixista que lembra um membro do Blondie em 1983. O gênio está bem e fora da garrafa quando um trio de estranhos consistindo em mais do que metade da banda segue com a apresentação das músicas do The New York Dolls.

Depois Morrissey aparece, lembrando ao público, agora atento, que em 1972 o The New York Dolls tocaria em um clube local chamado Hardrock, que ficava dobrando a esquina do Old Trafford. O público teve paciência com ele por devoção enquanto Morrissey continuava a explicar como os Dolls tiveram de cancelar quando seu baterista, Billy Murcia, morreu. E de repente parece que os botões do destino eram apertados de novo. O Hardrock já era há muito tempo e em seu lugar há um centro DIY [Faça você mesmo], mas o céu continua com um tom de cinza imperdoável como ficou durante todos esses anos.

Assim que cheguei em casa nas primeiras horas de 12 de julho, liguei para Arthur em LA para ver se ele estava bem. Ele parecia exausto e explicou que teve uma péssima gripe, mas que seu pastor foi vê-lo e isso sempre o fazia se sentir melhor. Cavalheiro, Arthur se desculpou pela conversa curta e disse que voltaria para a cama. Mais tarde naquele dia, um amigo o levou ao hospital, onde ele foi diagnosticado com leucemia e morreu no dia 13 de julho.

O The New York Dolls foi uma das bandas mais talentosas e infelizes de todos os tempos. O pobre Arthur manteve a tradição. Muitos dos obituários comentaram que ele morreu com um sorriso no rosto, pois seu único desejo, tocar no palco com o The New York Dolls de novo, foi concedido.

Elenco

Roberta Bayley: recentemente suas fotos apareceram em *Blank Generation – The Early Days of Punk Rock* (Simon & Schuster, US/ Omnibus, Reino Unido). Ela ainda vive e trabalha em Nova York e é reconhecida como um dos principais nomes a capturar a cena punk de NY com sua câmera.

Leee Childers (também conhecido como Leee Black Childers): brincando com uma fantasia de desejo de morrer, Leee contou à autora que: "Leee descia a rua uma noite quando ele viu um lindo menino espanhol andando de skate. Enquanto ele andava na frente de um ônibus, Leee pulou para salvá-lo. O menino foi salvo, assim como seu skate, mas Leee ficou esmagado embaixo das rodas do ônibus. Nas palavras do motorista: 'Ele morreu como herói'. Esse foi o fim de Leee Childers. Na verdade trabalho em Nova York como um fotógrafo".

Jayne County (Wayne County de nascimento): Wayne se transformou em Jayne no fim dos anos 1970. Sempre ultrajante, Jayne ainda é a resposta do rock a Lenny Bruce e continua a gravar e se apresentar. As maravilhosas memórias de Jayne, *Man Enough To Be A Woman*, foram publicadas pela Serpent's Tail em 1995.

Frenchy: o camareiro dos Dolls perdeu seu apartamento e o The New York Dolls de uma vez só. Depois de contar aos amigos que visitaria a família, nunca mais se ouviu falar dele.

Elda Gentile: trabalhando atualmente como produtora de programas de rádio para a Woodstock Communications, Elda ainda canta e escreve artigos para a revista *New York Waste*. Ela planeja um programa de TV chamado *Rock Trash*, apresentado por Debbie Harry.

Bob Gruen: dentre os mais famosos fotógrafos de rock do mundo, suas fotos podem ser vistas em *Chaos! The Sex Pistols* (Omnibus) e *Sometime In New York City* (Genesis), entre vários outros livros e publicações.

David Johansen (também conhecido como Buster Poindexter): casado com a fotógrafa Kate Simon, Johansen mantém uma carreira de sucesso como Buster Poindexter. Ele teve um sucesso internacional com "Hot, Hot, Hot" em 1987. Com participações em vários filmes, incluindo *Os Fantasmas Contra-Atacam* com Bill Murray e *Chamando Carro 54*, separa um tempo para examinar roteiros, mas não persegue papéis efetivamente. "Faço coisinhas aqui e ali. Não vou atrás. Se alguém vem atrás de mim e quer que eu faça algo, eu penso no caso."

Peter Jordan: "Estou com 20 aninhos! Tenho três filhos: uma filha de 22, um pouco mais velha do que eu, outra de 10 e um filho de 8. Após deixar os Dolls, eu toquei com Robert Gordon, Link Wray e Jayne County. Formei a Stumblebunny, depois The Nightcaps. Fiz música para comerciais e trabalhos em estúdio. Eu me aposentei da música em 1988 e agora sou *concierge*".

Arthur Kane: Arthur morou em LA por muitos anos e por algum tempo cogitou a ideia de reunir uma versão itinerante com estrelas do The New York Dolls, com gente como o ex-vocalista do Hanoi Rocks, Mike Monroe e Gilbey Clarke do Guns N' Roses. Kane também tinha contato regular com Rick Rivets, com quem discutia planos para uma banda. Arthur morreu em 13 de julho de 2004. Havia planos para enterrá-lo no mesmo cemitério de Johnny Thunders e Jerry Nolan, mas no fim ele foi cremado em Los Angeles.

Eliott Kidd: "Como a maioria de nossa turma, estou tentando pôr minha saúde em dia. É incrível que eu tenha sobrevivido. Estou farto do mercado musical, é um bom mercado para todos, exceto os músicos. Eu me mudei para LA, precisava de uma mudança de cenário. Alguém me convenceu que tem vários papéis para caras de Nova York em filmes sobre a máfia e alguém me deu um roteiro. Sei que a porcentagem de uma carreira de ator é pequena, então não vou me empolgar muito com isso". Infelizmente, Elliot morreu em 1998.

Steve Leber: embora não trabalhe mais com David Krebs, Steve Leber ainda está muito envolvido na indústria do entretenimento. "Nos anos 1980, decidimos reduzir a quantidade de clientes que tínhamos e cuidar de nossos catálogos. Tínhamos os catálogos do AC/DC, do Aerosmith e vários outros, incluindo discos, as fitas mestres e a publicação, e nos concentramos nisso. Também começamos a produzir shows quando a música passava por uma fase rap e country. Apenas nos últimos anos abriram espaço de novo para o rock, então estamos voltando para as bandas de novo. Não acreditamos em roubar bandas famosas, nós partimos do zero, construindo os novos Aerosmiths, os novos Dolls. Estamos empresariando quatro bandas novas e começando tudo de novo".

Malcolm McLaren: depois da separação dos Sex Pistols, McLaren foi empresário do Bow Wow Wow. No início dos anos 1980, ele começou uma carreira solo com o álbum *Dude Rock*, que agora é remixado por produtores antigos e do hip hop moderno. Plagiou Puccini para *Fans* em 1984 e tentou recriar o romance de Paris com um LP com o mesmo título em 1994. Atualmente é empresário do Jungk, uma banda do Extremo Oriente, que acabara de fazer sua estreia em Nova York. Lembra dos Dolls com afeto. "A roupa íntima das garotas nunca foi a mesma de novo."

Paul Nelson: ainda morando em Nova York, Nelson agora é um historiador de vídeo. Embora tenha se afastado do mercado musical, ele se envolveu em pesquisa de arquivos e escreve artigos ocasionais.

Rick Rivets (também conhecido como George Fedorcik): "Não estou trabalhando com nada agora, mas Arthur queria começar uma banda comigo e sua ex-mulher, Babs. Ela parece boa, mas não sei como canta. Também tenho tocado com algumas pessoas no Hamptons, improvisando... podemos criar alguma coisa".

Sabel Starr (também conhecida como Sabel Shields): "Foi tão difícil falar sobre essas coisas. Minha vida tem sido tão normal nos últimos 20 anos". Sabel mora em Nevada com seus dois filhos, Christian, com 12, e Donnay, 18. Ela trabalha no Herrod's Casino dando as cartas em uma mesa de 21. Ela disse à autora: "É engraçado porque eu fiz parte da cena. Debbie Harry e eu mantivemos contato por anos. Não me arrependo, Iggy resume tudo naquela música 'Look Away'. Pode soar revoltante, eu também fiquei com ele quando tinha 13, mas não foi naquela época, era tudo diversão. Mas, quando eu saí de cena, foi para sempre". Corel Shields agora é dona de casa, levando uma vida tão quieta quanto a de sua irmã. "Look Away", a balada picante de Pop sobre Johnny, Sabel e Ig, pode ser encontrada no álbum *Naughty Little Doggie* (Virgin), que contém a letra: "Unfortunately the needle broke/Their rock and roll love like a bicycle spoke/I found her in a back street/With her looks half gone/She was selling something/That I was on/Look away…" ["Infelizmente a agulha quebrou/Seu amor roqueiro como uma bicicleta travou/ Encontrei-a em uma rua afastada/Com um visual quase desgastado/Ela vendia algo/Que eu tava a fim/Olhe para lá..."].

Gail Higgins Smith: depois da separação dos Dolls, Gail trabalhou como diretora de turnê do The Heartbreakers. Morou em Londres por muitos anos e transformou seu interesse de longa data nas roupas, na decoração e no estilo de vida dos anos 1950 em um negócio criativo. Além de administrar duas lojas, encontra tempo para apresentar suas noites em clubes com o pseudônimo de Sparkle Moore.

Sylvain Sylvain (também conhecido como Sylvain Mizrahi): Sylvain morava em Los Angeles, onde tinha uma banda, mas... "tive de tirar meu filho de lá, era como um zoológico e nada acontecia. Eu tinha uma ótima banda, mas ninguém prestava atenção. Tocava ao vivo, deixava um monte de gente feliz como sempre fiz durante os anos, mas não tive nenhum contrato, nenhuma oferta, nada". Sylvain e O'dell se mudaram para Georgia, terra natal de sua parceira de longa data, Wanda. Ele recentemente assinou com o selo Fishhead, de Cleveland, e gravou um álbum novo para eles chamado *Sleep Baby Doll*. Planeja sair em turnê pelos Estados Unidos. Quando perguntado sobre o nome de sua nova banda, Sylvain comentou: "Já tive nomes novos demais, sabe". Sylvain foi do The Criminals, depois teve The Teardrops, depois The 14th Street Band e Teenage News. "Sou um New York Doll. Falei para minha gravadora, eu disse: 'Por favor, coloque isso no topo do lançamento: Sylvain Sylvain do The New York Dolls'. O que quer que eu faça vai ser comparado aos Dolls. Não importa com quem toque ou o que aconteça. Pra que esconder, baby, vamos escancarar isso!".

Marty Thau: Quase logo depois de ele deixar Steve Leber encarregado dos Dolls, Thau foi recompensado financeiramente por um investimento antigo em uma música que virou um sucesso, "Life Is A Rock (But The Radio Rolled Me)", que foi gravada por músicos de estúdio sob o nome Reunion. Foi seu último elo com o mercado musical comercial. Ele encontrou um novo nicho na cena punk de NY e fundou seu próprio selo, a Red Star, responsável por lançamentos do Suicide, Richard Hell e The Voidoids, entre outros. Após a sorte da Red Star se apagar, Thau ficou sócio de uma firma de recrutamento de executivos. Ele acaba de reativar a Red Star e planeja lançar um CD dos Dolls ao vivo em Paris, em 1974.

Cyrinda Foxe-Tyler: "Criei uma filha (Mia, meia-irmã da atriz Liv Tyler). Estou de volta a Nova York, estou solteira. Escrevi um livro (*Dream On*, publicado pela Dove). É sobre minha vida, mas também tem muito nele sobre Steven Tyler. Eu o promovi tanto na televisão e no rádio que agora o rádio é minha mídia favorita e eu gostaria de ter um programa só meu. Poderia ser uma mãe roqueira com filhos me ligando para contar seus problemas e eu também tocaria música". Infelizmente, Cyrinda, que na opinião de Sylvain era uma Doll feminina honorária, morreu em 2002.

Sleep Baby Doll

Sleep baby doll
Don't you cry now
All said and done
Play guitar/You did fine now
'Cos I love what you do
My sweet baby doll

Johnny Boy
Little altar boy
As they all say
You always had a slice of God in you
From Billy's mom's basement
To God
What more can you say

Sleep baby doll
Don't you cry now
After said and done
You did fine now
'Cos they loved what you do
My sweet baby doll
Oh baby
My sweet baby doll

Oh Billy Doll
You were one of the first
As you were struggling to keep us those back bones
I know that really must have hurt
You were the personality
And the crisis

Sleep baby dolls
Don't you cry now
After said and done
Sleep awhile now
'Cos they loved what you left
Left us a lot of your heart
Oh baby
My sweet baby doll

Jerry – you're the little heart of Gene Krupa
You were never the replacement
Always the originator
Drive that motorcycle

Sleep baby doll
Don't you cry now
After said and done
Sleep good night now
'Cos I love what you do
My sweet baby doll
Oh babies
My sweet baby doll

Durma, Bonequinha

Durma, bonequinha
Não chore agora
Tudo foi dito e feito
Toque guitarra/Você foi bem agora
Porque eu amo o que você faz
Minha querida bonequinha

Johnny Boy
Menininho do altar
Como todos eles dizem
Você sempre teve uma fatia de Deus em si
Do porão da mãe do Billy
A Deus
O que mais pode dizer

Durma, bonequinha
Não chore agora
Depois de dito e feito
Você foi bem agora
Porque eles amavam o que você fazia
Minha querida bonequinha
Oh, baby
Minha querida bonequinha

Oh, Billy Doll
Você foi um dos primeiros
Enquanto lutava para manter essa determinação
Sei que deve ter doído
Você foi a personalidade
E a crise

Durmam, bonequinhas
Não chorem agora
Depois de dito e feito
Durmam um pouco agora
Porque eles amaram o que vocês deixaram
Deixaram-nos muito de seu coração
Oh, baby
Minha querida bonequinha

Jerry – você foi o coraçãozinho de Gene Krupa
Nunca foi o substituto
Sempre o criador
Dirija essa moto

Durma, bonequinha
Não chore agora
Depois de dito e feito
Tenha uma boa noite de descanso agora
Porque amo o que você faz
Minha querida bonequinha
Oh, babies
Minha querida bonequinha

Letra de "Sleep Baby Doll" de Sylvain Sylvain (1997).
Permissão para reprodução da Fishhead Records.

Discografia do The New York Dolls

Singles

JET BOY/VIETNAMESE BABY
(REINO UNIDO, 7") 1973 Mercury 6 052 402

JET BOY/VIETNAMESE BABY
(PORTUGAL, 7") 1973 Mercury 6 052 402

TRASH (MONO)/TRASH (STEREO)
(EUA, 7") 1973 Mercury DJ-378 (73414) (apenas promocional)

PERSONALITY CRISIS/PERSONALITY CRISIS
(EUA, 7") 1973 Mercury DJ-387 (apenas promocional)

TRASH/PERSONALITY CRISIS
(ESPANHA, 7") 1973 Mercury 6 052 372

PERSONALITY CRISIS/TRASH
(EUA, 7") 1973 Mercury 73414

PERSONALITY CRISIS/TRASH
(SUÉCIA, 7") 1973 Mercury 6052732

STRANDED IN THE JUNGLE/DON'T START ME TALKING
(ESPANHA, 7") 1973 Mercury 6-52 655

JET BOY/VIETNAMESE BABY
(HOLANDA, 7") 1973 Mercury 6 052 402

STRANDED IN THE JUNGLE/WHO ARE THE MYSTERY GIRLS
(EUA, 7") 1974 Mercury 73478
STRANDED IN THE JUNGLE/WHO ARE THE MYSTERY GIRLS
(EUA, 7") 1974 Mercury 73478

WHO ARE THE MYSTERY GIRLS/STRANDED IN THE JUNGLE
(REINO UNIDO, 7") 1974 Mercury 6 052 615

STRANDED IN THE JUNGLE/WHO ARE THE MYSTERY GIRLS
(ALEMANHA, 7") 1974 Mercury 6 052 615

STRANDED IN THE JUNGLE/WHO ARE THE MYSTERY GIRLS
(JAPÃO, 7") 1974 Mercury SFL-1855

BABYLON/HUMAN BEING
(FRANÇA, 7") 1974 Mercury 6 837 207

JET BOY/BABYLON/WHO ARE THE MYSTERY GIRLS
(REINO UNIDO, 7") 1977 Mercury 6 160 008

BAD GIRL/SUBWAY TRAIN
(ALEMANHA, 7") 1978 Bellaphon BF 18608

PERSONALITY CRISIS/LOOKING FOR A KISS
(ALEMANHA, 7") 1978 Bellaphon BF 18576

PILLS/DOWN, DOWN, DOWNTOWN
(FRANÇA, 7") 1984 Fan Club NYD 1

PERSONALITY CRISIS/SUBWAY TRAIN
(HOLANDA, 7") 1986 Antler DOLLS 1

LOOKING FOR A KISS/BAD GIRL
(HOLANDA, 7") 1986 Antler DOLLS 2

PERSONALITY CRISIS/LOOKING FOR A KISS/SUBWAY TRAIN/
BAD GIRL
(REINO UNIDO, 12") 1982 Kamera ERA 013

PERSONALITY CRISIS/SUBWAY TRAIN
(HOLANDA, 12") 1986 Antler DOLLS 1

LOOKING FOR A KISS/BAD GIRL
(HOLANDA, 12") 1986 Antler DOLLS 2

PERSONALITY CRISIS
(REINO UNIDO, 12") 1990 See For Miles SEA 3

THE EARLY YEARS LIVE
(REINO UNIDO, 12") 1990 Receiver REPLAY 3011

ÁLBUNS

NEW YORK DOLLS
(EUA, LP) 1973 Mercury SRM-1-675

NEW YORK DOLLS
(REINO UNIDO, LP) 1973 Mercury 6 338 270

NEW YORK DOLLS
(FRANÇA, LP) 1973 Mercury 6 398 004

NEW YORK DOLLS
(ESPANHA, LP) 1973 Mercury 6338270

NEW YORK DOLLS
(HOLANDA, LP) 1973 Mercury 6 336 280

NEW YORK DOLLS
(JAPÃO, LP) 1973 Mercury RJ-5 103

TOO MUCH TOO SOON
(EUA, LP) 1974 Mercury SRM-1-1001

TOO MUCH TOO SOON
(REINO UNIDO, LP) 1974 Mercury 6 338 498

TOO MUCH TOO SOON
(FRANÇA, LP) 1974 Mercury 9 100 002

TOO MUCH TOO SOON
(ESPANHA, LP) 1974 Mercury 63 38 498

TOO MUCH TOO SOON
(HOLANDA, LP) 1974 Mercury 6 463 064

TOO MUCH TOO SOON
(AUSTRÁLIA, LP) 1974 Mercury 6338 498 1

TOO MUCH TOO SOON
(JAPÃO, LP) 1974 Mercury RJ-5135

THE VERY BEST OF THE NEW YORK DOLLS
(JAPÃO, LP) 1977 Mercury RJ-7234

NEW YORK DOLLS/TOO MUCH TOO SOON
(REINO UNIDO, LP) 1977 Mercury 6641631

RED PATENT LEATHER
(FRANÇA, LP) 1984 Fan Club FC 007

NIGHT OF THE LIVING DOLLS
(EUA, LP) 1985 Mercury 826094-1 M-1

NIGHT OF THE LIVING DOLLS
(JAPÃO, LP) 1985 25 PP-186

ROCK LEGENDS, também conhecido como TOO MUCH TOO SOON
(AUSTRÁLIA, LP) 1986 Mercury 6 463 029

NEW YORK DOLLS/TOO MUCH TOO SOON
(REINO UNIDO, LP) 1986 Mercury PRID 12

LIPSTICK KILLERS
(FRANÇA, LP) 1990 Danceteria DANLP 038

NEW YORK DOLLS
(EUA, CD) 1987 Mercury 832 752-2

TOO MUCH TOO SOON
(EUA, CD) 1987 Mercury 834 230-2

NEW YORK DOLLS + TOO MUCH TOO SOON
(JAPÃO, CD) 1987 Mercury 33PD-422

RED PATENT LEATHER
(FRANÇA, CD) 1988 Fan Club FC 007

CLASSIC TRACKS
(REINO UNIDO, CD) 1988 Counterpoint CDEP14

NEW YORK DOLLS
(JAPÃO, CD) 1989 Mercury 23PD110

TOO MUCH TOO SOON
(JAPÃO, CD) 1989 Mercury 23PD111

LIPSTICK KILLERS
(FRANÇA, CD) 1990 Danceteria DANCD 038

LIPSTICK KILLERS
(EUA, CD) 1990 Roir 88561-5027-2

SUPER BEST COLLECTION
(JAPÃO, CD) 1990 Teichiku TECP-28513

RED PATENT LEATHER
(JAPÃO, CD) 1990 Teichiku TECP-25234

NEW YORK DOLLS
(JAPÃO, CD) 1991 Mercury PHCR-6043

TOO MUCH TOO SOON
(JAPÃO, CD) 1991 Mercury PHCR-6044

SEVEN DAY WEEKEND
(REINO UNIDO, CD) 1992 Receiver RRCD 163

LIVE IN NYC 1975
(EUA, CD) 1992 Restless 7 72596-2

NEW YORK TAPES '72-'73
(FRANÇA, CD) 1993 Skydog 62257-2

PARIS BURNING
(FRANÇA, CD) 1993 Skydog 62256-2

EVIL DOLLS – NEW YORK TAPES '72-'73
(JAPÃO, CD) 1993 Meldac MECR-25025

PARIS IS BURNING
(JAPÃO, CD) 1993 Mercury MECR-25023

PARIS LE TRASH
(EUA, CD) 1993 Tripe X 51116-2

ROCK'N'ROLL
(EUA, CD) 1994 Mercury 314 522 129-2

ROCK'N'ROLL
(ALEMANHA, CD) 1994 Mercury 522 129-2

ROCK'N'ROLL
(JAPÃO, CD) 1994 Mercury PHCH-1327

TOO MUCH TOO SOON
(JAPÃO, CD) 1994 Mercury PHCR-4241

LIPSTICK KILLERS
(FRANÇA, CD) 1996 Danceteria RE 104CD

PARIS IS BURNING
(JAPÃO, CD) 1996 Teichiku TECW-20369

EVIL DOLLS – NEW YORK TAPES '72-'73
(JAPÃO, CD) 1996 Teichiku TECW-20370

NEW YORK DOLLS
(REINO UNIDO, K7) 1973 Mercury MCR-4-1-675

TOO MUCH TOO SOON
(EUA, K7) 1974 Mercury MCR-4-1-1001

LIPSTICK KILLERS
(EUA, K7) 1981 Roir A-104

RED PATENT LEATHER
(FRANÇA, K7) 1984 Fan Club FCK 007

NIGHT OF THE LIVING DOLLS
(EUA, K7) 1985 Mercury 826094-4 M-1

NEW YORK DOLLS/TOO MUCH TOO SOON
(REINO UNIDO, K7) 1986 Mercury PRIDC 12

NEW YORK DOLLS
(EUA, 8 Fitas) 1973 Mercury MC-8-1-675

TOO MUCH TOO SOON
(EUA, 8 Fitas) 1974 Mercury MC-8-1-1001

PIRATAS

LOOKING FOR A KISS/WHO ARE THE MYSTERY GIRLS – SOME-THIN' ELSE
(EUA, 7") 1974 Trash TR-001

LOOKING FOR A KISS/WHO ARE THE MYSTERY GIRLS – SOME-THIN' ELSE
(EUA, 7") 1982 Trash TR-001

REHEARSAL & LIVE EP
(EUA, 7") 1989 NYD NYD 101

LONELY PLANET BOY/BABYLON (mixagens iniciais)
(FRANÇA, 7") 1998 Sucksex SEX 15

DOLL HOUSE LIVE IN L.A.
(EUA, 10") 1988 Lipstick Killer JUNK 74

DALLAS '74
(EUA, LP) 1977 Smilin' Ears 7707

LIVE IN PARIS 23/12/73
(FRANÇA, LP) 1984 Thunders 6381007

TRASH (don't take my life away)
(FRANÇA, LP) 1984 Desdemona DES-2013

DIZZY DOLLS
(ITÁLIA, LP) 1988 (Desconhecido) 72/74

LOOKING FOR A KISS
(FRANÇA, LP) 1989 Company GF 46

7 DAY WEEKEND
(EUA, LP) 1991 Brigand LIP 73

BACK IN THE USA
(FRANÇA, CD) 1991 Speedball SBC 015

7 DAY WEEKEND
(ALEMANHA, CD) 1991 Chapter One CO 25159

ENDLESS PARTY
(ITÁLIA, CD) 1991 Triangle PYCD 067

EUROPE 1973
(ITÁLIA, CD) 1992 The Welfare Pig TWP-CD-208

VIVE LA FRANCE
(ITÁLIA, CD) 1992 (Desconhecido) 92–DLL-SC-4007

LIVE USA
(ALEMANHA, CD) 1993 PR-Record imm 40.90155

DAWN OF THE DOLLS (Actress Session)
(EUA, CD) 1977 FAB Discs CD 0001

LANÇAMENTOS RELACIONADOS

CD – Morrissey Presents The Return Of The New York Dolls – Live From The Royal Festival Hall, 2004 (Attack Records)

DVD – Morrissey Presents The Return Of The New York Dolls – Live From The Royal Festival Hall, 2004 (Sanctuary Visual Entertainment)

visite nosso site:
www.madras.com.br

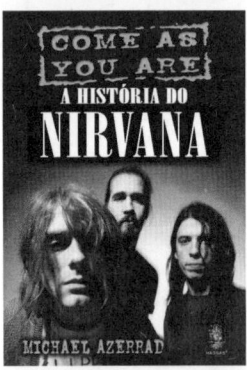

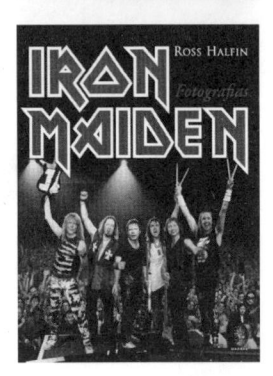

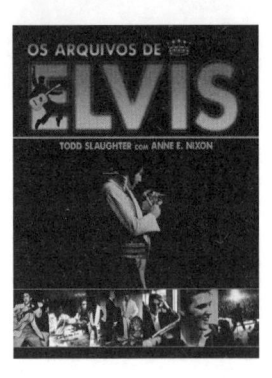

Este livro foi composto em Times New Roman, corpo 11/13.
Papel Offset 75g
Impressão e Acabamento
Graphium Gráfica e Editora — Rua Jose dos Reis, 84
— Vila Prudente/São Paulo/SP
CEP 03139-040 — Tel.: (011) 2769-9056 —
e-mail: vendas@graphium.com.br – www.graphium.com.br